国际结算

INTERNATIONAL SETTLEMENT

陈岩 刘玲 = 编著

21世纪高等学校国际经济与贸易系列教材

INTERNATIONAL ECONOMY & TRADE

人民邮电出版社
北京

图书在版编目（CIP）数据

国际结算 / 陈岩，刘玲编著. -- 北京 : 人民邮电出版社，2016.12
21世纪高等学校国际经济与贸易系列教材
ISBN 978-7-115-42857-8

Ⅰ. ①国… Ⅱ. ①陈… ②刘… Ⅲ. ①国际结算—高等学校—教材 Ⅳ. ①F830.73

中国版本图书馆CIP数据核字(2016)第152173号

内 容 提 要

本书将“人民币跨境结算与融资”作为独立章节编入高校知识体系，构建了结算、融资、担保以及实训的全新结构框架。全书共分为十二章，包括汇款与跟单托收结算方式、信用结算方式、怎样看懂信用证、信用证的使用流程、汇票和发票、运输单据、保险单和其他单据、信用证项下常用融资方式、汇款和托收项下常用融资方式、保函与备用信用证、跨境人民币结算、国际结算模拟实训。

另外，本书覆盖了本领域的惯例与最新的规则，包括：《跟单信用证统一惯例》（UCP600）、《国际标准银行实务》（ISBP681）、《国际贸易术语解释通则》（INCOTERMS2010）、《见索即付保函统一规则》（URDG758）、《国际保理业务通则》（FCI）、《最高人民法院关于审理信用证纠纷案件若干问题的规定》等。

本书可以作为高等院的国际经济与贸易、经济学、工商管理、国际金融、金融学、会计学、财政学等经济管理类本科专业课程“国际结算”的主讲教材，也可以作为外销员、国际商务师、报关员考试辅导以及国际贸易理论研究和实际工作人员的参考书。

◆ 编　著　陈　岩　刘　玲
责任编辑　武恩玉
执行编辑　刘向荣
责任印制　沈　蓉　彭志环

◆ 人民邮电出版社出版发行　北京市丰台区成寿寺路 11 号
邮编　100164　电子邮件　315@ptpress.com.cn
网址　http://www.ptpress.com.cn
三河市潮河印业有限公司印刷

◆ 开本：787×1092　1/16
印张：12.5　2016 年 12 月第 1 版
字数：283 千字　2016 年 12 月河北第 1 次印刷

定价：35.00 元

读者服务热线：(010)81055256　印装质量热线：(010)81055316

反盗版热线：(010)81055315

广告经营许可证：京东工商广字第 8052 号

前言 FOREWORD

以 2001 年中国加入 WTO 为里程碑，中国经济已经在更大范围、更广领域和更高层次上参与国际经济合作与竞争，进而融入全球经济；对外贸易更是焕发出勃勃生机，每年都以 20%以上的速度递增。这是改革开放以来发展最为迅速的时期，取得了举世瞩目的成绩。快速发展的对外贸易为国际结算与贸易融资提供了巨大的市场。

本书旨在为全国广大师生奉献集成国际结算与贸易融资、人民币跨境贸易结算与融资、国际结算与融资实训系统的立体化教材框架体系，其特色特点如下。

新逻辑体系

本书作者扬弃传统进出口企业沿袭下来的习惯做法和国际贸易结算方式的固有观念，尝试从经营战略和决策的角度客观分析利弊关系，注重兼顾进出口企业与商业银行贸易融资的双重需求，在阐述各种国际结算与贸易融资的同时，从机理上阐述商业银行设计融资新产品的逻辑和方法，以及注重融资方案设计涉及的数据指标核算等。

本书强调并力求体现的逻辑线条如下。

（1）国际结算规则与惯例视角下的规范性、操作性。

（2）国际商务管理视角下的战略性、策略性与风险意识。

（3）国际贸易融资实战角度的战术性和适用性。

（4）以国际商务运行的角度阐述国际结算和融资问题，并兼顾商业银行贸易融资角度的产品创新、流程设计、财务核算与风险控制。

契合当前最新的国际结算、融资、担保的发展态势，把握国民经济与改革开放的最新动态，是本书的最大亮点。

新知识体系

本书从国际经济与贸易本科专业的教学需要出发，删除了教科书中常见、而实践中鲜为使用的业务章节，如汇付结算中的信汇和票汇、信用证结算中的红条款信用证、绿条款信用证等；与金融学等专业同类教材有所区别，强化了银企互动的逻辑考虑，弱化了银行内部的业务逻辑。

本书首次融入“人民币跨境结算与融资”内容，其意义在于：第一，帮助企业规避汇率风险，节约财务成本。用人民币进行国际结算，可节省企业的结售汇成本，降低资金错配风险；第二，简化结算手续，便利对外贸易。跨境人民币结算不纳入外汇核销管理，办理报关和出口货物退（免）税时不需要提供外汇核销单，同时，跨境人民币结算中产生的人民币负债只做外债登记，不纳入外债管理；第三，简化贸易融资手续，降低交易成本。减少了汇兑环节和资金流动的相关手续，提高了资金使用效率；第四，协助企业开拓海外市场，灵活高效管理集团资金，人民币收入存放境外无需事前审批。

新框架结构

本书以银行和企业实务为基础，构建了结算篇、融资篇、担保篇、创新篇以及实训篇的新架构，并在融资篇中，按照出口贸易融资以及进口贸易融资进行分类，真正体现了未来企业国内贸易融资和国际贸易融资一体化、商业银行本外币业务一体化的大趋势。

在传统教材体系中，往往忽视了国际结算与融资的板块细分，有两个倾向需要特别关注。第一，传统教材将结算方式与单据作为两个板块分别阐述，而事实上，国际结算项下的单据与国际结算本身是融为一体的；鉴于很多商业银行设立单据运营中心的运作模式，新教材将二者置于一个板块阐述。第二，传统教材往往将融资与担保置于同一个门类，而事实上，二者有着本质的区别。无论是买方融资、卖方融资还是应收账款融资，银行对融资的态度已经突破了在国际结算项下可有可无的状态，而是利用各种银行资源，争取黄金业务，而担保业务中的银行，作为从债务人，往往行使担保人的作用。

新型创作团队

最好的教材不是编出来的，更不是拼凑出来的，而是亲身经历、亲身体会、亲身传授之后，精益求精、细细打磨而自然流露出来的。

本书创作团队由高校教学一线、银行贸易融资一线、外贸进出口业务一线的专业人士组成，可以做到互相“施肥”、取长补短。如本书主编陈岩，具有 10 年外贸一线经验，现在高校教学科研一线，担任教授、博导；刘玲，国际商会跟单信用证专家（CDCS），现供职于中国民生银行总行交易银行部；审稿人王磊，供职于中国银行总行国际保理团队，审稿人程伟，现供职于中国五金矿产（集团）公司。团队成员多样化有利于消化一线案例，引进教材体系；有利于理论与实践相结合，跟踪本领域前沿。

跨境贸易人民币结算成为本书亮点之一

经过与同行专家以及出版社富有经验的策划编辑多次讨论，最后单设“人民币跨境结算与融资”一章，主要出于两点考虑，保持原有知识体系的完整性，使广大师生灵活安排课时，人民币跨境结算与融资是正在发展和完善的新事物，是在人民币区域化乃至国际化的大背景下，企业面临人民币升值预期和风险，在政策导向、企业需求与银行产品创新的高度互动下的产物，其中必然有一个创新、总结、提炼、成熟的过程。单列一章，一方面有利于保持原有章节的完整性，另一方面，方便教师灵活安排学时。

本书以追求规范性与准确性为最大目标，吸纳国内外文献的精华；为了方便教师教学，又使学生易于接受，本书把作者对国际结算相关结构与细节的理解，通过活泼易懂的图示、列表、讨论、专题、典型案例等形式表现出来，最大限度地兼顾可读性与趣味性，如本书原创设计图示例；通过有趣的、富有知识性的、技巧性、可读性的形式，设计具有探讨性，甚至争论性的课堂讨论形式；并在教学课件 PPT 中，通过链接，将例单证引入课堂；对于信息型、文献性和前沿性较强的知识点采取专题的形式，保持教材的整体感。

本书赠送的教师资源有：教师手册文件包[复习思考题参考答案、课堂讨论参考答案、课堂教学 PPT 课件、单证例示、国际贸易实务与结算实训系统演示、国际贸易单证模拟系统演示]。

在本书写作过程中，所参阅的文献除了在参考书目中列出的一部分外，还有大量国际商会的出版物、近年的众多相关报刊文章以及网络资料，翻阅文献达数百篇之多，无法将它们一一列出，在此，谨向所有使作者获益的同行们致以真诚的谢意。

编者所指导的研究生对本书的完成做出了辛勤劳动，他们是邹鑫（现就职于中信银行）、杨桓（现就职于中国邮政储蓄银行总行）、康凯（现就职于中国粮油（集团）公司）、李哲（现就职于中国电信集团公司）、段斐然（现就职于中国建设银行深圳分行）、韩朝玮（现就职于南方电网）、杨嘉兴（现就职于南方电网）、韩文征（现就职于中国移动集团）、熊吉娜（现就职于中国移动集团）、马利灵（现就职于中国移动集团），以及张晨霞、罗森林、王宽、高洁等，在此一并表示感谢。

对所有帮助本书写作的朋友表示真挚谢意。

书中诸多疏漏和不足，恳请业内外专家和读者批评指正。

陈 岩

2016年10月

教学建议

“国际结算”课程是“国际经济与贸易”“国际金融”“国际商务”等专业的核心专业课程之一，具有学科知识整合性强、惯例与规则规范程度高、业务创新空间广阔等特点，课程承前启后，地位十分重要。

本课程教学的基本目标是使学生掌握与国际结算有关的基本概念和基本原理，掌握国际结算的基本流程，熟悉汇款、托收、信用证等结算方式的基本操作，为学生今后更深入的专业深造和社会实践打下扎实的基础。

建议教师注重知识、原理与实践操作的融合；教学方法强调案例教学与启发教学；考试方法倾向实践操作能力的培养。

一、课程目标与任务

国际贸易单证既是进出口商交接货物的凭证，又是双方权益的保证，对外贸易单证工作是进出口贸易中的一个重要环节，贯穿于每一笔进出口交易的全过程。

本课程根据单证工作技术性、政策性和操作规范性都很强的特点，对进出口贸易中各种单证的概念、作用、种类、内容及缮制方法做了详细的介绍和说明，同时还介绍了各类国际贸易单证的相关知识以及有关的国际贸易惯例。

本课程是国际贸易专业的核心主干课程。通过对本课程的学习，学生要掌握对外贸易单证的操作流程，各种国际贸易单证的制作方法及制单技巧，并学会独立制作和审核各种国际贸易单证。

二、课程的基本要求

1. 本课程先修要求：本课程在《国际贸易》《国际贸易实务》等先行课的基础上开设，是一门对有关政策和理论具体应用的实务性很强的学科。

2. 学习本课程后达到的知识要求：通过本课程的学习，要求学生掌握对外贸易单证的操作流程，明确掌握各种国际贸易单证的制作方法及制单技巧。

3. 学习本课程后达到的能力和技能要求：能够根据要求独立制作和审核各种国际贸易单证。

三、课程训练安排及方式

本课程注重学生实践应用能力的培养，故在课程讲授过程中，应以学生为主导，以项目为引导，结合不同的贸易条件和支付方式，采用项目引导和任务驱动的教学方法，通过典型项目引出学习任务，以手工和电脑操作相结合，对学生进行适当的跟学训练和独立制单训练，以提高学生的动手操作能力和学习的主动性，提高教学效果。

四、考核方式

本课程以培养学生的外贸制单能力为目的，故考核方式可以灵活，可采用笔试加实验综合方式进行考核，由教师根据学生的笔试成绩，结合平时训练情况和课堂表现，综合给出成绩。例如：

总成绩=笔试成绩（占 60%）+实验项目成绩（40%）

其中：实验项目成绩由实验指导老师根据实际项目完成情况，结合学生平时表现和出勤情况综合给出。

学期内容安排与讨论题目具体安排如下表所示。

周次	章节名称	课堂讨论题目
1	绪论 汇款与跟单托收结算方式	汇款与托收结算方式两者的异同
2	信用证结算方式	UCP600 与 UCP500 的比较
3	信用证概述	信用证的主要内容与种类
4	信用证的使用流程	信用证的一般运行流程
5	缮制信用证项下的单据——汇票和发票	如何缮制汇票/发票
6	缮制信用证项下的单据——运输单据	如何缮制运输单据
7	缮制信用证项下的单据——保险单和其他单据	如何缮制保险单和其他单据
安排期中考试、讲座或总结		
8	信用证项下常用融资方式	信用证项下常用融资方式有哪些？如何选用
9	汇款和托收项下常用融资方式	汇款和托收项下常用融资方式有哪些？如何选用
10	保函与备用信用证	银行保函、备用信用证及一般跟单信用证的比较
11	跨境人民币结算	跨境人民币结算与外汇结算的异同点
12	国际结算模拟实训	演示信用证的模拟实训过程

目 录 CONTENTS

第一篇　结算篇

第一章　汇款与跟单托收结算方式 / 2

第一节　汇款 / 2

第二节　跟单托收 / 3

复习思考题 / 5

第二章　信用证结算方式 / 7

第一节　信用证的定义和性质 / 7

第二节　UCP600与UCP500比较 / 8

复习思考题 / 13

第三章　信用证概述 / 14

第一节　信用证的内容 / 14

第二节　信用证的种类 / 18

复习思考题 / 30

第四章　信用证的使用流程 / 32

第一节　进口开证 / 32

第二节　出口议付 / 34

复习思考题 / 36

第五章　缮制信用证项下的单据——汇票和发票 / 37

第一节　如何缮制汇票 / 38

第二节　如何缮制发票 / 42

复习思考题 / 47

第六章　缮制信用证项下的单据——运输单据 / 49

第一节　海运提单 / 49

第二节　不可转让海运单 / 68

第三节　租船合同提单 / 70

第四节　多式联运单据 / 76

第五节　空运单据 / 79

第六节　公路、铁路和内陆水运单据 / 84

第七节　快递收据、邮政收据或投邮证明 / 87

第八节　其他运输单据 / 87
复习思考题 / 88
第七章　缮制信用证项下的单据——保险单据和其他单据 / 89
第一节　保险单据 / 89
第二节　原产地证书 / 99
第三节　检验检疫证明书 / 101
第四节　包装单据 / 102
第五节　证明 / 104
第六节　有关单据的其他规定 / 105
复习思考题 / 108
第二篇　融资篇
第八章　信用证项下的常用融资方式 / 111
第一节　打包贷款 / 111
第二节　出口押汇 / 113
第三节　出口贴现 / 116
第四节　福费廷 / 117
第五节　减免保证金开证 / 119
第六节　质押开证 / 120
第七节　提货担保 / 121
第八节　进口押汇 / 124
复习思考题 / 126
第九章　汇款和托收项下的常用融资方式 / 128
第一节　信保押汇 / 128
第二节　国际保理 / 129
第三节　信保保理 / 132
第四节　出口发票贴现 / 134
第五节　出口订单融资 / 135
复习思考题 / 137
第三篇　担保篇
第十章　保函与备用信用证 / 139
第一节　银行保函 / 139

第二节　备用信用证 / 149
复习思考题 / 151

第四篇　创新篇

第十一章　跨境人民币结算 / 153
第一节　跨境人民币结算 / 153
第二节　跨境人民币融资 / 156
复习思考题 / 161

第五篇　实训篇

第十二章　国际结算模拟实训 / 163
第一节　进出口贸易的准备 / 163
第二节　备货及认证 / 164
第三节　出口托运、商品检验与报关 / 167
第四节　办理装船及换取提单 / 171
第五节　保险 / 172
第六节　缮制单据及装船通知 / 173
第七节　电汇 / 176
第八节　托收 / 176
第九节　信用证 / 177
第十节　进口通关与提货 / 179
第十一节　出口核销及出口退税 / 182
第十二节　信用证下的融资业务 / 182
参考文献 / 187

第一篇

结算篇

第一章　汇款与跟单托收结算方式

汇款与跟单托收单据流转周期短，费用低、操作方便，是国际贸易中最常见的两种结算方式。随着互联网在国际贸易中的应用，国际商务环境日益可控而透明，选择汇款与跟单托收的国际买家与卖家越来越多。

第一节　汇款

传统的汇款业务可以细分为三种，即票汇、信汇和电汇，而在实务中票汇和信汇由于效率低、周期长，已经很少用。

汇款（Remittance）是指汇款人委托汇款行（Remitting Bank）将款项汇至收款人在收款行（Receiving Bank）的指定账户上。在国际贸易中，汇款人大多为进口商，收款人大多为出口商，进出口双方签订进出口合同时确定结算方式为电汇（Telegraphic Transfer，T/T；汇款的一种方式）。具体操作流程如图 1-1 所示。

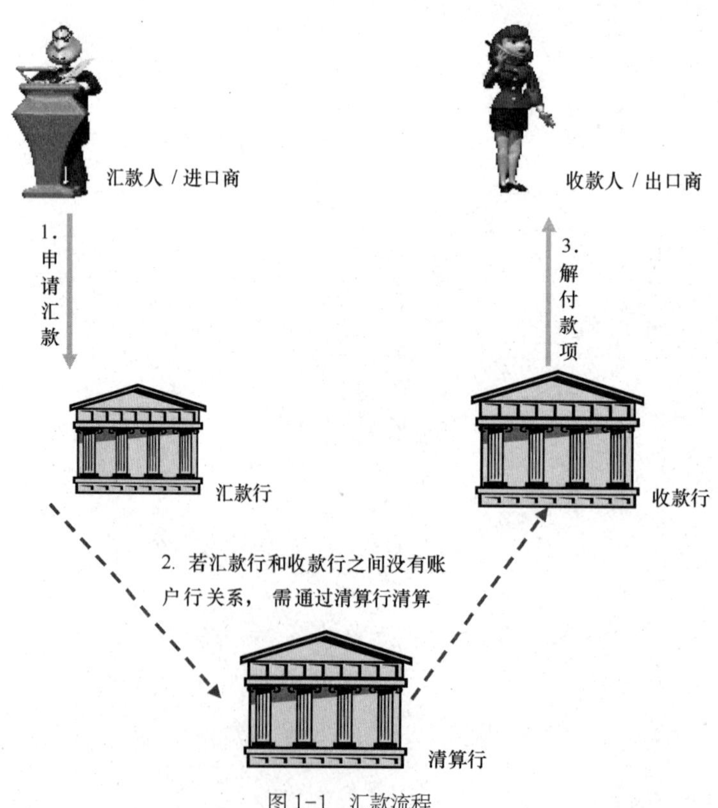

图 1-1　汇款流程

汇款人在汇款时，需向汇款行提供以下信息：收款人名称、收款人开户行、账号。若为避免汇路不合适而耽误收款时间，还可向收款人了解其开户行的代理行信息，以提供给汇款行。

第二节 跟单托收

跟单托收是指出口商所在地银行作为托收行，接受出口商的委托，向境外代收行（进口商所在地银行）寄单，要求代收行按照托收行的指示向进口商办理放单收款的一种结算业务。

一、跟单托收的操作流程

进口商从代收行取得单据必须满足一定的条件。一般来说，代收行放单分两种情况。

（一）付款交单

付款交单（Documents against Payment，D/P），即代收行在进口商付清款项后放单（见图1-2）。此时，无论汇票是即期还是远期，代收行都只能在收妥款项后放单。

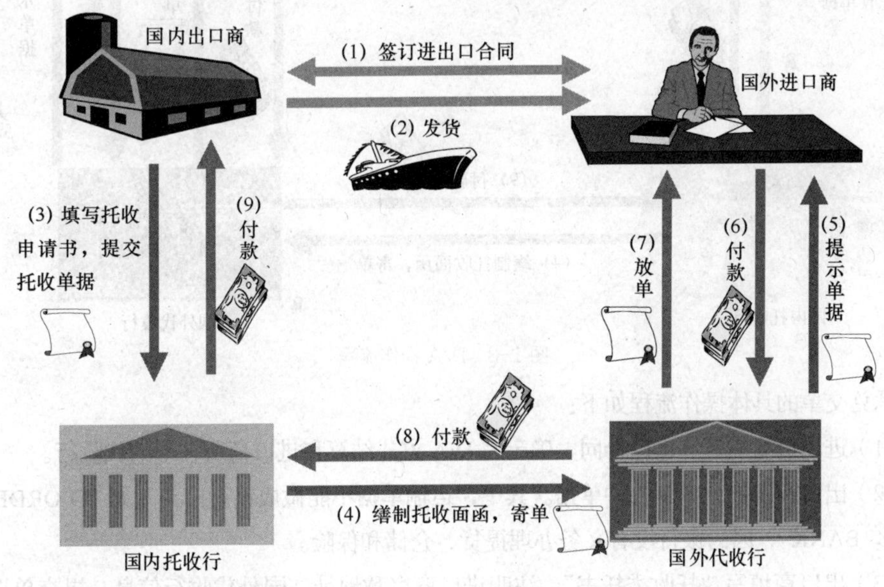

图 1-2 D/P 操作流程

付款交单的具体操作流程如下：

（1）进出口商签订进出口合同，确定用 D/P 方式结算和进口商所在地的代收行。

（2）出口商发货，缮制各种单据。其中，运输单据不能做成银行抬头（如 TO ORDER OF ××× BANK），因为银行没有义务办理提货、仓储和保险。

（3）出口商填写“托收委托书”，注明进口商名称地址、国外代收行信息、提交单据的份数和种类、交单条件（D/P）等内容，并向托收行提交全套单据。

（4）托收行审核出口商提交的单据与“托收委托书”所列内容相符后，缮制托收面函，连同单据向国外代收行寄单。

（5）国外代收行收到单据后，通知进口商，提示单据。

（6）进口商向代收行付款。

（7）代收行向进口商放单。

（8）代收行向托收行付款。

（9）托收行扣除相关手续费后，将款项划入出口商账户。

（二）承兑交单

承兑交单（Documents against Acceptance，D/A），即代收行在进口商承兑汇票后放单（见图 1-3）。

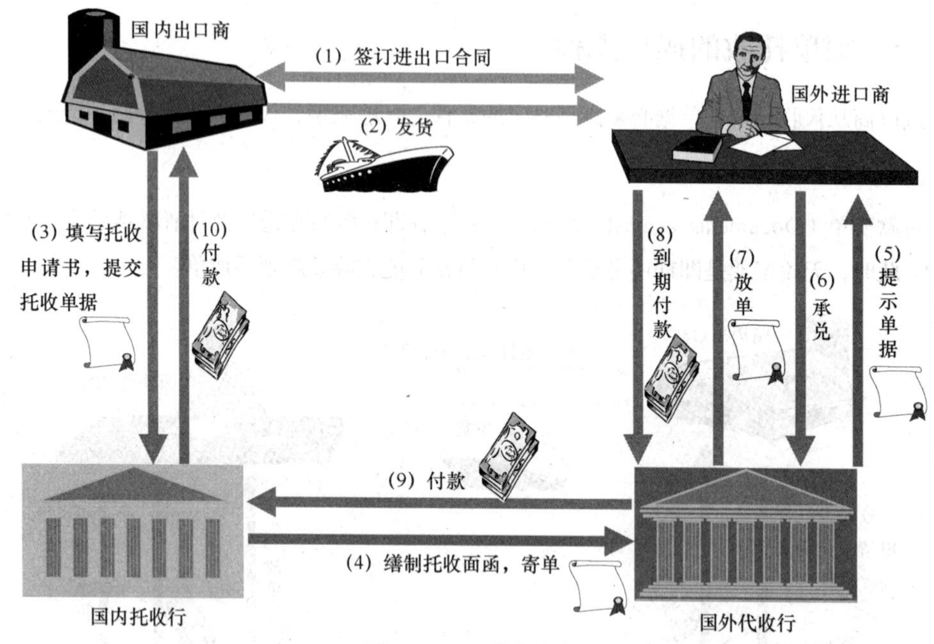

图 1-3　D/A 操作流程

承兑交单的具体操作流程如下：

（1）进出口商签订进出口合同，确定用 D/A 方式结算和进口商所在地的代收行。

（2）出口商发货，缮制各种单据。其中，运输单据不能做成银行抬头（如 TO ORDER OF ××× BANK），因为银行没有义务办理提货、仓储和保险。

（3）出口商填写“托收委托书”，注明进口商名称地址、国外代收行信息、提交单据的份数和种类、交单条件（D/A）等内容，并向托收行提交全套单据。

（4）托收行审核出口商提交的单据与“托收委托书”所列内容相符后，缮制托收面函，连同单据向国外代收行寄单。

（5）国外代收行收到单据后，通知进口商，提示单据。

（6）进口商在汇票上做承兑，确定付款日期。

（7）代收行向进口商放单，并通知托收行进口商已承兑及到期日。

（8）到期日，进口商向代收行付款。

（9）代收行向托收行付款。

（10）托收行扣除相关手续费后，将款项划入出口商账户。

二、跟单托收的性质和贸易背景

跟单托收遵循国际商会《跟单托收统一规则》（ICC 第 522 号出版物）。

跟单托收是一种商业信用，银行不承担付款责任。进口商的付款或承兑仅仅是一种商业行为，不含有银行的担保责任。若进口商在 D/P 项下不付款赎单或在 D/A 项下承兑后到期不付款，代收行只能听候托收行的指示行事，而不承担任何责任。

因此，这种结算方式适用于以下交易背景。

（1）出口商与进口商有长期稳定的合作关系，对进口商的资信状况十分了解。

（2）跨国公司中的母子公司或关联公司之间开展进出口贸易。

三、跟单托收结算方式下的潜在风险

（一）出口商的风险

1．汇率风险

在 D/P 远期或 D/A 方式下，出口商发货和收汇存在时滞，收汇后，若本币升值，则结汇收入降低。

2．交易风险

国际贸易市场行情瞬息万变，若货到进口国后，行情看跌，进口商会不接受货物并拒绝付款，或直接要求出口商降低价格，由于跟单托收是商业信用，银行不承担付款责任，出口商可能不得不接受进口商的无理要求。

在 D/A 结算方式下，若进口商承兑、拿到单据并提货后到期拒付，出口商会面临钱货两空的局面。

（二）进口商的风险

1．交易风险

在 D/P 结算方式下，进口商付款赎单提货后，会遭遇货物品质与合同不符的情况。

2．信用风险

在 D/P 结算方式下，进口商付款赎单后，若发现出口商伪造单据，则不得不面临钱货两空的局面。

复习思考题

一、简答题

1. 简述票汇、电汇、信汇三种方式的异同。
2. 试分析汇款业务当事人之间的相互关系。
3. 托收结算方式的基础是什么？
4. 托收方式的当事人有哪些？其各自的责任和权利分别是什么？
5. 为什么以托收方式结算贸易货款，出口商要争取以 CIF 价格成交？

二、案例讨论题

1. 我国某外贸企业与某国 A 商达成一项出口合同，付款条件为付款交单见票后 45 天付款。当汇票及所附单据通过托收行寄抵进口地代收行后，A 商及时在汇票上履行了承兑手续。货抵目的港时，由于用货心切，A 商出具信托收据向代收行借得单据，先行提货转售。汇票到期时，A 商因经营不善，失去偿付能力。代收行以汇票付款人拒付为由通知托收行，并建议由我外贸企业直接向A商索取货款。对此，你认为我外贸企业应如何处理？

2. 某代收行收到托收委托书，指示按装运后 30 天付款交单办理。照此委托书，代收行向进口商提示付款，进口商称交易合同条款是 30 天承兑交单，并要求代收行按承兑交单办理。请问，代收行应怎么办？这样处理的依据是什么？

第二章 信用证结算方式

第一节 信用证的定义和性质

一、信用证的定义

信用证是国际贸易的一种结算方式，全称为跟单信用证，是银行应进口商的要求，开出以出口商为受益人的、凭提交符合信用证要求的单据兑付的一项书面付款承诺。

跟单信用证是一项约定，即在单证相符的情况下，开证行承付或议付受益人或其指定人：

（1）如果信用证为即期付款信用证，开证行对其即期付款；

（2）如果信用证为延期付款信用证，则开证行承诺延期付款并在承诺到期日付款；

（3）如果信用证为承兑信用证，则开证行承兑受益人开出的汇票并在汇票到期日付款。

二、信用证的性质

信用证具有以下性质。

（一）信用证是一种银行信用

信用证一经开出，其开证行即是主债务人，是第一付款人，只要出口商提供了信用证所规定的单据，开证行就承担第一性的付款责任。根据这一特点，出口商发货后，不是向进口商收款，而是向开证行或其授权付款的银行收款。但如果开证行破产倒闭而无力付款，出口商仍然有向进口商索要款项的权利，只不过，这时是依据买卖合同而非信用证索款。

（二）信用证是独立于贸易合同之外的自足文件

信用证的开立虽然是以贸易合同为基础，但是，银行并未参与合同的签订，不是合同的当事人。信用证一经开出，便与买卖合同分离成为独立性契约，不依附于买卖合同。开证银行只对信用证负责，只要出口商提供了符合信用证规定的单据就付款给出口商，而不管出口商是否履行了买卖合同。

因此，就其性质而言，信用证与作为其开立基础的销售合同或其他合同是相互独立的交易，即使信用证中含有对此类合同的任何援引，银行也与该合同无关，而且不受其约束。也就是说，银行在履行信用证项下的承付义务时，不受申请人基于与开证行或受益人之间的关系而产生的任何请求或抗辩的影响。申请人在开立信用证时，也不应将基础合同或形式发票等文件作为信用证的组成部分，开证行也应劝阻申请人的这种行为。

（三）信用证业务的标的是单据

信用证业务中，银行处理的是单据，而不是可能涉及的货物、服务或履约行为。信用证是凭相符单据付款的，即所谓“认单不认货”。只要出口商提交了符合信用证条款的单据，即使货物有缺陷（事实上银行根本就见不到货物，它处理的只是单据），银行仍需照付货款。反之，如果单据与信用证有不符之处，即银行在审单时发现了不符点单据，即使货物完全符合合同要求，银行仍有权拒付货款。

案例分析

信用证的相对独立原则

某年7月5日，开证行I应进口商A公司要求，开出一张以美国B公司为受益人的可分批装运的即期信用证，金额为1 250 000美元。7月25日，开证行收到寄来的第一批单据，金额为780 000美元，经开证行审单，单据与信用证相符，进口商付款赎单。付款后一个月，第一批货物到港，进口商A公司验货，发现质量与合同规定严重不符。9月12日，开证行收到寄来的第二批单据，金额为470 000美元，经开证行I审单，单证相符，进口商A公司要求扣除因第一批货物质量问题应赔付给进口商 A 公司的款项后将余款支付。开证行 I 拒绝了进口商的要求，并于到期日对外付了款。后来，进出口双方根据合同规定，自行解决了问题。

【分析】

信用证是一种银行信用，是独立于合同的自足文件，其标的物是单据，受益人一旦提交了符合要求的单据，便能得到偿付。因此，银行处理的是单据，而非货物。单据是否符合信用证要求是决定付款与否的关键，而货物的质量问题并不是银行所应该关心的。本案例中，开证行I承担第一性付款责任，受益人提交的单据与信用证条款完全相符，开证行I就必须向受益人（美国B公司）付款。银行按规定付款是正确之举。

第二节　UCP600与UCP500比较

天地万物无规则不成方圆，信用证也有其使用的一定之规，这就是国际商会《跟单信用证统一惯例》（UCP）。自 1933 年《跟单信用证统一惯例》产生以来，随着国际贸易的发展，特别是运输技术和通信方式的变化而经历了多次修订，分别于 1951 年、1962 年、1974 年、1983 年、1993 年和 2006 年进行了修订。目前，《跟单信用证统一惯例，2007 年修订本》（国际商会第 600 号出版物，即 UCP600）已于 2007 年 7 月 1 日开始适用。

UCP600 与 UCP500（《跟单信用证统一惯例，1993 年修订本》即国际商会第 500 号出版物）的区别主要体现在以下几方面。

一、增加单复数同义的表述

UCP600 第 3 条规定，如情形适用，单数词形包含复数含义，复数词形包含单数含义。

UCP600 行文简化的一个重要标志就是明确了单词的单复数意义相同，比如“CREDIT”和“DISCREPANCY”便无须再表达为“CREDIT（S）”和“DISCREPANCY（IES）”了，从而避免行文过于繁冗造成阅读障碍。

二、议付的含义发生变化

UCP500 第 10 条 b 款规定，议付是指被授权议付的银行对汇票或单据付出对价，只审核单据未付出对价不构成议付。因此，UCP500 强调议付是一种给付对价的行为，这就包含正点单据议付和含不符点单据的议付。

UCP600 第 2 条规定，议付指指定银行在相符交单下，在其应获偿付的银行工作日当天或之前向受益人预付或者同意预付款项，从而购买汇票或单据的行为。也就是说，UCP600 弱化了 UCP500 对议付的定义，它强调议付必须有以下几个条件：①议付信用证中的指定银行才可以议付；②单证相符；③议付行向开证行索偿之前，向受益人做出书面承诺，在开证行付款日或之前付款。

在 UCP600 对议付定义的条款中，“PURCHASE”一词决定议付是一种权利买卖行为，从而排除了融资安排构成议付的可能性，例如押汇等出口融资产品。再者，押汇金额一般是单据金额的一部分，而非全部；而议付金额必须是单据全部金额扣减利息及手续费后的余额。最重要的是，在出口押汇项下，若发生商业欺诈行为，按照“欺诈例外”原则，开证行可以根据法院止付令对正点单据拒绝付款，融资银行只能向受益人追索款项；在议付项下，根据“欺诈例外的例外”原则，议付行作为善意第三方，有权从开证行处获得偿付。

三、增加对 BETWEEN 和 BEFORE 的解释，对 FROM 的解释更加明确

UCP500 第 47 条规定，“TO”“UNTIL”“TILL”“FROM”及类似词语用于限定信用证有关装运的日期或期限时，将被理解为包括所述日期。

UCP600 第 3 条则规定，“TO”“UNTIL”“TILL”“FROM”“BETWEEN”等词用于确定发运日期时包含提及的日期，使用“BEFORE（在……之前）”及“AFTER（在……之后）”时则不包含提及的日期。“FROM”和“AFTER”等词用于确定到期日时不包含提及的日期。

UCP500 和 UCP600 对时间介词的解释如表 2-1 所示。

表 2-1　UCP500 和 UCP600 对时间介词的解释

	UCP500	UCP600
TO、UNTIL、TILL	包含提到的日期	包含提到的日期
AFTER	不包含提到的日期	不包含提到的日期
BEFORE	无	不包含提到的日期
BETWEEN	无	包含提到的日期
FROM	（确定装运日期时）包含提及的日期	确定装运日期时包含提及的日期，在确定到期日时不包含提及的日期

四、允许延期付款信用证贴现

UCP500 项下，承兑信用证的融资功能已被银行界普遍认可。开证行发出承兑电文后，受益人可以向议付行申请叙做出口贴现或福费廷，二者的区别在于，前者是有追索权的，后者是无追索权的。

在 UCP600 中，国际商会承认了延期付款信用证的融资功能。UCP600 第 12 条 b 款规定，开证行指定一银行承兑汇票或做出延期付款承诺，即为授权该指定银行预付或购买其已承兑的汇票或已做出的延期付款承诺。这说明，在延期付款信用证项下，指定银行可以贴现自己承兑的汇票，购买自己承担的延期付款承诺。

这表明，当出口商存在欺诈的情况下，UCP600 力求保护已对其（指定银行）承兑或承诺支付的款项进行融资的指定银行。

对于开证行承兑或延期付款的信用证，由于没有指定银行，故其他银行对开证行已承兑或承诺的款项所做融资，不受 UCP600 保护。承兑受票据法约束，承诺受其他法律关系约束。

如果不希望指定银行提前预付或购买，开证行应在信用证中明确注明或排除第 12 条 b 款。

五、建立单据必须满足其功能的标准

UCP500 第 21 条规定，当要求提供运输单据、保险单据和商业发票以外的单据时，信用证中应规定该单据的出单人及它们的措辞内容。如果信用证中没有这样的规定，只要提交单据的内容与提交的其他规定的单据不矛盾，银行即予接受（PROVIDED THAT THEIR DATA CONTENT IS NOT CONSISTENT WITH ANY OTHER STIPULATED DOCUMENT PRESENTED）。如此宽松的约束易造成对该条款的滥用，例如，装箱单不表明包装，质量证不显示质量，检验证没有检验结果，使单据缺乏应有的效力。

因此，UCP600 第 14 条 f 款规定，如果信用证要求提交运输单据、保险单据或商业发票之外的单据，却未规定出单人或其数据内容，则只要提交的单据内容看似满足所要求单据的功能，与信用证条款及其他单据不相矛盾，银行将接受该单据（BANKS WILL ACCEPT THE DOCUMENT AS PRESENTED IF ITS CONTENT APPEARS TO FULFIL）。

六、若非 Consignee（收货人）或 Notify Party（被通知人），申请人和受益人的联系地址可以不同于 L/C 的规定

根据 UCP500 项下银行审单实务的要求，单据缮制大多采用镜像原理，尤其是申请人和受益人的联络方式等内容，一般都要求与信用证条款严格相符。

UCP600 第 14 条 j 款规定，当受益人和申请人的地址出现在任何规定的单据中时，无须与信用证或其他规定单据中所载相同，但必须与信用证中规定的相应地址同在一国。联络细节（传真、电话、电子邮件及类似细节）作为受益人和申请人地址的一部分时将被不予理会。然而，如果申请人的地址和联络细节为运输单据上的收货人或通知方细节的一部分时，应与信用证规定的相同。

七、拒付电增加“持单直至申请人放弃不符点”的选择

根据 UCP500 第 14 条 d 款的规定，开证行审核单据发现不符点后，其做法必须符合如下要求：

（1）发出一次拒付电文；

（2）列明所有不符点；

（3）说明是否持单听候交单人处理，或退还交单人。

事实上，信用证作为支付工具，是为推动国际贸易发展而产生的结算手段。在国际贸易中，进出口双方交易成本相对较高，在货物行情看好的时候，仅仅因为单据瑕疵而真正拒付的进口商并不多。因此，开证行审单发现信用证项下来单存在不符点时，大多直接联系申请人，请其决定是否接受不符点。而且，大多数情况下，申请人为了要货而接受不符点。因此，开证行大多在拒付电中加列“正就不符点征求申请人意见，一旦其放弃不符点，开证行将向其放单，同时向受益人付款”。此类电文常常引起法律上的争议。

为顺应国际贸易实务发展的需要，UCP600 第 16 条 c 款增加“开证行持单直至申请人放弃不符点”的选择。

八、审单时间从“7 个工作日”缩短为“5 个工作日”，删除“合理时间”的表述

根据 UCP500 第 14 条 d 款的规定，开证行必须在收到单据之翌日起的 7 个工作日内发出拒付通知，事实上，大多数银行收到单据后就马上审单。而且，根据 UCP500 第 13 条 b 款规定，银行审核单据应遵循合理的时间（REASONABLE TIME）。实务中，在单据相对简单的情况下，若开证行拖到最后一天拒付，一旦引起纠纷，法院会援引“合理时间”这一概念，判决开证行所用时间不合理，从而称其拒付无效。因此，合理时间标准难以把握。

UCP600 删除“合理时间”的规定，同时将 7 个工作日缩短为 5 个工作日，意味着无论单据如何简单，单证人员如何轻松，只要拒付不超过 5 个工作日，拒付就有效。这一新的审单标准有效地规避了可能造成的纠纷。

九、租船人及其代理也可签署租船合同提单

根据 UCP500 第 25 条 a 款的规定，租船合同提单必须由以下人员之一签署：

（1）船长（Master）或其代理（Master Agent）；

（2）船东（Owner）或其代理（Owner Agent）。

在贸易实务中，真正与发货人和收货人发生业务关系的是租船人（或代理）或船长（或代理），租船人更了解货运细节；而且，一旦发生货物损毁、索赔等事情时，发货人和收货人也大多与租船人（或代理）或船长（或代理）进行交涉，因此，UCP600 增加了租船人（或代理）的签署权利。

根据 UCP600 第 22 条 a 款的规定，租船合同提单必须由以下人员之一签署：

（1）船长（Master）或其具名代理人（Master Agent）；

（2）船东（Owner）或其具名代理人（Owner Agent）；

（3）租船人（Charterer）或其具名代理人（Charterer Agent）。

十、所有暂保单均不得接受

UCP500 第 34 条 c 款规定，除非信用证另有规定，保险经纪人开立的暂保单将不被接受。如本书第七章所述，暂保单可以是保险经纪人签发的，也可以是保险公司的分支机构签发的。由于暂保单可以在保险单出立之前中止效力，且暂保单期限较短，故暂保单项下被保险人的利益无法得到有效保护。

因此，UCP600 第 28 条 c 款规定，暂保单将不被接受。这样，从“不接受保险经纪人出具的暂保单”转变为“不接受所有暂保单”，暂保单不接受的范围扩大。

十一、超额投保可以接受

UCP500 第 34 条 f 款规定，除非信用证另有规定，保险单据必须表明已投保的最低金额应为货物 CIF 或 CIP 价格加 10%。在操作实务中，实际投保必须与信用证或 UCP500 规定的投保比例严格相符。

UCP600 第 28 条 f 款规定，信用证对于投保金额为货物价值、发票金额或类似金额的某一比例的要求，将被视为最低保额的要求。如果信用证对投保金额未做规定，投保金额须至少为货物的 CIF 或 CIP 价格的 110%。也就是说，信用证规定的投保比例为最低投保比例，实际投保比例可以高于或等于这个最低投保比例。

十二、保险单据可以援引任何除外条款

一般情况下，保险险别分为基本险和附加险。基本险又分为平安险、水渍险和一切险情，附加险又分为一般附加险和特别附加险。UCP600 第 28 条 i 款规定，保险单据可以援引任何除外条款，即保险单据可以有除外条款，保险单据对某些风险的排除不构成不符点。因此，进口商在开证时，可在信用证中特别注明不接受此条款。

十三、开证行可以作为转让行转让自己开立的信用证

在 UCP500 项下，开证行必须在可转让信用证中注明转让行，且转让行大多是开证行以外的另一家银行（见图 2-1）。UCP600 第 38 条 b 款规定，开证行也可担任转让行（见图 2-2）。

信用证转让的目的在于既能免除第一受益人向实际供货商开证的麻烦，又能方便其通过支取差价的方式赚取利益，同时还能切断供货商与进口商的直接联系。开证行转让自身开立的可转让信用证同样可以取得这一效果，且减少另一行转让的环节，第二受益人可以直接向开证行交单。这样，不仅加快业务进程——减少转让行向开证行寄单的过程，也减少第一受益人换单造成的不符，及在涉及修改和多个第二受益人情况下交单的不可控性。此外，申请人与第一受益人在同一地区或二者的结算银行都是开证行时更具有便利性。

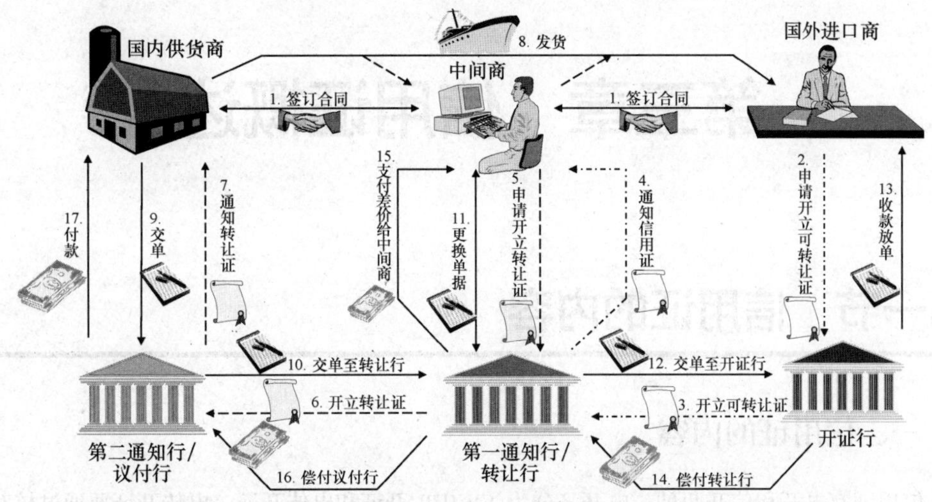

图 2-1　可转让信用证流程（转让行是开证行以外的另一家银行）

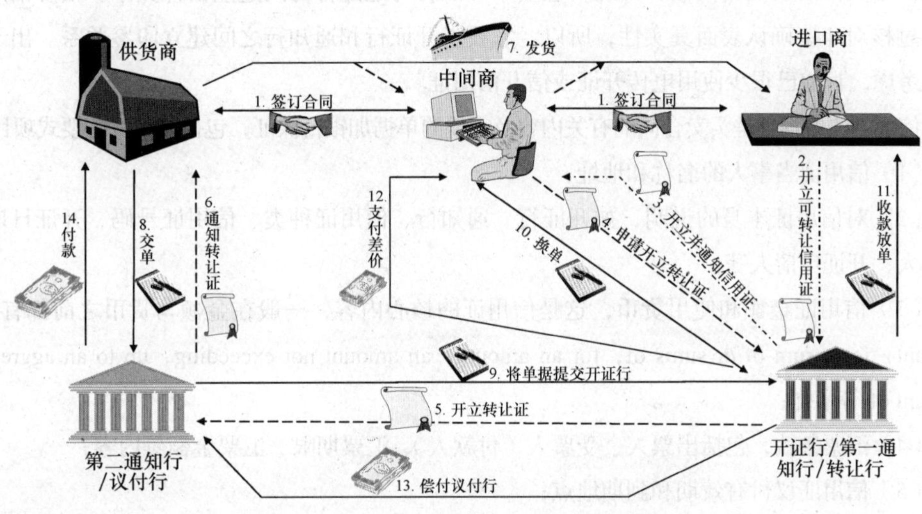

图 2-2　可转让信用证流程（转让行是开证行）

复习思考题

一、简答题

1. 简述信用证的特点、主要内容及收付的一般程序。
2. 简述信用证与买卖合同的关系。
3. 比较分析 UCP600 与 UCP500 的区别。

二、案例讨论题

我国某外贸公司向科威特 K 公司出口冻羊肉 50 吨。每吨 CIF 价 2 000 美元。合同规定数量可增减 10%。买方 K 公司按时开来信用证，证内规定，数量约为 50 吨，总金额 100 000 美元。我外贸公司发货时，按合同和信用证规定，实际装运 55 吨，缮制的商业发票表明，数量 55 吨，总金额 110 000 美元。当我外贸公司持单办理议付时，却遭到银行拒付。试问，按《UCP600》规定，银行是否有权拒付？请说明理由。

第三章　信用证概述

第一节　信用证的内容

一、信用证的内容

信用证有电开和信开两种，电开又分为 SWIFT 开证和电传开证。电传开证要通过核对密押确认信用证的表面真实性，因此，它要求开证行与通知行之间建立密押关系。信开信用证要通过核对印鉴确认表面真实性，所以，它要求开证行和通知行之间建立印鉴关系。出于安全性考虑，目前已很少使用电传开证或信开信用证。

信用证的内容就是买卖合同的有关内容及需要的单据加银行保证，包括如下一些要式项目：

（1）信用证当事人的名称和地址；

（2）对信用证本身的说明，如开证行、通知行、信用证种类、信用证号码、开证日期、受益人、开证申请人等；

（3）信用证金额和使用货币，这是信用证的核心内容，一般在金额与货币之前都有 for amount，for a sum of or sums of，for an amount，an amount not exceeding，up to an aggregate amount of 等字样；

（4）汇票条款，包括出票人、受票人（付款人）、汇票期限、汇票金额等内容；

（5）信用证议付有效期和到期地点；

（6）单据条款，主要规定应提交哪些单据（如商业发票、提单、保险单、装箱单、重量单、产地证、商检证书等）、各种单据的份数，以及这些单据应表明的货物的名称、品质规格、数量、包装、单价、总金额、装运方式、装卸地点等；

（7）货物描述，一般包括货名、数量、规格、单价、总额、包装等；

（8）特别条款，根据不同的情况记录一些特别要求；

（9）开证行保证，即开证行对受益人及汇票持票人保证付款的责任文句；

（10）《跟单信用证统一惯例》文句，凡承认国际商会跟单信用证统一惯例 UCP600 的银行，开证时都加注信用证据此开立的内容，表示开证行将以此为原则处理信用证业务并且发生业务纠纷时也将以此为准则来协调解决。

二、SWIFT 电文中代码解读

要读懂 SWIFT 信用证，首先要了解 SWIFT 信用证各个场的含义，如表 3-1、表 3-2 所示。

表 3-1 SWIFT L/C 电文正文中代号说明

代号	英文名称	中文释义
700	ISSUE OF A DOCUMENTARY CREDIT	跟单信用证的开立
27	Sequence of total	合计次序
40A	Form of Documentary Credit	信用证类别
20	Documentary Credit Number	信用证号码
23	Reference to Pre-Advice	预告摘要
31C	Date of Issue	开证日期
31D	Date and Place of Expiry	到期日及地点
51s	Applicant Bank	申请人的银行
50	Applicant	申请人
59	Beneficiary	受益人
32B	Currency Code, Amount	币别代号、金额
39	AMOUNT SPECIFICATION	金额说明
41A	Available with…by…	由……银行（议付或承付）
42	Drafts at…Drawn on…	汇票期限，以……为付款人
43P	Partial Shipments	分批装运
43T	Transshipment	转运
44	Shipment/Dispatch/Taking in charge from/at…for transportation to…	由……装运至……
45A	Description of（Goods）	货物描述
46A	Documents Required	应提交的单据
47A	Additional Conditions	其他条款
71B	Charges	费用
48	Period for Presentation	交单期
49	Confirmation Instructions	保兑与否指示
53A	Reimbursement Bank	偿付行
78	Instructions to the Pay/Acc/Neg Bank	对付款行/承兑行/议付行的指示
57A	"Advise Through" Bank	收讯银行以外的通知行
72	Bank to Bank Information	银行间备注信息

表 3-2 SWIFT 传输信用证修改电文中代号说明

MT 707 跟单信用证的修改	
标示	栏位名称
20	送讯银行的编号
21	收讯银行的编号
23	开证行的编号
52A	开证行
31C	信用证的开立/寄发日期
30	信用证的修改日期（修改当天日期）
59	（修改以前的）受益人

续表

MT 707 跟单信用证的修改	
标示	栏位名称
31E	新的信用证到期日
32B	信用证金额的增加部分
33B	信用证金额的减少部分
34B	修改后新信用证金额
39	金额说明
44	装货地、转运地与目的地
79	叙述
72	银行间的备注

SWIFT 开立信用证范例

APPLICATION HEADER 700 UOVBPHMMAXXX

UNITED OVERSEAS BANK PHILIPPINES

MANILA

SEQUENCE OF TOTAL 27：1/1

FORM OF DOC CREDIT 40：IRREVOCABLE

DOC CREDIT NUMBER 20：18LC04/10359

DATE OF ISSUE 31C：040315

EXPIRY 31D：DATE040430 PLACE / CHINA

> 信用证有效地是中国，表明受益人在 2004 年 4 月 30 日在中国交单即可；若信用证有效地为开证行所在国家，则受益人要提前交单，以预留单据邮寄在途时间，保证单据在 2004 年 4 月 30 日之前到达开证行

APPLICANT 50：TBCD ELECTRONIC CO LTD

N2036 FEATI CTREET PAMPANGA PHILIPPINES

BENEFICIARY 59：BEIJING LONGTAIDA CO LTD

NO 123 ZHONGGUANCUN SOUTH ROAD

HAIDIAN DISTRICT BEIJING PRC

AMOUNT 32B：CURRENCY USD AMOUNT36.432,30

AVAILABLE WITH/BY 41D：ANY BANK BY NEGOTIATION

> 此为自由议付信用证

DRAFTS AT…… 42C：SIGHT FOR 100 PERCENT INVOICE VALUE

> 此为即期信用证

DRAWEE 42A：UOVBPHMM

UNITED OVERSEAS BANK PHILIPPINES

MANILA

> 开证行为汇票付款人

PARTIAL SHIPMENTS 43P：PERMITTED

TRANSSHIPMENT 43T：PERMITTED

LOADING IN CHARGE 44A：ANY PORT IN CHINA

FOR TRANSPORT TO 44B：MANILA PHILIPPINES

> 目的港必须体现在运输单据上

LATEST DATE OF SHIP. 44C：040412

> 最迟装运日期，货物必须在此日期前装运完毕

DESCRIPT. OF GOODS 45A：730 PCS. 60 CRT

AS PER PROFORMA INVOICE NO.PO0601

货物描述

DATED FEB 29，2004

P.S.C.C.：776.10.00

FOB DALIAN CHINA

所需单据。有时，47 场也会列出对单据内容的特殊要求，因此，受益人缮制单据时，要将 46 和 47 场结合考虑

DOCUMENTS REQUIRED 46A：

1. FULL SET OF 3/3 CLEAN ON BOARD OCEAN BILL OF LADING ISSUED TO THE ORDER OF UNITED OVERSEAS BANK PHILIPPINES MARKED "FREIGHT COLLECT" NOTIFY APPLICANT.

2. SIGNED COMMERCIAL INVOICE IN TRIPLICATE.

3. PACKING LIST IN TRIPLICATE.

4. BENEFICIARY'S CERTIFICATE THAT ONE (1) SET OF NON-NEGOTIABLE SHIPPING DOCUMENTS HAVE BEEN FORWARDED DIRECTLY TO APPLICANT VIA COURIER WITHIN FIVE (5) WORKING DAYS AFTER SHIPMENT.

ADDITIONAL COND. 47A:

ALL COPIES OF SHIPPING DOCUMENTS SUCH AS BUT NOT LIMITED TO BILL OF LADING (B/L), AIR WAYBILL (AWB) OR POSTAL RECEIPT MUST LEGIBLY INDICATE THE L/C NUMBER REGARDING THE SHIPMENT.

BILL OF LADING MUST SHOW ACTUAL PORT OF LOADING AND DISCHARGE.

IN CASE OF PRESENTATION OF DISCREPANT DOCUMENTS AND SUBJECT TO THE ISSUING BANK'S ACEPTANCE, A DISCREPANCY FEE OF USD40.00 FOR ACCOUNT OF BENEFICAIRY SHALL BE LEVIED.

对不符点费的规定

UNLESS OTHERWISE STIPULATED, ALL DOCUMENTS SHOULD BE ISSUED IN ENGLISH LANGUAGE.

DETAILS OF CHARGES 71B：ALL BANK CHARGES OUTSIDE PHILIPPINES ARE FOR BENEFICAIRY'S ACCOUNT.

PRESENTATION PERIOD 48：ALL DOCUMENTS SHOULD BE PRESENTED WITHIN 15 DAYS AFTER SHIPPING DATE.

交单期：装运日后 15 天内交单

CONFIRMATION 49：WITHOUT

此信用证为非保兑信用证

INSTRUCTIONS 78：

UPON RECEIPT OF DOCUMENTS WITH ALL TERMS AND CONDITIONS COMPLIED WITH, WE WILL REMIT THE PROCEEDS TO THE NEGOTIATING BANK ACCORDING TO THEIR INSTRUCTIONS.

DOCUMENTS TO BE MAILED DIRECTLY TO UNITED OVERSEAS BANK PHILIPPINES, LOCATED AT 17TH FLR, PACIFIC STAR BLDG, SEN GIL PUYAT AVE, COR, MAKATI AVE, MAKATI CITY, PHILIPPINES IN ONE (1) LOT VIA COURIER.

REIMBURSEMENT, IF APPLICABLE, IS SUBJECT TO ICC URR 525.

THIS CREDIT IS SUBJECT TO ICC UCP 500.

SEND TO REC. INF. 72：YOU MAY CONTACT BENEFICIARY AT

TEL NO. 86-10-66226699

FAX NO.86-10-66226688

第二节　信用证的种类

一、不可撤销信用证是常态

不可撤销信用证（Irrevocable Credit）的特点在于开证行的付款承诺和信用证的不可撤销性。信用证一经开出，在有效期内未经受益人及有关当事人同意，开证行不得片面修改或撤销，只要受益人提供的单据符合信用证要求，开证行必须履行付款义务。不可撤销信用证如要修改或取消，必须经过开证行与受益人两方的同意，如果这笔信用证业务有保兑行参与，还得经过保兑行的同意。

不可撤销信用证因其对受益人较有保障，所以在国际贸易中得到了最为广泛的使用。

通常，在信用证的 40 场标明“IRREVOCABLE”，表明此为不可撤销信用证。即使信用证没有表明信用证是否是不可撤销的，信用证也为不可撤销。

二、承付和议付信用证

按照信用证的付款方式，UCP600 直接将信用证分为以下几种，如图 3-1 所示。

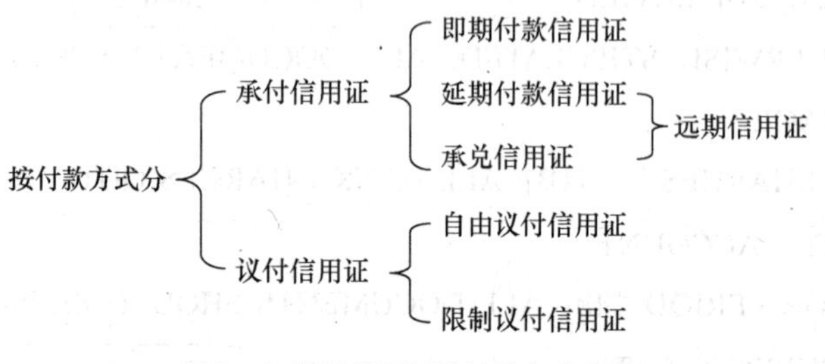

图 3-1　按照信用证的付款方式分类

（一）即期付款信用证

即期付款信用证是指开证行或付款行在收到受益人提交的、符合信用证规定的单据后，要立即对单据付款。这种信用证使出口方得以迅速收回货款，是国际贸易中最常见的一种信用证。即期付款信用证 41 场注明“AVAILABLE WITH...BANK BY SIGHT PAYMENT”。

（二）延期付款信用证

延期付款指履行延期付款责任的银行收到信用证项下相符单据，按信用证规定若干天后付款。延期付款信用证 41D 场内会注明“AVAILABLE WITH...BANK BY DEFERRED PAYMENT”（由……银行承担延期付款责任）。付款行可以是开证行自己，也可以由开证行另指定一家银行。延期付款信用证可以不要求提供汇票。

UCP600 承认了延期付款信用证的融资功能。开证行指定一家银行承兑汇票或做出延期付款承诺时，该指定银行可以预付或购买其已承兑的汇票或已做出的延期付款承诺。也就是说，该指定银行可以作为融资行，向受益人融资。

（三）承兑信用证

承兑信用证与延期付款信用证都是远期信用证。二者唯一的区别是，承兑信用证必须提供汇票，延期付款信用证可以不提供汇票。

承兑信用证 41D 场内注明 "AVAILABLE WITH…BANK BY ACCEPTANCE"。承兑行大多为开证行，有时也可以是开证行指定的另一家银行，如保兑行等。

承兑行在收到寄单行寄来的单据，审核单据并确认单证相符后，向寄单行发来承兑电文，通知汇票已承兑、汇票的到期日及付款路线。

（四）议付信用证

议付是指定银行在相符交单下，在其应获偿付的银行工作日当天或之前向受益人预付或者同意预付款项，从而购买汇票或单据的行为。即议付行接受开证行的委托后，确认单证相符时，可直接垫付资金给受益人，这种垫付行为（即为议付）是可以向受益人追索的。

议付信用证 41D 场明确注明 "BY NEGOTIATION"，表明该信用证为议付信用证。议付信用证可分为限制议付信用证和自由议付信用证。

1. 限制议付信用证

指定某银行议付的信用证为限制议付信用证，单据必须提交该被指定银行进行议付。例如：

（1）信用证 41D 场注明 "AVAILABLE WITH…BANK BY NEGOTIATION"（限被指定银行议付）；

（2）信用证 41D 场注明 "AVAILABLE WITH ADVISING BANK BY NEGOTIATION"（限通知行议付）。

2. 自由议付信用证

允许任何银行议付的信用证为自由议付信用证，又可称为公开议付信用证。在自由议付信用证项下，单据可提交任一银行议付。常见的表述方法有：

（1）信用证 41D 场注明 "AVAILABLE WITH ANY BANK BY NEGOTIATION"（可由任何银行议付）；

（2）信用证 41D 场注明 "AVAILABLE WITH ANY BANK IN BENEFICIARY COUNTRY BY NEGOTIATION"（由受益人所在国任一银行议付）。

三、保兑信用证

根据开证行的授权或要求，另一家银行（保兑行）对不可撤销信用证加具保兑，只要信用证规定的单据在到期日或以前提交至保兑行或指定银行，并与信用证条款相符，则构成保兑行在开证行以外的确定付款承诺，从而成为保兑信用证。

保兑信用证项下，保兑行同开证行一样共同承担第一性付款责任。保兑行一旦议付或付款，则为终局性议付或付款，如无欺诈现象，则没有追索权。在开证行资信不高或开证行所在国家存在政治风险的情况下，受益人要求开证申请人开立保兑信用证。

保兑行在通知信用证时，在信用证正文上加上如下字样“We hereby confirm the above mentioned Credit and undertake to honor the drafts drawn in compliance with the terms and conditions of the credit”（我们在此对上述信用证叙做保兑，并承诺对符合信用证条款的汇票付款）。

对于信用证的修改，保兑行可将其保兑延伸至信用证修改书，并从信用证通知修改书签发日起，受到该修改书的约束。如果保兑行选择将修改书通知受益人，而不延伸其保兑，保兑行应将此事毫不延迟地通知开证行和受益人。受益人在接到信用证修改书后，也应严格审核通知书等文本内容，以判断保兑行是否将保兑行为延伸至信用证修改内容，不要想当然地认为保兑行一定会对修改书加具保兑。因为，保兑行在选择对信用证或信用证修改书加具保兑时，也要充分考虑其自身的风险与收益是否平衡等问题。

保兑行将保兑行为延伸至信用证修改书时，可表示为 WE HEREBY ADVISE THE L/C AMENDMENT TO YOU AND WE EXTEND OUR CONFIRMATION TO ABOVE MENTIONED L/C AMENDMENT（我行将信用证修改书通知你方，且我行已经将保兑行为延伸至上述信用证修改书）。

保兑行对信用证修改书不加具保兑时，可表示为 WE HEREBY ADVISE THE L/C AMENDMENT TO YOU WITHOUT EXTENDING OUR CONFIRMATION TO ABOVE MENTIONED L/C AMENDMENT（我行将信用证修改书通知你方，且我行未将保兑行为延伸至上述信用证修改书）。

四、假远期信用证

（一）什么是假远期信用证

开证行开立远期信用证，在收到相符单据后，对受益人即期付款，利息由开证申请人承担，这种信用证就是假远期信用证。

以下是假远期信用证常见的代表性表述，常见于 SWIFT 开立信用证中的 47 场。

（1）The usance draft are payable on sight basis. We are authorized to pay the face amount of your draft upon presentation，and discount charge is for account of the applicant.

远期汇票即期支付，汇票一经提示，即按面值付款，贴现息由申请人承担。

（2）Usance draft shall be negotiated at sight basis. Discounting commissions and charges are for buyer’s account.

远期汇票可即期议付，贴现息及费用由开证申请人承担。

（二）如何利用假远期信用证

国内出口商接到的假远期信用证中，韩国银行开来的较多。目前，越来越多的国内进口商也开始充分利用假远期信用证。

1．转口贸易的需要

国内企业在经营转口贸易的过程中，若国外出口商（即最终供货商）要求开立即期信用证，以获得即期付款，国外进口商（即最终购买商）要求开立远期信用证，延长付款时间，国内中间商可通过开立假远期信用证满足三方的结算要求（见图 3-2）。

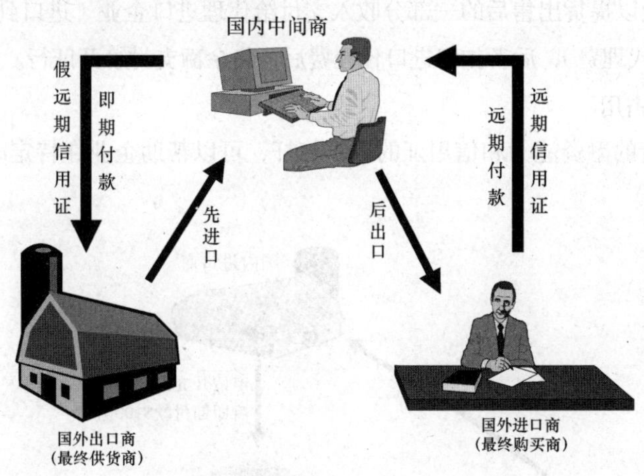

图 3-2　假远期信用证在转口贸易中的应用

如图 3-2 所示，国内中间商接受国外进口商（即最终购买商）开来的远期信用证，同意其远期付款；同时，国内中间商又接受国外出口商（即最终供货商）要求即期付款的要求。这样，国内中间商对国外最终供货商开立假远期信用证，要求银行对其即期垫付，待国外最终购买商在其开立的远期信用证项下付款后，方向银行归还假远期信用证项下的垫付款项。一份假远期信用证，满足了三方对付款期限的要求，使转口贸易得以顺利进行。

2．充分利用其他企业的授信额度，增加代理进口量

在实务中，有很多进口企业自有资金不足，无法缴纳 100%保证金开立即期信用证，又没有足够的授信额度；而有的企业授信额度较高，无法充分利用，造成闲置浪费。这样，实际进口企业可以委托代理进口企业，占用其剩余的授信额度开立信用证（见图 3-3）。

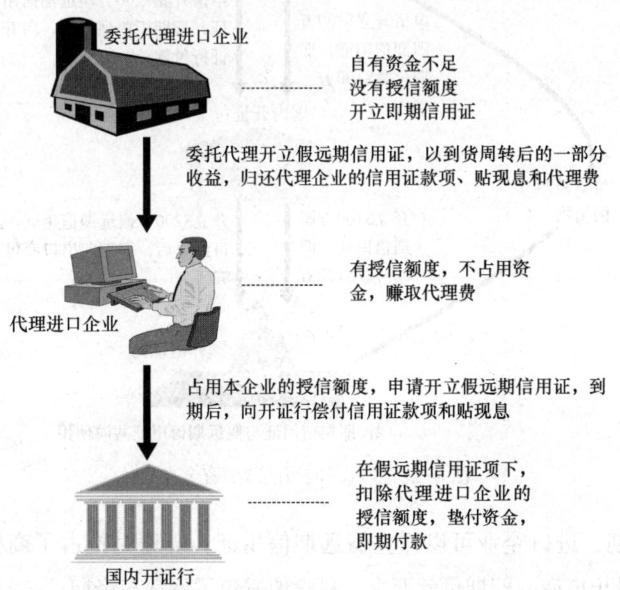

图 3-3　委托代理开立假远期信用证

代理进口企业如果开立即期信用证，就要替委托进口企业垫付资金，因此，代理进口企业与委托进口企业协商，要求开立假远期信用证，进口到单后，由开证行先行即期垫付款项，委托进口企业以提货出售后的一部分收入支付给代理进口企业（进口到单货款+开证手续费和贴现费+进口代理费），后者扣留进口代理费后，将余额支付给开证行。

3．减少资金占用

充分利用银行的融资能力和信用证的结算杠杆，可以帮助企业在特定时期内减少资金占用（见图 3-4）。

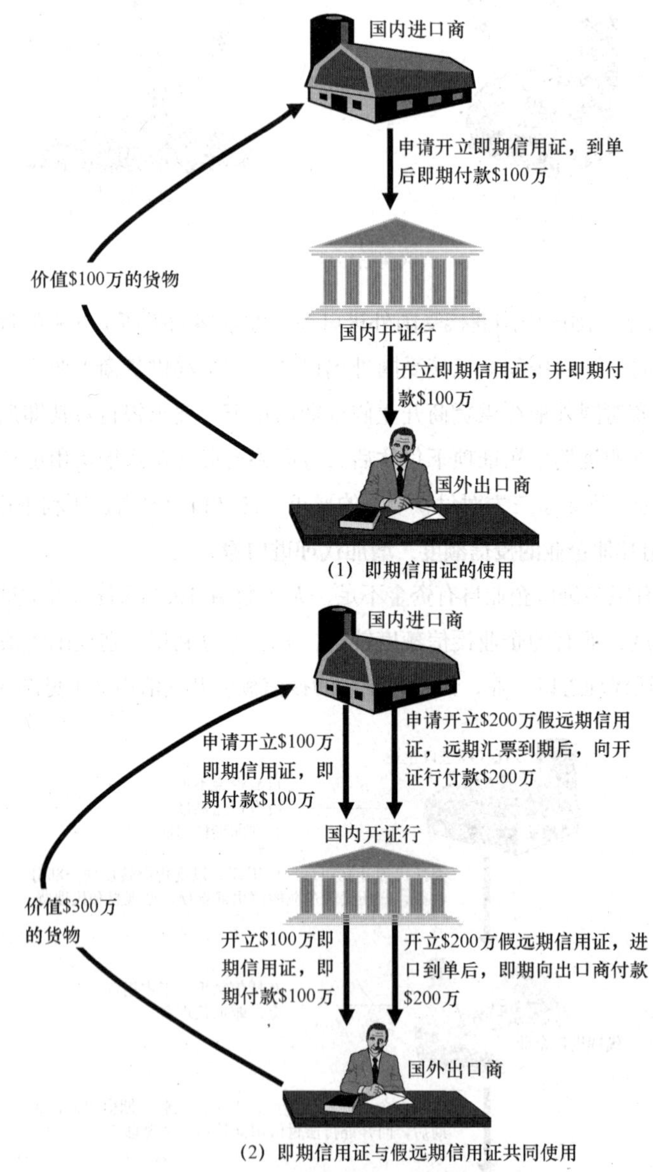

图 3-4　假远期信用证减少资金占用

在进口高峰期，进口企业可以开立假远期信用证，既适时抢占了商机，进口了大量货物，又满足了国外出口商的即期付款要求，科学地避免了付款高峰期。

从图 3-4 可以看出，在进口高峰时期，企业资金有限，若全部采用即期信用证进口，则只能进口$100 万的货物；若采用即期信用证和假远期信用证相结合的形式，则可以进口$300 万的货物，增加了进口能力。

五、可转让信用证

（一）什么是可转让信用证

根据使用信用证的权利能否转让来划分，信用证分为可转让信用证和不可转让信用证两种。

一般信用证的利益只能是受益人本人享有，即受益人不能将信用证权利转让他人，这类信用证称为**不可转让信用证**（Non-transferrable L/C）。**可转让信用证**（Transferrable L/C）是指信用证的受益人（第一受益人）可以根据信用证有关条款的规定，要求信用证指定的转让行，将该信用证全部或部分转让给一个或数个受益人（第二受益人）使用。已由转让行转给第二受益人兑用的信用证称为**已转让信用证**（TRANSFERRED L/C）。

（二）如何判断可转让信用证

只有开证行在信用证中明确注明“Transferrable”（可转让）字样，信用证方能转让。诸如“Divisible”（可分割）、“Fractionable”（可分开）、“Assignable”（可让渡的）、“Transmissible”（可移送的）等术语并不表示信用证为可转让。如果有这些术语，受益人将不予置理。

（三）可转让信用证的使用方法

1. 转让原则

可转让信用证只能转让一次，因而，第二受益人不得要求将信用证转让给其后的第三受益人，但可重新转让给第一受益人。

信用证可以转让给一个或几个第二受益人，其中一个或多个受益人拒绝接受信用证的修改，并不影响其他第二受益人接受修改。也就是说，对于接受信用证修改的第二受益人来说，该证已修改；对于不接受信用证修改的第二受益人，该证没有修改。第一受益人在转让信用证时，需在已转让信用证中明确说明，是否允许及在何条件下允许将修改通知第二受益人。

可转让信用证可以全部转让给一个第二受益人或部分转让给一个或几个第二受益人。全部或部分转让，指的是信用证的金额。只有信用证允许分批装运或分批支款，可转让信用证才可以分为若干部分分别转让给多个受益人，其总和不得超过原信用证金额。

2. 转让行的选择

只有转让行才能转让信用证。信用证中被授权付款、承担延期付款责任、承兑或议付的被指定银行才能作为转让行。开证行也可担任转让行。例如，实际进口商和中间商同在一国，甚至以同一家银行为往来银行时，开证行就可充当转让行的角色（见图 3-5）。

在自由议付信用证项下，任何银行均是被指定银行，因此，可转让的自由议付信用证需要特别授权一家银行作为转让行，即自由议付不等于可以自由转让。在实务中，可转让的议付信用证大多为限制议付信用证，因此也就由限制议付行进行转让。

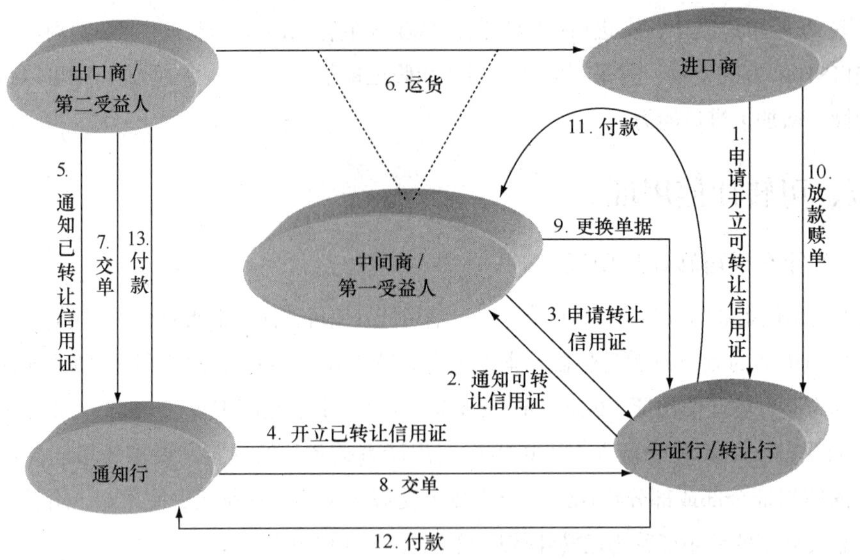

图 3-5 开证行作为转让行转让自己开立的信用证

3．转让条款

第一受益人可以改变条款转让，也可以不改变条款转让。

在第一受益人只赚取代理费、不赚取差价的全部转让的情况下，往往采取不改变条款的转让方式。

大多数可转让信用证是通过更换单据，为中间商保守商业机密、赚取差价服务的。为保证中间商的利益，信用证转让时，以下几项可以改变。

（1）以第一受益人作为转让证的申请人，若原证明确要求申请人名称出现于发票以外的单据中时，该项要求必须照办。

（2）第一受益人可将下列任一项目或全部项目减少或缩短：信用证金额、单价、信用证到期日、交单期、最迟装运期。降低转让证单价和金额，与原证形成的差额，构成中间商的收益；缩短信用证到期日、交单期和最迟装运期，有利于确保第二受益人（实际供货方）的装运、交单能达到原证的要求，第一受益人在原证规定的时限内及时更换单据。

例如，如果原证和转让证的到期日都为 7 月 15 日，若第二受益人于 7 月 14 日交单，单到转让行、第一受益人更换单据时，原证已过有效期。

（3）必须投保的保险比例可以增加，以满足原信用证或 UCP600 规定的保险程度。

例如，原证 CIF 金额为 USD10 000.00，投保比例为 110%CIF 价，即应投保 USD11 000.00，若转让后信用证金额为 USD8 000.00，则投保比例应提高到 137.5%，才能保证第二受益人提交的保险单据的保险金额符合原证的要求。

4．第一受益人换单

在变更原证条件转让方式下，作为中间商的第一受益人，不愿让第二受益人知悉买主的商号名称，须调换发票保守商业机密。

其具体做法如下。

（1）第二受益人发货后，向银行交单议付。

（2）转让行接到单据后，通知第一受益人更换单据。

（3）第一受益人调换金额较大的发票（按原证规定抬头开立，且金额不得超过原证金额）和汇票，组成新的全套单据，通过转让行一并寄往开证行索偿。若转让行收到第二受益人的单据后向第一受益人提示单据，第一受益人未能及时照办，转让行有权将收到的已转让信用证项下的单据，包括第二受益人的发票和汇票，交给开证行，并不再对第一受益人承担义务。

（4）开证行按照更换后的发票金额付款给第一受益人，第一受益人再按第二受益人出具的发票和汇票向其付款，两张发票的差额即为中间商的利润。

六、背对背信用证

（一）什么是背对背信用证

背对背信用证（Back-to-Back L/C）又称转开信用证，是指受益人要求原证的通知行或其他银行以原证为基础，另开一份内容相似的新信用证。

新证开立后，原证仍然有效，由开立背对背信用证的开证行代原证受益人保管。原开证行及原开证申请人与新证毫无关系。

（二）如何判断背对背信用证

背对背信用证的开证行为保护自身的利益，把风险降到最低，常常要求待原证受益人提示原证所规定的单据之后，才兑付背对背信用证项下的汇票。常见的条款如下。

（1）PAYMENT UNDER THIS CREDIT IS TO BE MADE UPON RECEIPT OF THE COVER OR THE NOTICE OF ACCEPTANCE FROM THE ISSUING BANK OF THE MASTER CREDIT.

（2）THIS CREDIT SHALL BECOME OPERATIVE ONLY UPON OUR RECEIPT FROM … OF THE RELATIVE DOCUMENTS AS REQUESTED BY THE MASTER CREDIT NO.… DATED … AND MADE OUT IN COMPLIANCE WITH THE TERMS THEREOF.

（三）背对背信用证的使用方法

背对背信用证的操作流程如图 3-6 所示。

（1）中间商与最终供货商和最终购买商分别签订商务合同；

（2）最终购买商开来一份以中间商为受益人的信用证，称为主证或原证（Original Credit，Master Credit 或 Prime Credit）；

（3）中间商凭此证要求往来银行（一般为原证通知行）另开立一份以最终供货商为受益人的信用证，称为背对背信用证或转开信用证（Secondary Credit，Sub-Credit，Subsidiary Credit 或 Ancillary Credit）；

（4）最终供货商发货后交单索汇；

（5）背对背信用证开证行收到背对背信用证项下的单据后，通知原证受益人（中间商）交来原证项下的出口单据（替换发票和汇票等）；

（6）背对背信用证开证行审核中间商的单据，若单据存在不符点，电询原证开证行；原证开证行接受不符点后，背对背信用证开证行将议付款项作为背对背信用证项下单据的赎买款项，支付最终供货商；若原证开证行拒绝接受不符点，则将中间商的单据做出口托收处理，收到款项后方向最终供货商付款。

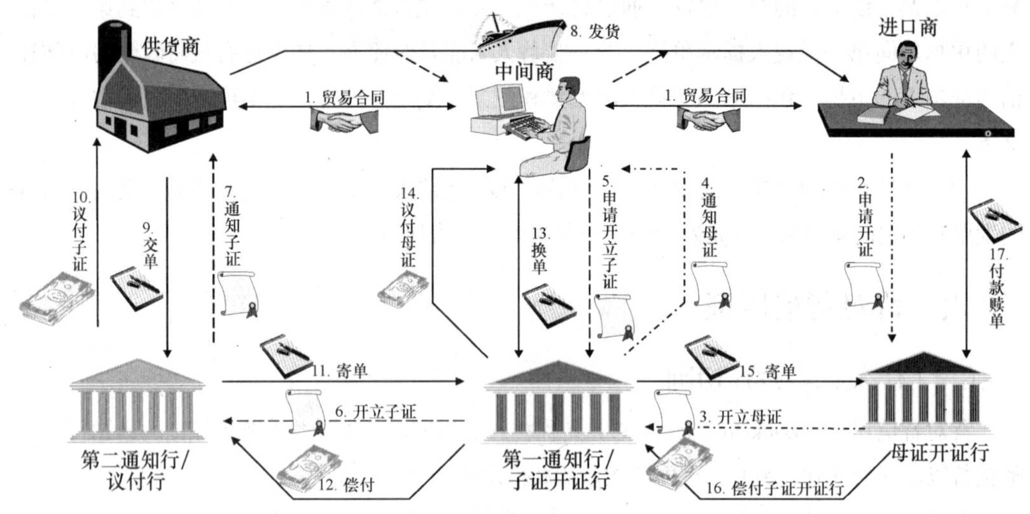

图 3-6　背对背信用证操作流程

（四）背对背信用证与可转让信用证的区别

背对背信用证与可转让信用证的区别，如表 3-3 所示。

表 3-3　背对背信用证与可转让信用证的区别

背对背信用证	可转让信用证
1. 背对背信用证的开立，并非原证申请人和开证行的意旨，而是原证受益人的意旨，原证申请人和开证行与背对背信用证无关	1. 可转让信用证的开立是申请人的意旨，开证行同意，并在信用证加列“TRANSFERRABLE”字样，才可开出转让信用证
2. 凭原证开立背对背信用证，两证同时存在	2. 可转让信用证的全部或部分权利转让出去，该证就失去了那部分权益
3. 中间商要向开证行提供开证担保、交纳保证金或占用授信额度	3. 中间商可免去开证程序，节省开证费用及保证金
4. 背对背信用证的内容可与原证脱离很多，例如，原证为 CIF 条款，背对背信用证可改为 EW	4. 转让信用证的某些条款可与原证不同，例如单价、金额减少，装运期、交单期和有效期缩短
5. 即使原证禁止转让，中间商也可以开立数份背对背信用证给数个供货商，只要原证受益人能控制供货商的交货期	5. 如果原证禁止分批装运，则只能全部转让给一个最终供货商
6. 中间商要承担一个独立开证人的付款责任和一个独立受益人可能面对的开证行拒付的风险	6. 中间商在转让证中通常加列待开证行付款后方向第二受益人付款的条件，这样，将开证行拒付的风险，甚至因中间商换单造成不符点引起的拒付风险转嫁给最终供货商
7. 开立背对背信用证的银行就是该证的开证行	7. 转让行按照第一受益人的指示开立变更条款的转让信用证，通知第二受益人，该转让行地位不变，仍是转让行

七、循环信用证

（一）什么是循环信用证

循环信用证（Revolving L/C）是指信用证被全部或部分使用后，其余额又恢复到原金额，可再次使用，直至达到规定的次数或规定的总金额为止的信用证。与循环信用证相对应的是非循环信用证。通常信用证的金额及其有效期限是固定的，除非修改增加金额，其金额一经用完，信用证即告失效。即使尚有未用余额，若已超过信用证效期，则信用证也失效。这种信用证即为非循环信用证（Non-Revolving Credit）。

（二）循环信用证的优点

循环信用证的优点如下：

（1）进口商可不必多次开证而节省开证费用；

（2）进口商可不必向开证行交纳过多的开证保证金，减少资金占用；

（3）简化出口商的审证、改证等手续，有利于合同的履行。

（三）循环信用证的分类

循环信用证分为两种。一种是按时间循环使用的信用证，另一种是按金额循环使用的信用证，如图 3-7 所示。

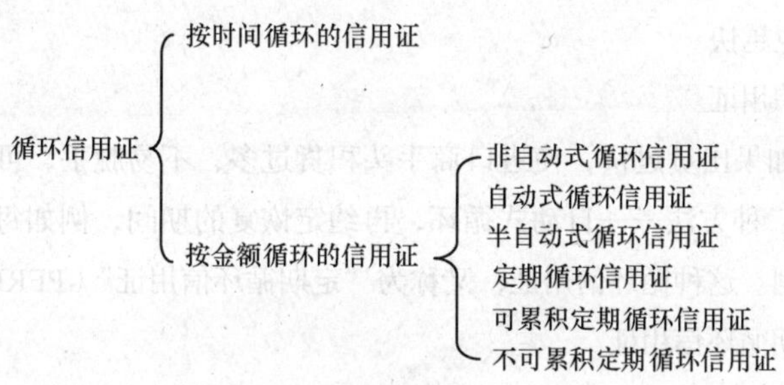

图 3-7　循环信用证的分类

1. 按时间循环使用的信用证

按时间循环的信用证是指受益人在一定的时间内（如一个月）可议付信用证规定的一定金额，议付后，在以后一定时间内（如下一个月）又恢复至原金额，并仍可议付使用，在若干个月内循环使用，直至该规定的总金额用完为止。

2. 按金额循环使用的信用证

按金额循环的信用证是指受益人按照该证规定的一定金额进行议付后，该证仍恢复到原金额，可供再行议付使用，直至该证规定的总金额用完为止。这种信用证按金额循环的方式，又可分为以下几种。

（1）非自动式循环信用证。

非自动式循环信用证又称通知循环信用证，即每次动用的金额，必须等开证行通知该金额可以恢复后，信用证才恢复至原金额继续使用。这种循环信用证，通常载有类似下述条款：

“THE AMOUNT OF DRAWING PAID UNDER THIS CREDIT BECOME AVAILABLE TO

YOU AGAIN UPON YOUR RECEIVING FROM US ADVICE TO THIS EFFECT."

（2）自动式循环信用证。

自动式循环信用证，即动用的金额自动恢复到原金额，不需要等待开证行的通知，也无需经过一定期间。这种循环信用证称为 INSTANT REVOLVING CREDIT。通常载有类似下面的条款：

"THE AMOUNTS PAID UNDER THIS CREDIT ARE AGAIN AVAILABLE TO YOU AUTOMATICALLY UNTIL THE TOTAL OF THE PAYMENT REACHES US$..."

（3）半自动式循环信用证。

半自动式循环信用证，又称定期循环信用证，即每次支款后若干日内，如果开证行未发出停止循环使用的通知，信用证即自动回复到原金额。例如约定一个月的期限，在此期间内如无不能恢复使用的通知，即可重新使用。这种方法介于前述两者之间。其常用的条款为：

"30 DAYS AFTER A DRAFT HAS BEEN NEGOTIATED UNDER THIS CREDIT, THE CREDIT REVERTS TO ITS ORIGINAL AMOUNTS OF US$...UNLESS OTHERWISE NOTIFIED."

上述三种方法中，以第一种和第二种方法较常见。按第一种方法，信用证金额的恢复使用，是在出口商得到开证行已兑付票款的通知以后。正因如此，出货越快，开出汇票也越多，而其金额恢复也越快。

（4）定期循环信用证。

开证行认为，如果出货过快，使进口商手头积货过多，不易脱手，可能影响今后的偿付能力，可以采用第二种方法——自动式循环，再约定恢复的期间，例如每隔一个月或两个月恢复一次，借以限制。这种循环信用证，又称为"定期循环信用证"（PERIODIC L/C）。

（5）可累积定期循环信用证。

在使用定期循环信用证时，常出现疑问，例如约定每期可开出汇票 US$20 000，但如果前期只装出一部分合同货物，则本期开出的汇票金额，可否包括前期未用完的金额？对此，若信用证规定，未用完的金额可结转下次使用，则这种信用证称为"可累积定期循环信用证"（REVOLVING CUMULATIVE L/C）。

例如：

"THIS CREDIT IS REVOLVING AT US$50 000 COVERING SHIPMENT OF...PER CALENDAR MONTH CUMULATIVE OPERATION FROM APRIL 1992 TO SEPTEMBER 1992 INCLUSIVE UP TO A TOTAL OF US$300 000."

（6）不可累积定期循环信用证。

如信用证规定，未用完的金额不可结转下次使用，则称为"不可累积定期循环信用证"（NON-CUMULATIVE REVOLVING L/C）。

例如，信用证中有"...TO THE EXTENT OF US$...REVOLVING NON-CUMULATIVE AVAILABLE BY DRAFTS..."或"DRAWINGS UNDER THIS CREDIT ARE LIMITED TO US$...IN ANY CALENDAR MONTH..."等语句。

八、对开信用证

（一）什么是对开信用证

对开信用证，是指买卖双方在易货贸易中，同时以对方为受益人而开立的金额大体相等的信用证。其特点是第一张信用证的受益人（出口商）和开证申请人（进口商）与第二张信用证（回头信用证）的受益人和开证申请人的地位恰恰对调。也就是说，第一张信用证的申请人是第二张信用证的受益人，第一张信用证的受益人是第二张信用证的申请人。第一张信用证的通知行通常是第二张信用证的开证行。

进出口双方进行易货贸易、补偿贸易、来料加工、来件装配等交易常使用对开信用证，外汇管制严格的国家、地区间开展贸易也常用对开信用证。

（二）如何判断对开信用证

为了保持两证对开和进出口大体平衡，首先开出的信用证（Primary Credit）通常加列以下生效条款：

“THIS CREDIT SHALL NOT BE AVAILABLE/OPERATIVE/EFFECTIVE IN FORCE UNLESS AND UNTIL THE RECIPROCAL CREDIT IN FAVOR OF … FOR ACCOUNT OF … IS ESTABLISHED BY … BANK.”

其后对开的信用证（又称回头证）通常加列类似下述条款：

“THIS IS A RECIPROCAL CREDIT AGAINST UNITED OVERSEAS BANK LTD SINGAPORE’S CREDIT NO. 1CMLC432512 FAVORING JIUMU ENGINEERING & TRADING CO ISSUED BY DEVELOPMENT BANK GUANGZHOU BR.”

（三）对开信用证的使用方法

对开信用证一般以同时生效为妥，即第一份信用证开出后暂不生效，待对方回头证开到，并经受益人接受后，第一份信用证才生效。

1. 对开信用证的运作流程

对开信用证的动作流程如图 3-8 所示。

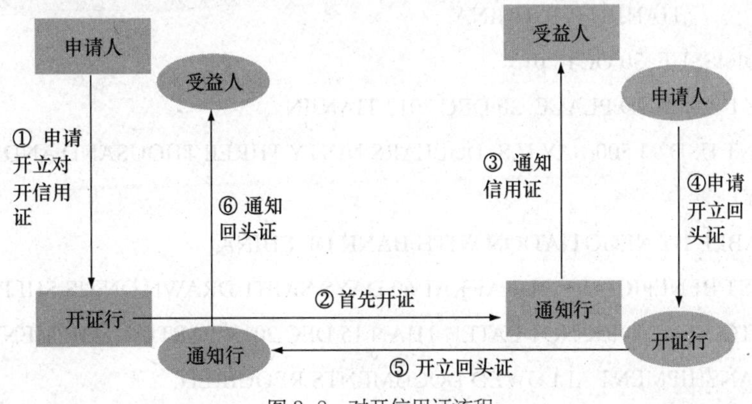

图 3-8 对开信用证流程

2. 对开信用证的生效方法

为防出现一方不履行责任的行为，两证应互为条件。两证一般应同时生效，即第一证先开出暂不生效，待对方开出回头证经受益人接受后，通知对方银行两证同时生效。

如第一份 L/C 中可加列：

“THIS CREDIT SHALL NOT BE AVAILABLE UNLESS AND UNTIL THE RECIPROCAL CREDIT IS ESTABLISHED BY TRUST UNION BANK，SINGAPORE IN FAVOR OF GOMI TRADING CO.，FOR AMOUNT OF US$100 000 (ONE HUNDRED THOUSAND DOLLARS ONLY) COVERING SHIPMENT FROM MALAYSIA TO SINGAPORE.”

两证也可先后生效。第一张 L/C 开出后立即生效，但须凭申请人收到回头证或载明回头证已经开立的通知书，或保证若干天内开出回头证的担保书，方可予以议付或付款。

复习思考题

一、简答题

1. 简述跟单信用证是纯粹的单据交易的含义。
2. 简述备用信用证和跟单信用证的区别。
3. 简述可转让信用证的适用范围及使用目的。
4. 简述背对背信用证与可转让信用证的区别与联系。
5. 简述循环信用证的类型及优点。
6. 信用证项下结汇的方式有哪几种？哪种结汇方式对出口人有利？为什么。

二、操作题

TO:BANK OF CHINA TIANJIN BRANCH

FROM: THE HONGKONG AND SHANGHAI BANKING CORPORATION NEW YORK BRANGH L/C NO:5689

APPLICANT: HOME TEXTILES CO.LTD.

220 HILL STREET, NEW YORK, NY., U.S.A.

BENEFICIARY:TIANJIN TEXTILE IMP AND EXP CORPORATION

27 BINHE ROAD EI

TIANJIN P. R. CHINA.

DATE OF ISSUE: 30 OCT 2013

EXPIRY DATE AND PLACE: 30 DEC 2013 TIANJIN

AMOUNT:USD 93 500(SAY U.S. DOLLARS NINTY THREE THOUSAND AND FIVE HUNDRED ONLY)

AVAILABLE BY NEGOTIATION WITH BANK OF CHINA

AGAINST BENEFICIARYS DRAFT AT 60 DAYS SIGHT DRAWN ON US SHI PMENT FROM TIANJIN TO NEW YORK NOT LATER THAN 15 DEC 2013 PARTIAL SHIPMENTS NOT ALLOWED TRANSHIPMENT ALLOWED DOCUMENTS REQUIRED:

COMMERCIAL INVOICE IN TRIPLICATE

FULL SET OF CLEAN ON BOARD BILLS OF LADING MADE OUT TO OUR ORDER MA

RKED FREIGHT PREPAID NOTIFY APPLICANT

INSURANCE POLICY/CERTIFICATE COVERING W.A. AND W. R. AS PER CIC 1/1/1981

COVERING:10 000 METER 100 PCT COTTON PRINT 54/56 AT UDS 9.35 PER METER CIF NEW YORK

SHIPPING MARKS:HMCO

N.Y.

NO.1-100

（注：PACKED IN BALES OF 100 METER）

根据上面的信用证回答下列问题。

（1）信用证的类型、开证日期、编号、信用证到期日、最迟的装船日期。

（2）信用证的开证申请人、受益人。

（3）信用证是公开议付还是限制议付？是即期付款还是远期付款？

（4）分批装运和转船允许吗？

（5）出口什么商品？商品单价是多少？

（6）需要提供哪些单据？各几份？

（7）银行费用如何收取？

（8）如果受益人于 14th, DEC.，2013 装运货物，最迟应于何日向银行交单？

（9）卖方投保还是买方投保？需投保何种险别？投保金额应为多少？

第四章　信用证的使用流程

图 4-1 列示了信用证的使用流程。本章将从进口和出口两个方面分别讲述进口开证流程和出口议付流程。

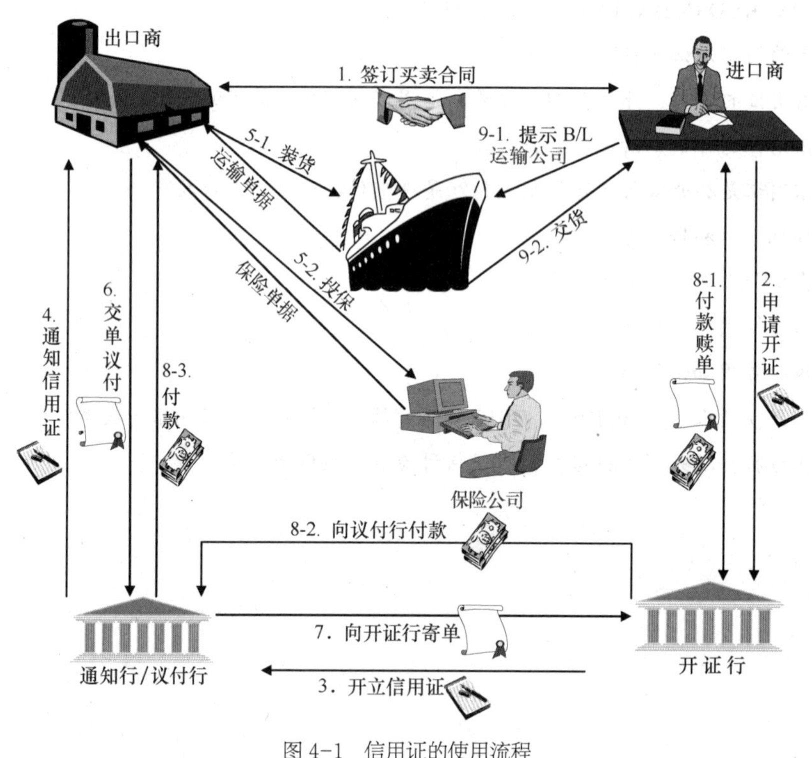

图 4-1　信用证的使用流程

第一节　进口开证

一、银行对进口商授信

开证是银行的主要进口贸易融资产品，也是银行的一种授信行为。开证行承担对出口商的第一性付款责任，关键风险点是进口商资信以及银行是否掌握物权。

在开立信用证之前，银行首先对进口商进行授信，在授信过程中要参考以下材料：

（1）企业背景，包括企业的成立日期、主营业务、贸易历史等；

（2）法人代表或主要负责人以及主要业务人员管理能力及从业经验；

（3）交易对手信用状况及往来历史；

（4）客户与我行及同业往来情况及记录；

（5）贸易自偿性及动态可控制性（现金流可靠性）；

（6）贸易商品的变现能力及大宗商品的价格波动风险。

开证行将会根据授信方案和风险程度酌情收取保证金。

申请开立进口信用证，进口商将以承担较多银行费用为代价，为出口商收款提供额外保证，因此进口商在签订合同时，应据此适当要求出口商给予价格方面的优惠或提供其他便利。

二、进口商提供买卖合同或进口许可证

买卖合同是开证的依据，因此进口商在向银行申请开证时，需向开证行提供买卖合同副本。入世后，我国对外经贸管理进一步自由化，但有些货物的进口仍须先取得政府核发的进口许可证。在此情况下，进口商请求银行开立进口信用证时，须提交进口许可证以供银行审查。同时，进口商申请开证时须提交的文件还有：开证申请书；贸易合同；外贸进口批文（如进口配额许可类证明、机电产品进口登记证明等）；外管部门规定的有关文件（如进口付汇核销单、进口付汇备案表等）。进口商须提供经营进出口业务的批文、工商营业执照等，办理保证金账户的开立手续。

三、进口商填写开证申请书

（一）开证申请书的定义、作用和内容

开证申请书是申请人与开证行之间的书面契约，也是申请人对开证行的委托。进口方应根据银行规定的统一开证申请书格式，按照需要填制一式多份，开证行和本公司业务部门分别留存。

开证申请书的内容包括两部分，申请书正面载明信用证的有关内容，背面印有申请人与开证行之间的协议。内容通常包括：

（1）单据和货物作为开证申请人信用证项下的抵押品，银行有随时处置的权利；

（2）申请人同意银行按 UCP600 办理信用证项下一切事宜，并同意承担由此产生的一切责任；

（3）申请人保证偿付信用证项下货款及费用、利息，并在接到信用证规定的全套单据之日起若干工作日内，通知银行办理对外付款或承兑，或向银行递交书面拒付理由，由银行按国际惯例确定能否对外拒付；

（4）申请人在收到银行出具的信用证修改书副本后，保证及时与原申请书核对，如有不符之处，保证在接到副本之日起两个工作日内通知银行；

（5）申请人承认在信用证及其项下业务往来中，如因邮电传递发生遗失、延误、错漏，银行概不负责。

（二）填制开证申请书的要领

银行按进口商要求开立信用证时，是以进口商所提出的开立信用证申请书内容为依据。因此，进口商填写开立信用证申请书时，应特别谨慎，以免发生不利的后果。进口商在填写申请书时，应特别注意以下要点：

（1）应将必要事项明确完整地记载清楚，且内容不矛盾；

（2）申请书内容不得违反买卖合同的相关内容；

（3）按照申请书内容开立的信用证，在技术上或国际惯例上不致发生操作不便的问题；

（4）所要求的单据种类、形式及递送方法等，应以确保开证行债权为原则；

（5）须合乎国家法令和规章；

（6）申请人不宜将买卖合同的内容过多详载于信用证内。

若格式开证申请书不足以填写全部内容，需另附一张纸填制相关内容后，加盖有权人签字或签章。

四、银行开立信用证的程序

在一般情形下，银行多按下述步骤处理开立信用证的申请：

（1）由进口商先以口头或书面形式通过银行的客户经理向银行提出申请；

（2）经银行核查进口商的授信余额后答复是否接受开证，若余额不足，则需迅速申请单笔授信额度；

（3）如双方在条件上达成协议，进口商填制开立信用证申请书，如约定须提供保证书或保证金，则进口商应按约定事项办理；

（4）在进口商缴纳各项费用后，由银行按照申请书通过 SWIFT 开立信用证。

第二节　出口议付

一、通知行通知信用证

通知行在收到信用证后，确认信用证的表面真实性，编制信用证通知流水号，缮制信用证通知书，并在正本信用证上加盖通知行“信用证通知专用章”。在受益人交付信用证通知费后，或者以邮寄或者在柜台将正本信用证及通知书交给受益人。

如果有委托保兑的指示，通知行会先核验其与开证行之间的授信额度是否尚有余额，有无应该加以拒绝的事由等。如果决定同意予以保兑，应在信用证上或自己缮制的通知书中注明“保兑”字样，然后通知受益人。这时通知行就有了两个身份，即它既是通知行又是保兑行。

二、出口商审核信用证条款

受益人从通知行处收到信用证后，应先审核信用证条款，看有无无法实现的条款，以要求进口商及时修改信用证。

三、出口商发货并缮制单据

出口商备货发运后，按照信用证条款缮制单据。跟单信用证项下银行审单所依据的原则是表面上“单证相符，单单一致”，因此，受益人制单必须以银行审单依据的原则为基础，做到单证相符，单单相符，全套单据应做到“准确、齐全、完整、及时、简明、清晰、整洁”。

（一）尽快取得所需单据

出口商除应按约定备货装运外，对单据的制作与交付更不能疏忽。须向第三者申请签发的单据，应遵守下列原则及早备妥，切勿等到要提示时，才匆忙赶制或申请，以备在发生错误时有充分时间修补。

（二）单据的正副本应符合 UCP600 和信用证条款的要求

1．每一种单据需至少提交一份正本

如果信用证使用 in duplicate（一式两份）、in two fold（两份）、in two copies（两套）等用语要求提交多份单据，则提交至少一份正本，其余使用副本即可满足要求。如果信用证要求提交单据的副本，则提交正本或副本均可。因此，一般情况下，提交正本更具有可接受性。

例如，信用证要求“SIGNED COMMERCIAL INVOICE IN 3 COPIES”，受益人提交一份正本发票和两份副本发票即满足要求，当然也可以提交 3 份正本发票。

2．正确缮制正本单据

以下几种情况可以视作正本单据：

（1）单据有原始签名、标记、印戳或标签；

（2）单据表面看来由出单人手写、打字、穿孔或盖章；

（3）单据看似使用出单人的原始信纸；

（4）单据本身声明其为正本。

（三）各单据上记载的内容不得相互矛盾

单据中的数据无须与该单据本身中的数据、其他单据或信用证中的数据完全一模一样，但不得矛盾。例如，提单标明货物的重量为 21MTS，发票或箱单显示的重量为 21 000KGS，不视为不符。

如果信用证要求提交运输单据、保险单据或商业发票之外的单据，却未规定出单人或数据内容，则只要提交的单据内容满足所要求的单据的功能，数据内容与其他单据不矛盾即可。例如，信用证要求提交箱单，则受益人提交的单据必须对货物包装细节予以描述；若信用证要求提交质量证明，则受益人提交的单据必须对货物的质量予以描述。

出口单据的缮制一般以发票为基础展开，而发票内容往往要以信用证内容为依据，海关发票、产地证、保险单及报关单等单证一般都是按发票内容缮制。各单据的填制内容须在措辞和用语方面保持一致。如发票上所载的产地应与产地证上的产地相同；发票上运费金额应与运费单据或运费发票上所列一致；检验证书上应注明关于货物描述、航运、信用证或其他单据的引证；各单据相应的重量或数量应完全相等。此外，涉及商品数量、尺码、重量、总价等方面计算的，制单前应按信用证要求和装运实际详细核算，须提供具体的明细单时，还应逐码核对，并计算累计数量。

（四）在交单期内提交全套单据

通常，信用证在 48 场中规定交单期限，若没有规定，则受益人必须在发运日后 21 个日历日内提交全套单据，且不得迟于信用证的截止日期。

例如，信用证有效期限为 3 月 29 日，信用证没有规定交单期限，受益人提交的运输单据显示发运日为 3 月 12 日，在不考虑信用证效期的情况下，受益人必须在 3 月 12 日之后的 21 天内即 4 月 2 日之前提交全套单据，但这时已经超过信用证有效期，那么在该证项下，受益人必须在 3 月 29 日之前提交全套单据。

需要注意的是，受益人交单是以提交全套单据为前提的。在上例中，如果受益人在 3 月 28 日交单，银行审核单据发现有不符点，受益人更改单据，并将更改后的相符单据于 3 月 31 日提交，这时已超过信用证有效期，同样会遭到开证行的拒付或扣不符点费。因此，建议受益人尽可能提早交单，以便为更换单据留有余地。

单据的出单日期可以早于信用证的开立日期，但不得晚于交单日期。

复习思考题

一、简答题

1. 简述信用证使用流程。
2. 简述信用证进口开证流程。
3. 简述信用证出口议付流程。

二、案例讨论题

1. 我国某进出口公司收到国外信用证一份，规定最后装船期为 2015 年 6 月 15 日，信用证有效期至 2015 年 6 月 30 日，交单期为提单日期后 15 天内，但必须在信用证的有效期之内。后因为货源充足，该公司将货物提前出运，开船日期为 2015 年 5 月 29 日。6 月 18 日，该公司将准备好的全套单证送银行议付时，遭到银行的拒绝。请问：

（1）为什么银行会拒绝议付？

（2）该进出口公司将面临怎样的风险？

2. A 公司与 B 公司签订了一份国际货物买卖合同，由 A 公司向 B 公司销售一批货物，双方在合同中规定信用证付款。合同订立后，B 公司依约开来信用证。该信用证规定，货物最迟装运期到 9 月 30 日，提单是受益人 A 公司应向银行提交的单据之一，信用证的到期日为 10 月 15 日，信用证未规定交单期。A 公司于 9 月 12 日将货物装船并取得提单，提单日期为 9 月 13 日。10 月 5 日 A 公司向银行交单议付，银行以已过交单期为由拒绝付款。问：银行是否可以拒付？

第五章 缮制信用证项下的单据——汇票和发票

图 5-1 和图 5-2 列示了信用证项下常见的单据。本章将具体讲述汇票和发票的缮制方法。

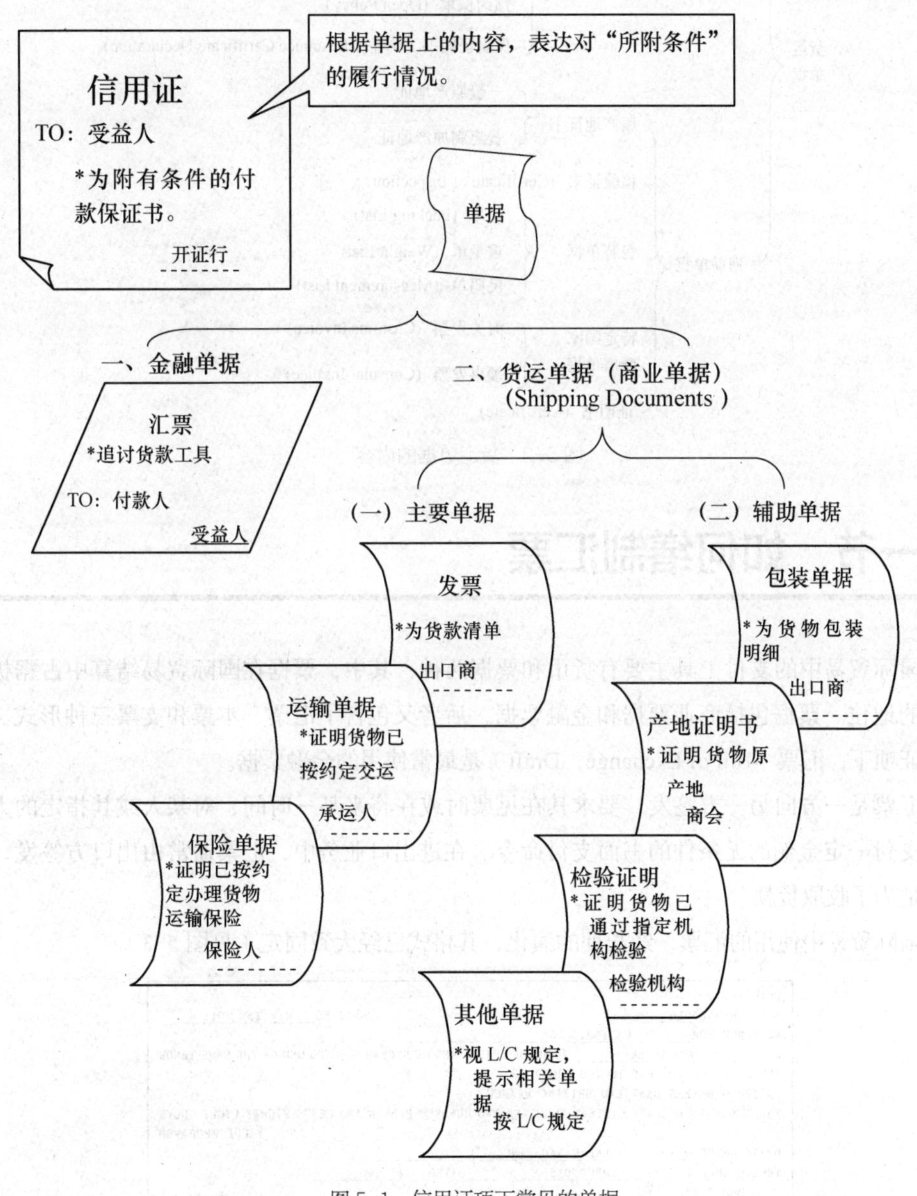

图 5-1 信用证项下常见的单据

- 货运单据
  - 主要单据
    - 运输单据
      - 海运提单（Bill of Lading）
      - 不可转让海运单（Non-Negotiable B/L）
      - 租船合同提单（Charter Party B/L）
      - 联合运输单据（Multimodal Transport Document）
      - 空运单据（Air Waybill）
      - 公路、铁路、内河运输单据（Road, Rail or In Land Waterway Transport Document）
      - 特快专递/邮政收据（Courier/ Post Receipt）
    - 商业发票（Commerical Invoice）
    - 保险单据
      - 保险单（Insurance Policy）
      - 暂保单（Cover Note）
      - 预约保单（Open Policy）
      - 保险证明书 /声明书(Insurance Certificate/Declaration)
  - 辅助单据
    - 原产地证书
      - 一般原产地证
      - 普惠制原产地证
    - 检验证书（Certificate of Inspection)
    - 包装单据
      - 箱单（Packing List)
      - 重量单（Weight List)
      - 尺码单（Measurement List)
    - 特定国家所需单据
      - 海关发票（Customs Invoice)
      - 领事发票（Consular Invoice)
    - 证明书（Certificate)

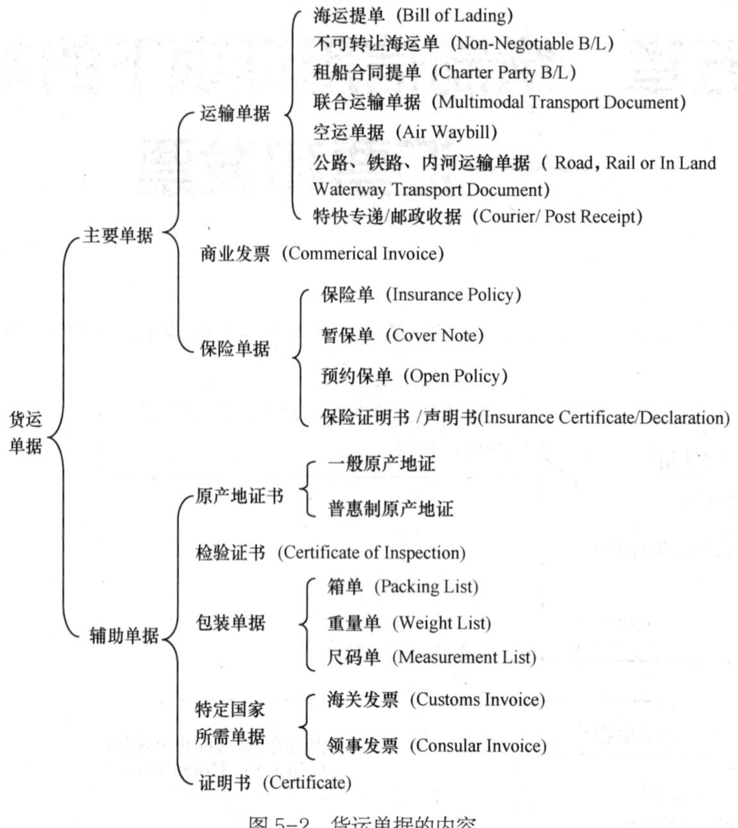

图 5-2　货运单据的内容

第一节　如何缮制汇票

国际贸易中的支付工具主要有货币和票据两种，其中，票据在国际贸易结算中占据极其重要的地位。票据包括商业票据和金融票据，后者又包含了汇票、本票和支票三种形式。在信用证项下，汇票（Bill of Exchange；Draft）是最常使用的金融票据。

汇票是一方向另一方签发，要求其在见票时或在将来某一时间，对某人或其指定的人或来人支付一定金额的无条件的书面支付命令。在进出口业务中，汇票通常由出口方签发，其目的是为了收取货款。

国际贸易中使用的汇票，经长期的演化，其格式已经大致固定（见图 5-3）。

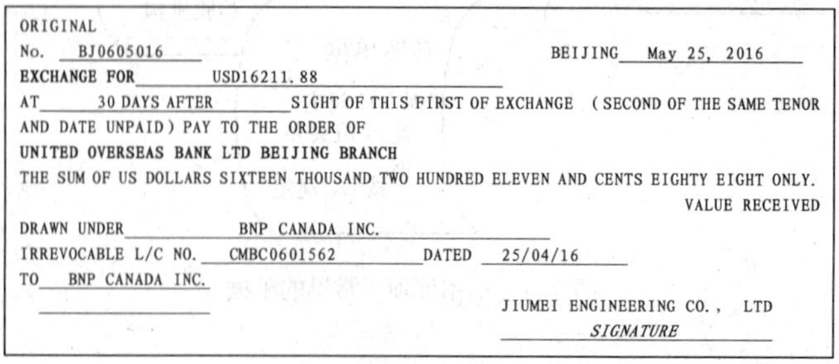

ORIGINAL
No. BJ0605016　　BEIJING May 25, 2016
EXCHANGE FOR USD16211.88
AT 30 DAYS AFTER SIGHT OF THIS FIRST OF EXCHANGE (SECOND OF THE SAME TENOR AND DATE UNPAID) PAY TO THE ORDER OF
UNITED OVERSEAS BANK LTD BEIJING BRANCH
THE SUM OF US DOLLARS SIXTEEN THOUSAND TWO HUNDRED ELEVEN AND CENTS EIGHTY EIGHT ONLY.
VALUE RECEIVED
DRAWN UNDER BNP CANADA INC.
IRREVOCABLE L/C NO. CMBC0601562 DATED 25/04/16
TO BNP CANADA INC.
JIUMEI ENGINEERING CO., LTD
SIGNATURE

图 5-3　汇票

一、汇票出票时间

汇票的出票时间不得迟于信用证的有效期和交单期限，也不得早于其他单据的出具时间，因为受益人只有在缮制其他符合信用证条款的单据之后，且在信用证规定的交单期和有效期内提示这些单据，才有权利支取信用证项下的款项。

汇票的出票地点一般为受益人所在地城市，一旦发生纠纷，要按照出票地国家的法律来确定汇票是否成立与有效与否。

二、汇票金额

通常，L/C 都要求提供“Draft for 100% Invoice Value”，即要求汇票金额与发票金额一致。

汇票要注明大小写金额，大小写金额要一致，币种要与信用证的币种一致。

例如，小写金额为 USD7 890.45，大写有以下几种写法。

第一种，US DOLLARS SEVEN THOUSAND EIGHT HUNDRED NINETY AND FORTY FIVE CENTS ONLY；

第二种，US DOLLARS SEVEN THOUSAND EIGHT HUNDRED NINETY & 45/100 ONLY。

三、汇票的付款期限

（一）原则

汇票到期日应与信用证的规定一致。

如果是即期信用证，则在 AT 与 SIGHT 之间的横线或虚线上打上“××××”，表明此空白处不填写任何信息，汇票即为即期汇票。如果是远期信用证，则在 AT 与 SIGHT 之间的横线或虚线上填写相关期限。

如果汇票不是见票即付或见票后定期付款，则必须能从汇票自身内容确定到期日。

（二）表示方法

归纳起来，汇票付款期限的表示方法有以下几种情况。

（1）即期汇票的表示方法：AT ××× SIGHT。

（2）见票后×××天：AT *60 days after* SIGHT，见票后 60 天付款。

（3）如果 L/C 要求汇票的期限为提单日后 60 天，而提单日为 2015 年 5 月 12 日，则汇票可用下列任一方式表明：

① 60 days after B/L date May 12，2015；

② 60 days after May 12，2015；

③ 60 days after B/L date，汇票表面其他地方表明提单日为 2015 年 5 月 12 日；

④ 计算提单日后的 60 天为 2015 年 7 月 11 日，并在汇票上注明 July 11，2015。

需要注意的是，当信用证要求汇票期限为提单日后×××天时，则装船日应视为提单日，即使装船日期早于或晚于提单签发日期。

（三）特殊情况的计算方法

如果 L/C 要求提单日后×××日的远期汇票，而一套提单有多个装船批注，且所有的装船批注均显示同一批货物从一个 L/C 允许的地理区域或地区装运，则使用最早的装船批注日期计算汇票到期日，交单期也以最早的装船日期计算。

如果 L/C 要求提单日后×××日的远期汇票，而一份汇票项下提交了多套提单，显示一批以上货物分别装上不同船只，则最晚的提单日将被用来计算汇票的到期日，交单期应根据较早的一份提单日期计算。

小知识

注意时间介词的含义

“TO”“UNTIL，TILL”“FROM”“BETWEEN”等词用于确定发运日期时包含提及的日期，使用“BEFORE”及“AFTER”时则不包含提及的日期。“FROM”和“AFTER”等词用于确定到期日时不包含提及的日期。

“FIRST HALF of A MONTH”指一个月的第一日到第十五日，“SECOND HALF OF A MONTH”，指一个月的第十六日到该月的最后一日。起讫日期计算在内。

“THE BEGINNING OF A MONTH”指一个月的第一日到第十日，“THE MIDDLE OF A MONTH”指一个月的第十一日到第二十日，“THE END OF A MONTH”指一个月的第二十一日到该月的最后一日。起讫日期计算在内。

“ON OR ABOUT”或类似词语表示指定日期的前后五个日历日之间，起讫日期计算在内。

四、收款人

通常情况下，PAY TO THE ORDER OF 后面要注明寄单行的全称，如“PAY TO THE ORDER OF UNITED OVERSEAS BANK BEIJING BRANCH”，然后由寄单行在汇票后面背书。

五、出票依据

有的信用证会要求受益人出具的汇票注明信用证号码等相关细节。因此，大多数汇票上有 DRAWN UNDER…，受益人要在此空白处加列信用证号码、开证行名称和开证日期。例如，“LC NO.1CMLC283473 ISSUED BY UNITED OVERSEAS BANK LTD SINGAPORE DATED JUN 26 2004”。

六、付款人

汇票左下角 TO 后注明付款行的名称，其内容要与信用证第 42 场内规定的付款行名称一致。

1．汇票要注明信用证规定的付款行

（1）直接付款信用证项下，汇票的付款人大多为开证行；

（2）承兑信用证项下，汇票付款人为承兑行；

（3）当信用证指定偿付行时，汇票付款人为偿付行。

2．以开证申请人为付款人

信用证不得开成凭以申请人为付款人的汇票兑用①。若申请人需凭汇票进行融资，应在信用证中特别要求受益人出具以申请人为付款人的汇票。

七、出票人

汇票的出票人必须是信用证的受益人，即在汇票的右下角由受益人签署。

小知识

票据——本票、支票、汇票

1．什么是本票

本票（Promissory Note）是一个人向另一个人签发的，保证于见票时或定期或在可以确定的将来时间，对某人或其指定人或持票人，支付一定金额的无条件的书面承诺。简言之，本票是出票人对收款人承诺无条件支付一定金额的票据。

本票可分为商业本票和银行本票。商业本票可按付款时间分为即期本票和远期本票两种，而银行本票都是即期的。按我国《票据法》规定，我国允许开立出票日期、付款期限不超过2个月的银行本票，银行本票仅限于由中国人民银行审定的银行或其他金融机构签发。

2．什么是支票

支票（Cheque；Check）是以银行为付款人的即期汇票。出票人在支票上签发一定的金额给特定人或持票人。支票的出票人在签发支票后，应负票据上的责任和法律上的责任。前者是指出票人对收款人担保支票的付款；后者是指出票人签发支票时，应在付款行存有不低于票面金额的存款。如存款不足，支票持有人在向银行提示支票要求付款时，就会遭到银行的拒付。这种支票称为空头支票。按我国《票据法》的规定，支票可以分为现金支票和转账支票两种。

3．如何区分本票与汇票

（1）双方的基本当事人不同，本票的基本当事人有 2 个，即签发人和收款人，而汇票的基本当事人有3个，即出票人、付款人和收款人；

（2）本票是一种无条件支付承诺，而汇票是一种无条件支付命令；

（3）本票出票人与付款人是同一人，因而无承兑行为，而汇票有承兑行为；

（4）本票的主债务人就是出票人，而远期汇票的主债务人在承兑前是出票人，在承兑后则为承兑人。

4．如何区分支票与汇票

（1）支票的付款人是银行，汇票的付款人可以是银行或企业；

（2）支票为即期，汇票有即期和远期之分；

① UCP600第6条c款。

（3）汇票有承兑行为，支票无承兑行为；

（4）支票上可以画线表示转账，汇票则无需画线；

（5）支票的主债务人是出票人，远期汇票在承兑前的主债务人是出票人，承兑后为承兑人。

第二节　如何缮制发票

发票按照不同的需要可分为不同的种类，如海关发票（Customs Invoice）、领事发票（Consular Invoice）、厂商发票（Manufacturer's Invoice）、形式发票（Proforma Invoice）、商业发票（Commercial Invoice）等。实务中最为常见的是商业发票，通常简称为发票（Invoice）。

商业发票是出口商向进口商签发的、载有货物和其他交易细节的货款价目的总清单。作为买卖双方交接货物和结算货款的主要单据，商业发票是出口商缮制其他单据的依据，是全套出口单据的核心，同时又是进出口双方报关完税必不可少的单据之一。商业发票与信用证及其他单据的关系如图 5-4 所示。

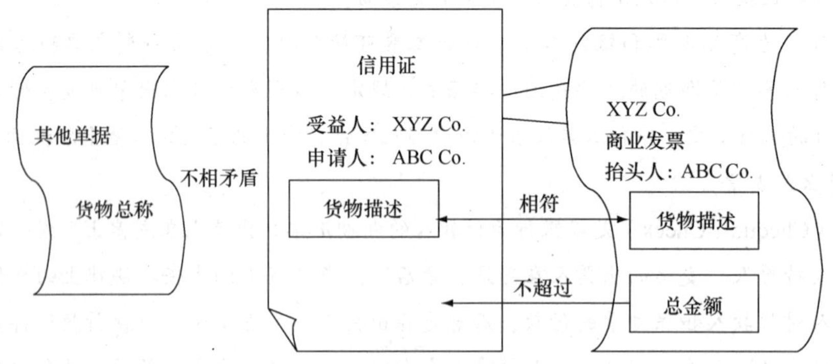

图 5-4　商业发票与信用证及其他单据的关系

一、发票的抬头

商业发票必须以信用证的申请人为抬头。在可转让信用证下，第二受益人缮制商业发票须以第一受益人为抬头。例如，ABC 公司在开证行的授信额度不足，委托其母公司 XYZ 公司开证，信用证中会加列条款“BY ORDER OF ABC CO AND FOR ACCOUNT OF XYZ CO”，此时发票应以 ABC 公司为抬头人。

当受益人和申请人的地址出现在任何规定的单据中时，无须与信用证或其他规定单据中所载相同，但必须与信用证中规定的相应地址同在一国。联络细节（传真、电话、电子邮件及类似细节）作为受益人和申请人地址的一部分时将被不予理会。然而当申请人的地址和联络细节作为运输单据上的收货人或通知方细节的一部分时，应与信用证规定的相同。这是考虑到，在国际贸易实务中，进出口商签订完进出口合同后，可能会因办公地址迁移而导致单据标注的实际地址与信用证中反映的合同地址不同。但是，由于运输单据通知方或收货人栏是到货后承运人或其代理人联系买方的唯一途径，所以，当申请人作为收货人或通知方时，其地址与联络细节等内容必须与信用证一致。

二、发票的出具人

（一）由受益人出具

商业发票必须由受益人出具（ISSUED BY THE BENEFICIARY）。一般是在发票的上部印就受益人的名称、地址等（如使用受益人的原始信纸出具），或在发票的下部加盖刻有受益人名称的印章。如上所述，受益人地址中的电传或传真号码等内容可不提供，如果提供，也不必与信用证中的相同。

（二）签署

如果信用证没有特别要求，发票无须签字证实。有的信用证会明确要求受益人签署发票，要根据信用证的要求判断签署方式。

签字（Signature）不一定是手写。摹本签字（Facsimile Signature）、打孔签字（Perforated Signature）、印章（Stamp）、符号（Symbol）（例如戳记 Chop），或用来表明身份的任何电子或机械证实的方法均可。但是，有签字的单据的复印件不能视为签署过的正本单据，通过传真发送的有签字的单据如果不另外加具原始签字的话，也不视为签署过的正本。如果要求单据“SIGNED AND STAMPED”（签字并盖章）或类似措辞，则单据只要载有签字及签字人的名称，无论该名称是打印、手写或盖章，均满足该项要求。

例如，“SIGNED COMMERCIAL INVOICE”，表明信用证要求受益人提交已签署的商业发票，签署方式可以采用上文列出的任何一种方式。“MANUALLY SIGNED”则要求受益人手签。

三、发票的货物描述

发票中的货物描述（货描）可包含货物的名称、规格、数量、包装、产地等，是对货物的详细说明，必须与信用证规定的一致。

（一）缮制原则

发票显示信用证规定货描，并不要求如同镜子反射那样一致。例如，货物细节可以在发票中的若干地方表示，当合并在一起时与信用证规定一致即可。

又例如，信用证中的货物描述包括“蛋白脂 MIN 44%/45%，蛋白质 MIN42%”。卖方提交的发票显示，“蛋白脂 44.3%，蛋白质 43.5%”。卖方提交的检验证书显示了相同的数据。开证行是否可以以发票货描与信用证不符为由拒付?

信用证中，“蛋白脂 MIN 44%/45%”表示蛋白脂最低为 44%或 45%，“蛋白质 MIN42%”表示蛋白质最低为 42%，这几个数据是可接受的最小数字。信用证项下提交的发票应反映蛋白脂和蛋白质的实际含量。卖方提交的发票和检验证书显示了实际发运货物的百分比。其中，蛋白脂 44.3%，高于 44%/45%中的最小值 44%；蛋白质 43.5%，高于 42%。发票和检验证书显示的百分比高于规定的最小值，因此在信用证项下可接受。

发票中的货描有时会提供额外的信息，只要这些额外信息并未改变货物的性质，也是可以接受的。例如，信用证提供的货物描述为 ABC，发票中的货描为 ABC（DEF），DEF 是 ABC 的技术指标或化学表述，不构成不符点。

在缮制发票时，宜避免打印错误。尽管 UCP600 及其项下的 ISBP 规定，如果拼写或打字错误并不影响单词或其所在句子的含义，则不算单证不符。例如，在货物描述中用“MASHINE”表示“MACHINE”（机器），用“FOUNTAN PEN”表示“FOUNTAIN PEN”（钢笔），或用“MODLE”表示“MODEL”（型号）均不构成不符点。但是，把“MODEL 321”（型号 321）写成“MODEL 123”（型号 123）将不被视为打字错误，就构成不符点。

发票中的货物描述必须反映实际装运的货物。例如，信用证的货物描述显示两种货物，如 10 辆卡车和 5 辆拖拉机，如果信用证允许分批装运，而发票表明只装运了 4 辆卡车，是可以接受的。列明信用证规定的全部货描，然后注明实际装运货物的发票也是可以接受的。

发票不得列出信用证未要求的货物，如样品、广告材料等，即使注明免费也不可以。

如果信用证要求分期发运，则每期发运必须与分期发运时间表一致。

（二）谨慎对待包装描述

若信用证货物描述（货描）中含有关于货物包装的描述，则发票货描中必须予以体现，以避免开证行以“发票货描与信用证货描不符”为由拒付。但受益人在缮制发票时，避免照抄照搬引起误解。

例如，信用证的货描中规定“GOODS TO BE PACKED IN CONTAINER”（货物应用集装箱装运），若发票货描中原样照搬，会使人误解货物还未装入集装箱。正确的表达方式应为“GOODS ARE PACKED IN CONTAINER”（货物已用集装箱运输）。

如果信用证要求提交装箱单，即使发票货描中含有类似的包装描述，装箱单仍要体现包装细节，否则便视为不符。

（三）避免将错就错

若信用证货描与进出口商之间买卖合同的货描不同，则建议受益人要求申请人修改信用证。

如果受益人将错就错——按照信用证上错误的货描缮制发票，这样虽然做到了单证相符，却出现了单据与实际货物不符，给进口商的清关带来了困难，进口国海关会以发票与实际货物不符而罚款，进口商会将罚款转嫁给出口商。

若受益人按照合同上正确的货描缮制发票，在行情看跌时，开证行会以“发票货描与信用证不符为由”拒付，即使行情不变，申请人接受不符点，开证行也会向受益人收取不符点费。

（四）列明贸易术语

如果贸易术语是信用证中货物描述的一部分，或与货物金额联系在一起表示，则发票必须显示信用证指明的贸易术语，而且如果货物描述提供了贸易术语的出处，则发票必须表明相同的出处。

例如，信用证规定“CIF 新加坡 INCOTERMS 2000”，那么，如果发票只注明“CIF 新加坡”，就不符合信用证的要求。

四、发票的单价、金额和数量

一般来说，信用证金额是买卖双方的交易金额，也是开证行在单证相符的条件下，向受益人支付的最高限额。因此，代表货物价值的发票金额应与信用证金额一致。只有在分批装运、分期支款的情况下，每个批次的支取金额可低于信用证总金额。

发票必须表明所发运货物或提供的服务或履约行为的价值，发票中显示的单价（如有的话）和币种必须与信用证中的一致。发票必须显示信用证要求的折扣或扣减，也可以显示信用证未规定的预付款或折扣等。

一般情况下，银行可以拒绝接受金额超过信用证允许金额的商业发票，但也有例外。例如，进出口合同金额为 10 万美元，合同中规定其中 2 万美元作为合同项下预付款，在开立信用证之前汇给出口商，信用证金额为 8 万美元。受益人提交的发票显示，货物金额 10 万美元，其中 2 万元为预付款，实际支取金额为 8 万美元，而且填制的汇票金额为 8 万美元。这种情况下，开证行可以接受单据。

（一）ABOUT、APPROXIMATELY 或类似词语

当 ABOUT、APPROXIMATELY 或类似词语修饰信用证的金额、数量或单价时，应理解为允许有关金额、数量或单价有不超过 10%的增减幅度。需要注意的是，这类词语修饰金额、数量和单价中的某一项，仅表明该项适用于 10%的增减幅度，并不意味着同时也修饰另外两项。

例如，当信用证规定货物数量为约 250 箱，每箱 100 美元，总金额为 25 000 美元，“约”仅限制货物数量，而未限制单价和总金额，则说明货物数量允许有 10%的增减幅度。

在不允许分批装运的情况下，由于数量的浮动不等于金额的浮动，货物数量浮动的意义就受到削弱，受益人装货制单时应予以注意。

例如，信用证要求装运 A、B 两种零件，不允许分批装运，A 零件单价为每箱 20 美元，B 零件单价为每箱 30 美元，A、B 总数量为 200 箱，总金额为约 5 000 美元。受益人在装货制单时，在总金额为 4 500～5 500 美元，总数量为 200 箱的情况下，A、B 两种零件的装箱数量可以有多种组合。

例如：

（1）A 150 箱，B 50 箱，单据总金额 USD4 500；

（2）A 100 箱，B 100 箱，单据总金额 USD5 000；

（3）A 80 箱，B 120 箱，单据总金额 USD5 200；

（4）A 50 箱，B 150 箱，单据总金额 USD5 500。

（二）货物数量 5%溢短装比例的适用范围

当下述 3 个条件同时得到满足时，受益人装运的货物数量允许有 5%的增减幅度：

（1）信用证未规定货物数量不得增减；

（2）单据支取金额不超过信用证金额，这是因为开证申请人的保证金数量是固定的，或

者是开证行给予开证申请人的授信额度是有限的；

（3）货物不是按照包装单位（Drums、Cases、Cartons、Boxes）或货物自身件数（Pieces、Units、Dozens）计量时，通常是用重量、体积或容积计量（如散装），难以做到十分精确。

上述 3 个条件缺一不可，货物数量才允许有 5%的溢短装比例。

（三）发票金额 5%减幅的适用范围

在禁止分批装运的信用证中，若信用证规定了货物数量，该数量已全部装运，且信用证规定了单价，该单价没有降低，则发票金额允许有 5%的减幅；但若减幅超过 5%，则视为不符点。如果信用证没有规定货物数量，发票的货物数量即可视为全部货物数量。

对于发票金额来说，当下述 4 个条件中有一条出现在信用证中时，发票金额就不允许有 5%减幅。

（1）信用证允许分批装运，若信用证允许分批装运，就意味着允许部分支款，而不必受比例的限制；

（2）货物数量允许有 5%溢短装比例；

（3）信用证中有 ABOUT、APPROXIMATELY 或类似词语修饰金额、数量或单价；

（4）信用证禁止支款金额有减幅。

（四）MAXIMUM 或类似词语修饰金额或数量

当信用证金额前有 MAXIMUM、UP TO、NOT EXCEEDING 或 TO THE EXTENT OF 等类似词语修饰时，表示金额不可以增加，只可以减少，而且减幅没有任何限制。

当上述词语修饰信用证发货数量时，表示发货数量在该范围内可以任意减少，即使信用证金额没有上述词语修饰，金额也是可以相应减少的，而不会被开证行以信用证短支而拒付。

五、出具份数

发票的份数要符合信用证的规定。信用证规定的每一种单据至少需提交一份正本。

信用证对发票数量常见的表示方法有以下几种。

（1）“ONE INVOICE / INVOICE IN ONE COPY”，表示需提交一份正本发票。

（2）“INVOICE IN 3 COPIES”，提交至少一份正本发票，其余可用副本发票。

（3）“ONE COPY OF INVOICE”，提交一份正本或副本发票均可。

六、其他内容

（一）出具日期

除非信用证要求，发票无需标注日期。但若标注日期，其日期就要在信用证的交单期和有效期内。除非信用证另有规定，发票的出具日期可以早于信用证开立日期。

（二）货物信息及运输信息

发票显示的货物数量、重量、尺寸、包装方式、唛头、运输方式、运输工具等，不得与其他单据显示的同种数值或信息相矛盾。

（三）计算

有时，发票的货物分类十分详细，每一类又可能有不同的花色、规格、数量、重量、体积、单价和金额明细等，这使得发票表面各项金额和总金额计算十分复杂。

银行无须检查单据中复杂的数学计算细节，而只负责将总量与信用证或其他要求的单据相核对。虽然大多数银行审单人员会合理谨慎地审核这些内容，但银行的审单人员不可能熟知每一个出口细节，明了每一步计算方法，因此，出口商在缮制发票时，要谨慎小心，认真审核，避免出现不符点。

图 5-5 为商业发票示例。

×××市轻工业品进出口有限责任公司

××× LIGHT INDUSTRIAL PRODUCTS IMPORT AND EXPORT CORPORATION, LTD.

17ZHANG JING GUAN ROAD, DONG CHENG DISTRICT BEIJING, CHINA

TELEX: 22142 LITBJ CN

CABLE: INDSPK BEIJING

发 票

INVOICE

To: Messrs.SAM WOO EXPRESS CO. LTD. RM1101 No. 8963066G

DONG-A JELT BLDJ, 37-16, 4KA

CHUANGANG-DONG, CHUNG-KU,PUSAN,KOREA To PUSAN KOREA

Date:June.4.1998

CONTRACT NO. 98BG1653 SHIPPED BY VESSEL GLORY STAR V.821E B/L NO.DYSCR005

Marks & Nos	Descripyions & Quantity	Unit Price	Amount
			BY L/C AT SIGHT FOB HSINKANG
	CUSHION		
N/M 625CTNS	5 000PCS	USD3.25 000	USD16 250.00 PACKED IN
	G.WT.14 125Kgs.	NWT.13 500Kgs.	USD16 250.00

Total Quantity: 5 000.0000 PCS

ORIGIN: CHINA

E. &.O.E.

（受益人签章）

图 5-5 商业发票

复习思考题

一、简答题

1. 简述商业发票的作用。
2. 简述汇票记载出票日期的三个作用。

3. 简述汇票的八种常见票据行为。
4. 汇票的必要记载项目分为几种，各有哪些？
5. 比较信汇、电汇与票汇三种方式。
6. 汇票与本票有什么区别？
7. 简述行使追索权的三个条件。
8. 我国《票据法》对本票的签发人有何规定？

二、操作题

No.______
Exchange for_______
At__days after______date pay to the order of__the sum of____________

Drawn________________
To___________ for___________

signature

1. 2013 年 5 月 3 日，B Garments Singapore Co.，Ltd 公司出具了一张以 A Import and Export Corp 公司为付款人，收款人凭 C Office Products 公司指示的见票后 90 天付款远期汇票，票面金额为 1 万美元，并将汇票交给了 C Office Products 公司。请制作一张远期汇票。

2. 纽约美国公司 A 向巴黎公司 B 采购一批物品，签约日期为 2010 年 5 月 13 日，订单（P/O）号码为 95E03LC001，金额为 10 000.00 美元，约定装运后 30 天付款，假定货物装运日期为 2010 年 7 月 10 日。巴黎公司 C 向纽约公司 D 采购一批商品，价值为 10 000.00 美元。法国公司 B 于 7 月 13 日开出一张汇票，收款人是法国 C 公司，受票人是美国 A 公司。请制作一张汇票。

第六章 缮制信用证项下的单据——运输单据

第一节 海运提单

一、海运提单的定义与性质

（一）定义及名称

提单（Bill of Lading，B/L）是承运人或其代理人应托运人的要求，向其签发的收据，确认已经收到提单上所列的货物并已装船，或已将货物接管以待装船，且将按提单所载事项，向收货人交付货物。

1978 年联合国海事运输公约以及我国海商法第 71 条都对提单下了定义，即提单是指一种用以证明海上货物运输合同和货物已由承运人接管或装船以及承运人据以保证交付货物的单证。

以下是几种常见的提单名称：

（1）BILL OF LADING.

（2）OCEAN BILL OF LADING.

（3）MARINE BILL OF LADING.

（4）MULTIMODAL TRANSPORT DOCUMENT.

（5）COMBINED TRANSPORT BILL OF LADING.

（6）PORT-TO-PORT BILL OF LADING.

（二）性质和作用

1．货物收据（Receipt of Goods）

提单是承运人（船公司）签发给托运人（出口商）的，表明货物已被承运人收讫的收据。它表明货物已运至承运人指定的仓库或地点，并置于承运人的有效监管之下，承运人承诺按收据内容将货物交付给收货人。因此，提单是托运人凭以向银行议付的主要单据之一。

2．物权凭证（Document of Title）

提单代表货物的所有权，谁拥有提单，谁就拥有货权。在国际贸易中，正本提单作为钱与货的衔接点，是卖方凭以议付、买方凭以提货、承运人凭以交货的依据。由于国际贸易路途遥远，买方希望交货后能马上收到货款，卖方希望交钱后能马上提货，为了跨越国际运输的时空距离，实现物权与货款的对流，卖方只有将代表物权的正本提单交给银行，才可得到相关货款，买方只有将货款交付给银行，才可拿到代表物权的正本提单，并据以提货。

提单是可以背书转让的。提单的转让意味着货物所有权的转让，但必须在船舶到达目的港交货之前转让。

3．运输合同的证明（Evidence of Contract）

提单背面的条款规定了承运人与托运人之间的权利与义务以及责任豁免，可以看作二者之间运输合同的证明文件。一般认为，当提单转让给第三者后，提单则构成了合同。

提单除了上述作用外，在业务联系、费用结算、对外索赔等方面都起着重要作用。

二、提单的类型

（一）已装船提单和收妥备运提单

按照货物是否装船，提单分为已装船提单（Shipped on Board B/L）和收妥备运提单（Received for Shipment B/L）。已装船提单指在货物装船以后，承运人签发的载明船名及装船日期的提单；收妥备运提单又称船边提单（Alongside Bills），主要适用于集装箱运输，是承运人在收取货物以后，实际装船之前签发的表明货物已收管待运的提单。

（二）倒签提单、预借提单、顺签提单和过期提单

1．倒签提单

倒签提单（Antidated B/L）指承运人或其代理人，在货物装船后签发提单时，应托运人的请求，将提单记载的装运日期提前，以符合信用证规定的装运日期，这种提单因装船日期倒签而得名。

例如，信用证规定最迟装运日为 4 月 10 日，托运人实际装船日为 4 月 12 日，为避免银行提出“迟装船”的不符点，托运人要求承运人或其代理人在签发提单时，将装船时间改为 4 月 10 日或之前，这种提单就是倒签提单。

2．预借提单

预借提单（Advanced B/L）指在货物尚未全部装船，或货物虽已由承运人接管，但尚未开始装船的情况下签发的已装船提单。此种提单通常是在已经超过信用证规定的装运日期和交单日期时，或托运人希望提前得到已装船提单以向银行议付时，应托运人的要求而签发的。

例如，信用证规定最迟装运日为 4 月 10 日，托运人在 4 月 10 日将货物交付承运人，但尚未装船，货物实际装船日要推迟到 4 月 12 日，这必然造成迟装船。为符合信用证关于装船日期的规定，托运人要求承运人在 4 月 10 日接管货物的当天，预先签发已装船提单，提单装船日为 4 月 10 日，这种提单就是预借提单。

倒签提单与预借提单都是将提单的签发日期提前，因而使得实际日期与提单记载日期不符，以致构成虚假，所以法律上一般对两者做类似处理。目前普遍的做法是：首先，从保护善意第三者的利益和商业流通性出发，承认提单仍然有效；其次，把承运人的这种不实记载行为视为违法行为，要求承运人对由此产生的损害负责，同时免除承运人享受免责的权利，而且还应对欺诈行为负责。

倒签提单与预借提单是一种欺骗提单持有人的行为。提单持有人一旦发现这一现象，有权拒绝收货，并可就造成的损失向承运人索赔。如此可以有效地制止承运人滥签这类提单。这一点对与信用证有关的各方当事人仍然是相当重要的。

在船运公司与托运人往来密切、托运人信誉良好的情况下，有的船运公司会要求托运人出具保函，才肯签发倒签提单或预借提单。

3．顺签提单

顺签提单指承运人或其代理人，在货物装船后签发提单时，应托运人的请求，将提单记载的装运日期延后，以符合信用证规定的装运期限，这种提单因装船日期延期而得名。

例如，信用证规定货物分期装运，要求在 3 月 15 日—20 日装运一批货物，托运人在 3 月 9 日将货物运到港口，由于港口仓储能力不足或季节性港口拥挤等原因，托运人将货物装船发运，在承运人签发提单时，托运人要求批注装船日期为 3 月 16 日，以符合信用证的要求，这种提单就是顺签提单。

倒签提单或预借提单是将批注的装船日期提前，而顺签提单是将批注的装船日期延后。

与签发倒签提单或预借提单相比，即使托运人向船运公司出具保函，船运公司也不愿意签发顺签提单。这是因为，在倒签提单或预借提单项下，都是实际装船日晚于提单上批注的装船日期，船货会比正常的航运时间晚几日到达卸货港，进口商会理解为海上天气变幻莫测影响了航速，不容易识别批注日期提前的事实；在顺签提单的情况下，实际装船日早于提单批注的装船日期，船货早于按照批注日期计算的航行时间到达卸货港，进口商易于识别提单顺签的事实，船运公司要承担欺诈的责任。

4．过期提单

过期提单（Stale B/L）是指装船日期超过信用证最迟装运日的提单。

（三）清洁提单和不清洁提单

按照提单上是否有不良批注，分为清洁提单（Clean B/L）和不清洁提单（Unclean B/L）。前者指单据上无明显的声明货物或包装有缺陷的附加条文或批注的提单；后者指附有该类附加条款或批注的提单。银行一般不接受不清洁提单。

（四）记名提单、不记名提单和指示提单

提单按收货人抬头分为记名提单（Straight B/L）、不记名提单（Open B/L）和指示提单（Order B/L）。

记名提单指托运人指定特定人为收货人的提单。这种提单不能通过背书方式转让，也称“不可转让提单”。

不记名提单指托运人不具体指定收货人，在收货人一栏中只填写“交持单人”（TO BEARER）字样或空白，又称“空白提单”。这种提单不需要任何背书手续即可转让或提取货物，极为简便，承运人将货物交给提单持有人。这种提单丢失或被窃，风险极大，若转入善意第三者手中，极易引起纠纷，因此在国际贸易中因风险太大而很少使用。

指示提单指托运人在收货人栏内填写“凭指示”（TO ORDER）或“凭某人指示”（TO ORDER OF...）字样。指示提单通过背书可以转让，又称“可转让提单”，在国际贸易中应用

得最为广泛。

（五）长式提单、简式提单和空白提单

如果提单含有详细的条款，完整地规定了承运人和托运人的权利和义务，这种提单便称为全式提单或长式提单（Long Term B/L）。由于这些条款内容较多，有时多达三十几条，常常用较小的字体印刷于提单的背面，所以这些条款又称为 SMALL PRINT 或 MINUTE PRINT。

如果背面只印就一两项条款，规定承运契约适合何种国际法等主要内容，这种提单称为简式提单（Short Form B/L）。

空白提单背面没有印就条款，仅于正面声明如下类似语句“ALL TRANSACTION AND CONTRACTS ENTERED INTO WITH THE COMPANY INCORPORATE THE COMPANY’S PRINTED TERMS AND CONDITIONS OF BUSINESS，A COPY OF WHICH IS AVAILABLE ON REQUEST”。

简式提单和空白提单除形式、内容等简明扼要外，承运人的责任和义务与全式提单相同。因此，银行接受载有承运条款或条件、或提示承运条款或条件参见别处的提单（简式/背面空白提单），银行将不审核这些条款和条件的内容。

三、提单的缮制要点

（一）托运人、收货人和通知人

1．托运人

托运人（Shipper/ Consigner）也称发货人，是委托运输的当事人，一般情况下是出口商，也就是信用证的受益人。

银行接受表明以信用证受益人以外的一方作为发货人的运输单据，即提单的托运人或发货人可以不是受益人。如果申请人不接受受益人以外的第三方为托运人，则应在信用证上加列“THIRD PARTY B/L IS NOT ACCEPTABLE”（第三方为托运人的提单不接受）。

2．收货人

收货人（Consignee）又称为提单的抬头，是银行审核的重点项目，收货人栏的填写必须与信用证要求完全一致。

如果信用证要求提单抬头以某具名人为收货人，如“CONSIGNED TO BANK ×××”（货交×××银行，记名式），而不是“TO ORDER”（凭指示）或“TO ORDER OF BANK ×”（凭×××银行指示），提单表面不得在具名收货人名称前出现“TO ORDER”或“TO ORDER OF BANK ×”的字样，无论该字样是打印还是预先印就的。这就是说，L/C 要求提单以某具名人为收货人时，在收货人名称前不可出现“TO ORDER”（凭指示）或“TO ORDER OF”（凭……指示）字样。这就要求企业的单证人员不仅要注意单据上打印的内容，还要注意其预先印就的内容，避免由于疏忽出现不符点。

若 B/L 收货人为“TO ORDER”或“TO ORDER OF SHIPPER”，B/L 必须经托运人背书。

3．通知人

如果信用证中对通知人（Notify Party）有相应的规定，应严格按照信用证填写；若没有相关规定，则该栏可空白，或填写任何内容。

在国际贸易实务中，通知人一般是真正的进口商或其代理人，货到目的港时由承运人通知其办理报关提货等手续。

前文提到，当受益人或申请人的地址出现在任何规定的单据中时，无须与信用证或其他规定单据中所载相同，但必须与信用证中规定的相应地址同在一国。联络细节（传真、电话、电子邮件及类似细节）作为受益人和申请人地址的一部分时将被不予理会，即可以与信用证中列明的细节略有差异。然而，如果申请人的地址和联络细节为运输单据上的收货人或通知方细节的一部分时，应与信用证规定的相同。

在国际三角贸易中，中间商为切断实际供应商与最终购买商之间的联系，通常在信用证（如转让信用证或背对背信用证）中，要求实际供应商隐匿到货通知人的地址等联络方式。

（二）已装于具名船只

海运提单必须注明货物已装船或已装指名船只，也就是说，海运提单必须是货物已实际装船的提单。

1．提单预先印就已装船字样

有的提单在右上角用小字打印“SHIPPED ON BOARD IN APPARENT GOOD ORDER AND CONDITION”，由此就可表明货物已经装船，此时，提单的签发日期就是装船日期。

2．加注已装船批注

在集装箱运输中，若承运人在内陆货运站接货，或由于船舶无法马上到位，货物不能马上装运，在此情况下，承运人应托运人的要求，在货物装船前签发收妥备运提单。收妥备运提单的右上角印有“RECEIVED IN APPARENT GOOD ORDER AND CONDITION”。待货物装船后，发货人凭收妥备运提单更换已装船提单。承运人一般在收妥备运提单上加注“SHIPPED ON BOARD”（已装船）字样，同时批注装船日期，该提单就转化成已装船提单。这时，装船日期一般不同于签发日期。

装船批注只要包含“SHIPPED”或“ON BOARD”字样即可，常见的装船批注的表示方法有：

（1）SHIPPED ON BOARD（已装船发运）；

（2）CLEAN ON BOARD（清洁已装船）；

（3）SHIPPED IN APPARENT ORDER（已发运且表面状况良好）；

（4）LADEN ON BOARD（已载于船）；

（5）ON BOARD（已装船）。

目前，很多船公司将收妥备运提单作为通用格式，在签发时，批注“已装船”字样和装船日期，收妥备运提单直接转化成已装船提单。这种情况下，装船日期可以等于、早于或晚于提单签发日期。

3．注明船名

无论是预先印就“已装船”，还是加批注，只要在提单 VESSEL NAME 和 VESSEL NO 栏内注明实际的船名和航班号，该提单即符合货物“已装具名船只”的要求。

如果提单表明装货船只是“预期”（INTENDED）的，或使用类似词语限定船只，即使实际装货的船只就是预期船只，也必须以加批注的形式注明实际装货的船只名称。

例如，提单 VESSEL 栏位标明“INTENDED VESSEL OCEAN DUKE”，则提单需加 ON BOARD 批注、实际船名 OCEAN DUKE、装运日期。这种情况下，装运日期切勿漏批。

4．装船日不能迟于信用证规定的最迟装运日

一般情况下，提单的出具日期将被视为发运日期；若提单载有表明发运日期的装船批注，则装船批注日期无论是早于还是晚于提单出具日期，都将被视为发运日期。

（三）装货港、卸货港

提单必须如实反映信用证规定的装货港和卸货港。

如果信用证要求 XINGANG（新港）为装货港，则提单显示 TIANJIN（天津）就构成不符点，因为新港和天津港分别是天津市下属的两个不同港口。

如果信用证要求卸货港为 ALEXANDRIA FREE ZONE（亚历山大港保税区），虽然保税区是港口的一个部分，但此处进口关税和相关费用比港口主要区域低，若提单只显示卸货港为 ALEXANDRIA 就构成不符点。

1．装货港和卸货港

信用证要求的装货港（Port of Loading）和卸货港（Port of Discharge）一般应显示在提单的装货港和卸货港栏中。当提单清楚地表明货物是从收妥待运地（Place of Receipt）通过船只运输，且已装船批注明确显示货物是从显示在收妥待运地的港口装上该船时，信用证所要求的装货港也可显示在提单的“收妥待运地”或类似的栏位中。

【例 6-1】 L/C 规定装货港为上海，卸货港为新加坡。

B/L 可以做成如下内容。

PORT OF RECEIPT（货物接管地）：SHANGHAI（上海）

PRECARRIAGE（初始运输工具）：GREAT WALL V203

PORT OF LOADING（装货港）：（空白）

PORT OF DISCHARGE（卸货港）：SINGAPORE（新加坡）

这时，批注内容必须包括“SHIPPED ON BOARD”（已装船）字样、日期、信用证规定的装货港（上海）及货物所装载的船名。

批注包含如下内容：

SHIPPED ON BOARD 26 JULY 04

PORT OF LOADING: SHANGHAI

VESSEL NAME: GREAT WALL V203

如果提单没有表明信用证规定的装货港为装货港，或者提单表面用“INTENDED”（预期）或类似词语限定装货港，提单需加注已装船批注，批注需表明信用证规定的装货港、发运日期以及实际船名；即使提单以事先印就的文字表明了货物已装载或装运于具名船只，也需加注已装船批注，且批注需表明信用证规定的装货港、发运日期以及实际船名。这是因为，如果提单显示装货港为预期港口，则即便在指定栏位显示装货船只名称，也无法使申请人确认提单签发时货物是否在指定的装货港装在具名船只上，因此，若装货港为预期，则装船批注必须加具实际装货港和船名。

【例 6-2】 L/C 规定装货港为天津，卸货港为鹿特丹。

B/L 可以做成如下内容。

PORT OF LOADING（装货港）：INTENDED TIANJIN（天津）

PORT OF DISCHARGE（卸货港）：ROTTERDAM（鹿特丹）

VESSEL NAME& NO.：OCEAN DUKE V401

这时，批注内容必须包括“SHIPPED ON BOARD”（已装船）字样、日期、信用证规定的装货港（TIANJIN）及货物所装载的船名。

批注包含如下内容：

SHIPPED ON BOARD 15 JULY 07

PORT OF LOADING：TIANJIN

VESSEL NAME& NO.：OCEAN DUKE V401

【例 6-3】 L/C 规定装货港为黄埔，卸货港为哥本哈根。

B/L 可以做成如下内容。

PORT OF LOADING（装货港）：HUANGPU（黄埔）

PORT OF DISCHARGE（卸货港）：COPENHAGEN（哥本哈根）

VESSEL NAME& NO.: JESSICA V202

这时，批注内容必须包括“SHIPPED ON BOARD”（已装船）字样、日期、信用证规定的装货港（HUANGPU）、卸货港（COPENHAGEN）及货物所装载的船名。

批注包含如下内容：

SHIPPED ON BOARD 26 JULY 07

FROM HUANGPU TO COPENHAGEN BY VESSEL JESSICA V202

需要注意的是，上述表示方法不会被看成是单据内部相互矛盾而构成不符点，因为，新的信用证审单规则——UCP600 及其项下的 ISBP，都只强调提单表面只要显示信用证所要求的运输路线即可，对于多式运输单据也是如此。

如果信用证只规定了装货港或卸货港的地理区域或范围，则提单必须明确表明实际的装货港和卸货港，而且该港口必须位于信用证规定的地理区域或范围之内。

例如，信用证规定装货港为任一中国港口（ANY CHINESE PORT），则提单装运港一栏内应注明实际的装运港，且为中国境内的一个港口，例如新港（XINGANG）。

2．收货地和最终目的地

只要提单注明了信用证规定的装货港及卸货港，即便注明的收货地（PLACE OF RECEIPT）或货物接管地（PLACE OF TAKING IN CHARGE）不同于装货港、最终目的地

（FINAL DESTINATION）不同于卸货港，这种提单还是可接受的。

UCP500 规定，如果提单注明的收货地或货物接管地与装货港不同，装船批注还必须包括信用证规定的装运港和实际装货的船名，即使已装货船只的名称与提单特定栏内注明的船只名称一致，也是如此。

UCP600 则规定，只要提单注明了信用证规定的装货港及卸货港，即便注明的收货地或货物接管地（PLACE OF RECEIPT）不同于装货港、最终目的地不同于卸货港，这种提单还是可接受的；而且，也不必在装船批注上额外添加装货港和卸货港。因为，UCP600 将提单上标明的货物接管地和最终目的地作为额外信息不予理睬。

【例 6-4】 L/C 规定装货港为大连，卸货港为首尔。

B/L 可以做成如下内容。

PORT OF RECEIPT（货物接管地）：DANDONG（丹东）

PRECARRIAGE（初始运输工具）：BY TRUCK（卡车）

PORT OF LOADING（装货港）：DALIAN（大连）

PORT OF DISCHARGE（卸货港）：SEOUL（首尔）

VESSEL NAME & NO.: JESSICA V202

这时，批注内容只要包括“SHIPPED ON BOARD”（已装船）字样和日期即可。

批注包含如下内容：

SHIPPED ON BOARD 03 AUG 07

如果收货地为一集装箱堆场或集装箱货运站，且与规定的装货港相同，这些地点将被视为同一地点，因此，无须在装船批注中注明装货港和船名。例如，例如收货地为香港集装箱堆场 HK CY，装货港为香港 HK，二者实际为同一地点。

（四）分批装运

如果信用证没有特殊规定，则允许分批装运或分批支款。

分批装运指货物在一个时期内分几次装运。如果信用证没有必须按日程、分几次、每次装运多少的特殊规定，分批装运意味着受益人于装运期内在不超过信用证规定的情况下，可自由掌握每次发货数量及总的发货次数。

若 L/C 禁止分批装运，B/L 多于一套，装运港为 2 个或 2 个以上，只要同一艘船、同一航程、同一卸货港，则不视为分批装运。此时，以最晚装运日期视为发运日，以此计算交单期，该最晚装运日期也需早于 L/C 规定的最迟装运日。

举例说明。

【例 6-5】 某信用证禁止分批装运，装货港为中国港口，卸货港为纽约，最迟装运日为 2015 年 9 月 1 日，交单期为装运日后 21 天，信用证有效期为 2015 年 9 月 21 日。下述提单是否构成不符点？

出口商组织的货源分散在天津、上海、宁波、广州等几个地方。装货船只为长城号，该船于 8 月 8 日在天津新港装船，8 月 12 日在上海装船，8 月 16 日在宁波装船，8 月 23 日在广州装船，卸货港均为纽约，4 家船运公司签发了 4 套提单。出口商于 9 月 1 日交单议付。

该提单不构成不符点。

按照UCP600第31条b款的规定，运输单据表明使用同一运输工具，并经由同次航程运输，即使运输单据上注明的装运日期不同或装货港、接管地或发运地点不同，只要运输单据注明是同一目的地，将不视为分批装运。

本案例中，受益人使用同一运输工具——长城号船舶，经由同一运输路线，目的港相同——都是纽约，即使多家船运公司签发了多套提单，也不构成分批装运。而且，按照最迟的装运日期8月23日计算交单期，9月1日交单符合信用证对交单期和有效期的规定。

【例 6-6】 信用证允许分批装运，并要求受益人在装运日后21天内提交单据。受益人一次提交两套单据，单据显示事实为两批货物：其中一批货物是在交单前22天发出，另一批货物是交单前9天发出。请问是否可以运用上述条款按照后一批的发货时间计算交单期从而不算作不符点呢?

答案是否定的。此案例属于两次发货、两次交单，因此，在这种情况下，要保证每份单据都在交单期内提交。

【例 6-7】 某信用证禁止分批装运。受益人将货物从宁波先后用两条船装运，后在深圳合装同一船运往菲律宾，开证行提出货物已分批装运的不符点，这个不符点是否成立?

开证行所提不符点是正确的。在本案例中，尽管货物在途中合装同一只船，且属同一航次，但在宁波港签发的提单反映出，货物是装于两只船的，违背了UCP600关于同一运输工具的规定，构成分批装运，是不符点。

以此类推，当出口商通过海运、空运、陆运、内河水运或邮寄中某一种方式运输时，若信用证未限制规定一个装货港、装货机场、接管地或发货地，即使装运日期不同、装货地点不同，只要采取同一运输工具、同一运输路线、同一目的地，也不违反信用证禁止分批装运的规定。

（五）转运

转运是指在信用证规定的装运港到卸货港之间的海运过程中，将货物从一船卸下并再装上另一船的运输。如果自接管地至信用证规定的装货港之间用卡车运输，到达该装货港后装船，不是UCP600所指的转运。

1．转运的表示方法

若信用证规定SHIPEMNT FROM DALIAN TO COPENHAGEN（由大连运至哥本哈根），货物在香港转运，提单可以有以下几种表示方法。

（1）PORT OF LOADING：DALIAN
PORT OF TRANSHIPMENT：HONGKONG
PORT OF DISCHARGE：COPENHAGEN

（2）PORT OF LOADING：DALIAN VIA HONGKONG
PORT OF DISCHARGE：COPENHAGEN

（3）PORT OF LOADING：DALIAN
PORT OF DISCHARGE：COPENHAGEN W/T AT HONGKONG

【例 6-8】某信用证对运输的要求如下。

OCEAN BILLS OF LADING

SHIPMENT FROM ANY CHINESE PORT TO SINGAPORE

TRANSHIPMENT NOT ALLOWED

受益人提交的提单显示如下。

PLACE OF RECEIPT：BEIJING

PRECARRIAGE：BY TRUCK

PORT OF LOADING：XINGANG

VESSEL NAME & NO.：GREAT WALL V.102

PORT OF DISCHARGE：SINGAPORE

该提单是否符合信用证的不可转运的要求？

该提单符合信用证条款。新港是中国的一个港口，新港与新加坡港之间没有转运，货物接管地北京与新港之间用卡车装运，不违反 UCP600 关于海运提单转运的规定。

【例 6-9】某信用证对运输的要求如下。

OCEAN BILLS OF LADING

SHIPMENT FROM SHANGHAI TO NEW YORK

TRANSHIPMENT ALLOWED

受益人提交的提单显示如下。

PORT OF LOADING：SHANGHAI

PORT OF DISCHARGE：SANFRANCISCO

FINAL DESTINATION：NEW YORK

该提单是否存在不符点？

该提单存在不符点。

提单卸货港不应该是 SANFRANCISCO，应改为 NEW YORK。

正确的写法如下。

PORT OF LOADING：SHANGHAI

PORT OF DISCHARGE：NEW YORK W/T AT SANFRANCISCO

2．UCP600 关于转运的规定

实务中，有大量的信用证禁止转运，主要是因为转运会延误运输时间，增加额外费用，特别是货物的卸下与重装还会产生巨大的损耗。然而，在实际海运中，由于港口道路狭窄，大型船舶无法驶入；或者由于港口货源少，大型船舶不值得挂靠；又或者两港之间没有直达船只，不得不在中间港卸下再运往目的港。因此，在实务中，有时转运是不可避免的。

因此，即使信用证禁止转运，UCP600 仍然允许在某些情况下的转运：

（1）提单表明货物由集装箱（Container）、拖车（Trailer）或子船（Lash Barger）运输，注明将要或可能发生转运的提单仍可接受，且同一提单包括全程海运；

（2）提单有承运人保留转运权利的条款。

也就是说，只要货物以集装箱、拖车、子母船运输，银行无需理会信用证禁止转运的规定。一般而言，只有在散装货运输的情况下，容易产生转运的不符点。

（六）分期装运

分期装运指规定的不同时期内分别装运若干货物。比如，2015 年 3 月装运货物 6 000 箱，4 月装运 8 000 箱。一般来说，如果信用证没有特殊规定，允许分期装运就意味着允许分期支款。

如果信用证规定在指定的时期内分期支款或分期装运，任何一期未按信用证所规定的期限支款或装运时，信用证对该期及以后各期均告失效。也就是说，只要其中一期不按时限装运，该证便告失效，即使受益人在余下的期限内能按信用证的规定按期装运，也于事无补。

分期装运的信用证项下，若有一期货物未装运，而下一期却装运了，开证行接受并付了款，该证是否继续有效？回答是肯定的。当一期货物没有发运，开证行同意并接受了后一期装运时，除非信用证另有说明，可以推定该证对以后各期已恢复生效。如果不想使该证对以后各期生效，开证行应告知通知行“对该期装运的认可仅适用于该期”，不能解释为该证已全部恢复生效。

（七）货物描述与唛头

货描、唛头及某些特别批注大多体现在提单的中部。

1．货描

提单上的货物描述可以使用与信用证规定不矛盾的货物统称，唛头、数量、重量等与其他单据一致。

2．唛头

标志和号码（MARKS & NO.）俗称唛头，唛头应与发票上的唛头完全相同，不可缺少内容，次序不能颠倒。它是在运输过程中有关部门识别货物、防止差错的标记。

唛头一般由型号、收货人简称或图形、目的港、件数或批号等组成。

在制作提单时，唛头一栏一般有下列情况：

（1）有唛头，提单完全按照所提供的式样制作。

（2）无唛头。有些货物如服装、散装粮食、矿石、油类等，因没有运输包装，无法刷唛头，因此托运时没有唛头；此外，有些货物如罐头食品等，本身销售包装作为运输包装的货物，习惯上不刷唛头。在无唛头情况下，提单唛头一栏须注明“N / M”（NO MARKS 的简称，译为无唛头）字样，但不能空白。

若唛头过多，无法全部填入提单规定栏内，可加附页附在正本提单后面，并由船公司加盖骑缝章。

小知识

唛头常用图案（包装形状）

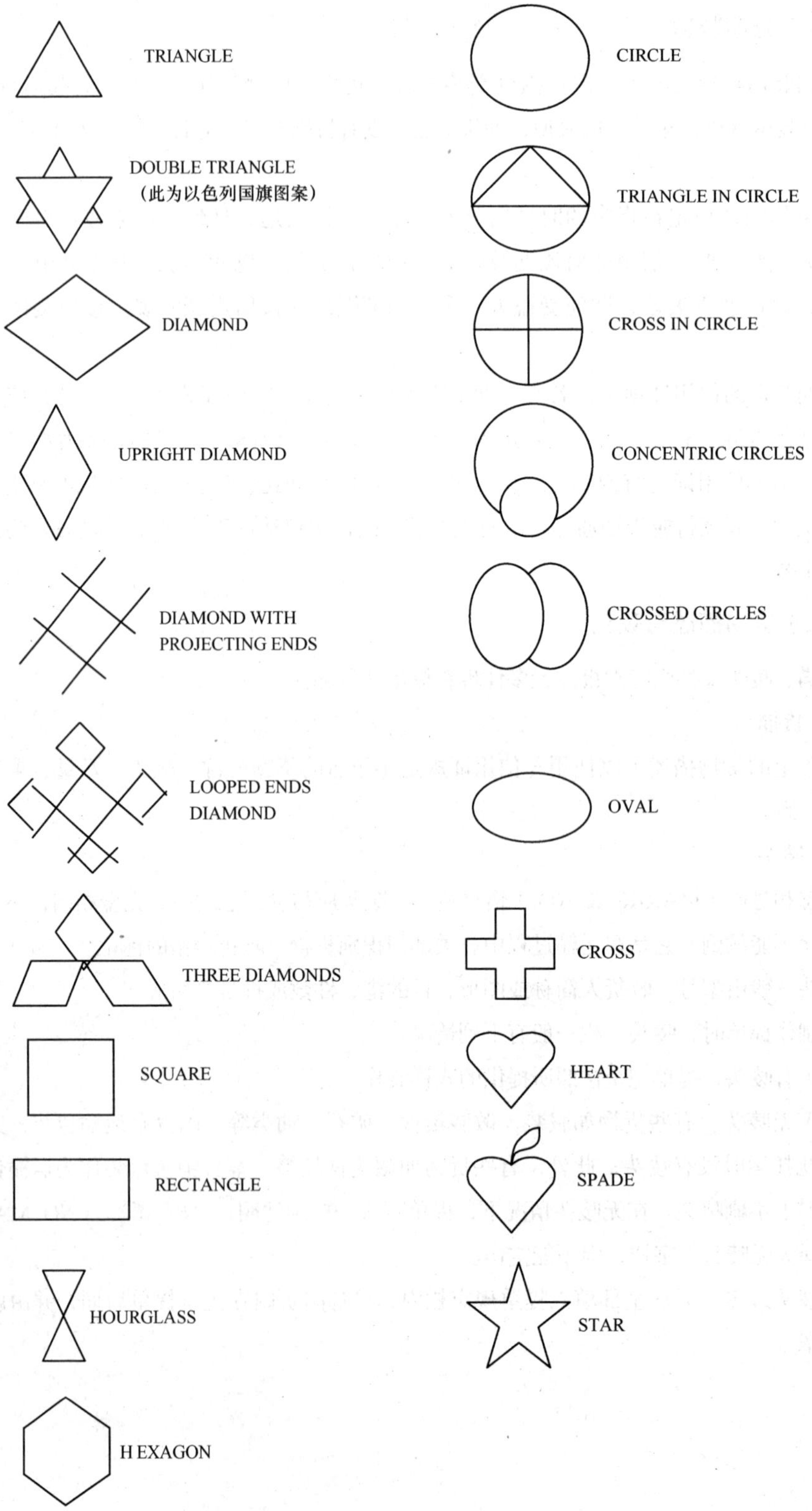

TRIANGLE

DOUBLE TRIANGLE
（此为以色列国旗图案）

DIAMOND

UPRIGHT DIAMOND

DIAMOND WITH
PROJECTING ENDS

LOOPED ENDS
DIAMOND

THREE DIAMONDS

SQUARE

RECTANGLE

HOURGLASS

H EXAGON

CIRCLE

TRIANGLE IN CIRCLE

CROSS IN CIRCLE

CONCENTRIC CIRCLES

CROSSED CIRCLES

OVAL

CROSS

HEART

SPADE

STAR

3．满足 UCP600 的相应规定

运输单据不得表明货物装于或将装于舱面（ON DECK）。但是，在提单背面承运人的免责条款中若加列“GOODS MAY BE CARRIED ON DECK”（货物可能装舱面），是可以接受的。银行不接受的是提单正面明确注明货装舱面的提单。

若提单表面注明“SHIPPER'S LOAD AND COUNT”（发货人装载和计数）或“SAID BY SHIPPER TO CONTAIN”（内容据发货人报称），银行可以接受。

提单表面不得注明“SBUJECT TO A CHARTER PARTY”（受租船合同约束）。

4．体现信用证的其他要求

有时信用证对提单提出某些特殊要求，这些特殊要求必须在提单上予以体现。如“提单上必须注明信用证号”，或“提单上必须注明合同号”，或“提单上必须注明下列内容……”等。在制作提单时，必须在空白处按其要求注明。

【例 6-10】信用证规定“GOODS MUST BE TRANSHIPPED AT HONGKONG BY AMERICAN SEALAND SERVICE INC. AND B/L MUST INDICATE THAT.”（货物必须在香港转美国海陆公司船并必须记载于提单）。

在缮制提单时，必须在提单上注明“TO BE TRANSHIPPED AT HONGKONG BY AMERICAN SEALAND SERVICE INC”（将在香港转装美国海陆公司船）。

【例 6-11】信用证要求发货人注明“集装箱运输”字样，尽管有些船公司采用全程集装箱运输，但根据这种要求，宜在提单上加注“CONTAINER SHIPMENT”字样。

【例 6-12】若信用证规定“STOWED UNDER DECK”（货装舱内）。按照海上运输惯例，装入舱内的货物可不必在提单上做如此批注。但由于有些船公司在提单条款中有“承运人有权将货装甲板”的规定，因此在遇有上述规定时，应在提单上加注“STOWED UNDER DECK”字样。

（八）清洁提单

银行只接受清洁运输单据。清洁运输单据指单据表面未载有明确宣称货物或包装有缺陷的条款或批注的运输单据。即使信用证要求运输单据为“CLEAN ON BOARD”（清洁已装船），“CLEAN”（清洁）一词并不需要在运输单据上出现。

1．清洁提单的表示方法

载有明确声明货物或包装状况有缺陷的条款或批注的提单为不清洁提单，银行不接受不清洁提单。

未明确声明货物及/或包装状况有缺陷的条款或批注，不构成不符点。例如，“PACKAGING MAY NOT BE SUFFICIENT FOR THE SEA JOURNEY”，说明包装状况可能无法满足海运航程，并没有确定一定无法满足海运，因此不是不良批注，是可以接受的；如果批注“PACKAGING IS NOT SUFFICIENT FOR THE SEA JOURNEY”，表明该包装是无法满足海运航程的，构成不良批注，银行不接受有类似这种不良批注的运输单据。

如果信用证要求“CLEAN ON BOARD BILL OF LADING”（清洁已装船提单），只要提单表明已装船且表面没有任何不良批注即可，无需出现“CLEAN”字样，有无“CLEAN”字样并不影响提单的清洁状态。

只要提单上没有明确声明货物或包装有缺陷，即使提单上出现“CLEAN”（清洁）字样，但又被删除，也不视为不清洁批注或不清洁。

2．如何避免不清洁批注引起的纠纷

需要注意的是，银行不易判断个别批注是否清洁，即使勉强做出判断，也容易引起争议。为了避免造成争执，浪费时间，进出口双方在签订合同时，应就货物性质、包装、运输方式、运输路线给予充分考虑，并在信用证中予以明示，例如运输单据上哪些批注可以接受，哪些不可以接受。

（九）运费和额外费用

1．运费

申请人和开证行在信用证中应明确要求单据表明运费预付还是到付。如果信用证要求提单注明运费已付或到付，则提单必须有相应标注。

运费已付的表示方法有：

（1）FREIGHT PREPAID；

（2）FREIGHT HAS BEEN PREPAID；

（3）FREIGHT HAS BEEN PAID。

FREIGHT PREPAYABLE（运费可预付）、FREIGHT TO BE PREPAID（运费应预付）都不表示运费已付。

运费待付的表示方法有：

（1）FREIGHT COLLECT；

（2）FREIGHT TO COLLECT；

（3）FREIGHT TO BE COLLECTED；

（4）FREIGHT PAYABLE AT DESTINATION；

（5）FREIGHT TO BE PAID/PAYABLE AT DESTINATION。

例如，出口商以 FOB 新港与新加坡商人达成买卖合同，新加坡商人转手以 CFR 价格卖给菲律宾商人。新加坡商人开来的信用证价格为 FOB 新港，要求运到 MANILA SOUTH PORT，提单须表明 FREIGHT PREPAID。而后，新加坡商人预先计算运费，并电汇至出口商，或者要求开证行在信用证上注明“运费由买方负担，允许受益人证外超支”。这样，作为中间商的新加坡商人，通过卖方代付运费而后偿付的形式简化了中间的操作手续。

2．额外费用

银行将接受提单等运输单据以印戳或其他方式批注运费以外的附加费用，如有关装卸或类似作业引起的费用或开支。如果进口商不愿意承担这些附加费用，应在信用证中明确注明“COSTS ADDITIONAL TO THE FREIGHT NOT ACCEPTABLE”（附加费用不可接受）。大宗商品的进口更应注意。

如果信用证规定运费之外的额外费用不可接受，提单不得表示运费之外的其他费用已产生或将要产生，由于延迟卸货或货物卸载之后的延迟可能产生的费用，如集装箱延期归还的费用，不属于额外费用。

常见的额外费用的表示方法有：

（1）FREE IN（简写 FI）（装货船方免责）；

（2）FREE OUT（简写 FO）（卸货船方免责）；

（3）FREE IN AND OUT（简写 FIO）（装卸货船方免责）；

（4）FREE IN AND OUT STOWED（简写 FIOS）（装卸货及堆积船方免责）；

（5）PORT CONGESTION SURCHARGE（港口拥塞费）；

（6）HEAVY LIFT SURCHARGE（重物吊装费）；

（7）CFS SERVICE CHARGE（散装货装运费）；

（8）CY SERVICE CHARGE（整箱货吊装费）；

（9）INLAND HAULAGE CHARGE（内陆运输费）；

（10）ON CARRIAGE（继续承运费）。

（十）全套正本

海运提单无论是只有一份正本，还是多份正本，必须提交全套正本。

一套正本提单一般是一式三份（3/3），每份正本提单的效力是相同的，凭其中一份提货，其他各份均告失效。为防止出口商利用数份正本进行一货两卖，提单必须注明正本份数。

一套 3/3 正本提单的常见表示方法有 FIRST ORIGINAL（第一份正本）、SECOND ORIGINAL（第二份正本）、THIRD ORIGINAL（第三份正本）；或 ORIGINAL（第一份正本）、DUPLICATE（第二份正本）、TRIPLICATE（第三份正本）。

提单一般本身有一个栏目用来标明全套正本的份数，有时正本份数也出现在提单预先印就的声明中，例如“IN WITNESS WHEREOF THREE（3）ORIGINAL BILLS OF LADING HAVE BEEN SIGNED，ONE OF WHICH BEING ACCOMPLISHED，THE OTHERS TO BE VOID”。

实务中，如果货方不是在目的港提货，船公司会要求他提供全套正本提单。另外，提单的背书转让也应是在全套提单上背书，部分背书受让人不会接受。

（十一）签署

提单除要于正面注明承运人（CARRIER）名称外，还必须经承运人（CARRIER）、船长（MASTER）、承运人的代理人（AGENT FOR OR ON BEHALF OF CARRIER）、或船长的代理人（AGENT FOR OR ON BEHALF OF MASTER）签字或证实。

常见的表示方法有：

（1）XYZ SHIPPING CO.

AS CARRRIER

王××（签字）

承运人为 XYZ SHIPPING CO.，并由 XYZ 运输公司的王××签字证实。

（2）ABC CO.

AS AGENT FOR (OR ON BEHALF OF) THE CARRIER

XYZ SHIPPING CO.

王××（签字）

承运人为 XYZ SHIPPING CO.，并由其代理人 ABC 公司的王××签字证实。

（3）ABC CO.

王××（签字）　AS AGENT FOR (OR ON BEHALF OF)

THE CARRIER ABOVE NAMED

承运人已由提单表面其他地方注明，并由其代理人 ABC 公司的王××签字证实。

（4）JAMES（签字）

AS MASTER OF THE CARRIER XYZ SHIPPING CO.

签署方式中已表明承运人为 XYZ 运输公司，并由船长 JAMES 签字证实。

（5）ABC CO.

王××（签字）

AS AGENT FOR (OR ON BEHALF OF) THE MASTER JAMES

OF THE CARRIER XYZ SHIPPING CO.

签署方式中已表明承运人为 XYZ 运输公司，并由船长 JAMES 的具名代理人王××签字证实。

在第四种和第五种签署方式中，可以不体现承运人的名称，但提单表面其他地方仍须表明承运人的名称。

（十二）背书

1．提单背书的种类

提单背书有以下五种。

（1）记名背书。

所谓记名背书（Special Endorsement；Full Endorsement），系指除由背书人（Endorser）签名外，还要注明被背书人（Endorsee）姓名的背书方式。其表现形式如图 6-1 所示。

Deliver to **XYZ COMPANY ONLY**

ABC TRADING CO., LTD

(SIGNATURE)

(Manager-James Chen)

图 6-1　记名背书

XYZ 公司取得提单后，可以同样方式背书转让给他人。这种背书方式，如果背书不连续，持单人不能主张其权利。

（2）空白背书。

空白背书（Blank Endorsement；Endorsement in Blank）指仅由背书人签名，而不记载被背书人姓名的背书方式。其形式如图 6-2 所示。

For ABC TRADING CO., LTD
(SIGNATURE)
(Manager-James Chen)

图 6-2 空白背书

由 ABC 公司经理背书后，任何一位提单持有人均可主张提单上所记载的权利。一般开证行都以空白背书方式转让，例如“TO ORDER OF SHIPPER，BLANK ENDORSED”或“TO ORDER，ENDORSED IN BLANK”。

采用记名式背书时，若持有人不能实现其权利，所有背书人均负连带责任。但若采用空白背书，则有关银行没有在提单上签字的必要，也就不存在承担连带责任的问题。

（3）指示背书。

背书时，由背书人在提单背面记载“DELIVER TO THE ORDER OF ”（交给某某所指定的人），这种背书方式为指示背书（ENDORSEMENT TO ORDER）。其表现形式如图 6-3 所示。

Deliver to the order of **XYZ COMPANY**
ABC TRADING CO., LTD
(SIGNATURE)
(Manager-James Chen)

图 6-3 指示背书

（4）选择不记名式背书。

背书人背书转让时，注明“DELIVER TO ××× OR BEARER”（交给某人或持单人），这种背书方式称为选择不记名式背书。其表现形式如图 6-4 所示。

Deliver to **XYZ COMPANY or bearer**
ABC TRADING CO., LTD
(SIGNATURE)
(Manager-James Chen)

图 6-4 选择不记名式背书

（5）选择指示式背书。

背书人背书转让时，注明“DELIVER TO ××× OR ORDER”（交给某人或其指定的人），这种背书方式称为选择指示式背书。其表现形式如图 6-5 所示。

Deliver to **XYZ COMPANY or order**

ABC TRADING CO., LTD

(SIGNATURE)

(Manager-James Chen)

图 6-5 选择指示式背书

2. 信用证项下提单背书实例

在信用证交易中，提单是否应由托运人背书，如需背书，应采取哪一种背书方式，视信用证的规定而异。

（1）当信用证做如下规定时：

B/L TO BE ISSUED TO ORDER AND

①ENDORSED TO ×××，托运人采取记名式背书；

②ENDORSED TO ORDER OF ×××，托运人采取指示式背书；

③ENDORSED TO ××× OR ORDER，托运人采取选择指示式背书；

④ENDORSED TO ××× OR BEARER，托运人采取选择记名式背书；

⑤BLANK ENDORSED，托运人采取空白背书。

（2）当信用证做如下规定时：

B/L TO BE ISSUED TO ORDER OF SHIPPER

①ENDORSED TO ×××，托运人采取记名式背书；

②ENDORSED TO ORDER OF ×××，托运人采取指示式背书；

③ENDORSED TO ××× OR ORDER，托运人采取选择指示式背书；

④ENDORSED TO ××× OR BEARER，托运人采取选择记名式背书；

⑤BLANK ENDORSED，托运人采取空白背书。

（3）当信用证做如下规定时：

①B/L TO BE ISSUED TO ORDER OF OPENING BANK （OR BUYER）

②B/L TO BE ISSUED TO OPENING BANK OR ORDER

③B/L TO BE ISSUED TO OPENING BANK （OR BUYER）

④B/L TO BE ISSUED TO OPENING BANK OR BUYER

⑤B/L TO BE ISSUED TO BEARER

托运人不必在提单上背书。

（4）当信用证做如下规定时：

B/L MUST INDICATE ACCOUNTEE AS SHIPPER AND ISSUED TO ORDER.

托运人不必在提单上背书。

B/L MUST INDICATE NEUTRAL（THIRD）PARTY AS SHIPPER AND ISSUED TO ORDER.

由作为托运人的第三方在提单上背书。

（十三）更正和更改

提单上的更正和更改必须经过证实，证实必须由承运人、船长或他们的代理人签字或签章完成，该代理人可以与出具或签署提单的代理人不同，但要注明其作为承运人或船长的代理人身份。

对于正本提单上可能做过的任何更正或更改，其不可转让的副本无须加具任何签字或证实。

图 6-6 所示为海运提单范例。

1. Shipper Insert Name, Address and Phone
AIGE IMPORT & EXPORT COMPANY
ROOM 2501, JIAFA MANSION, BEIJING WEST ROAD, SHANGHAI
200001, P.R.CHINA

B/L No.
COBL0001082

2. Consignee Insert Name, Address and Phone
TO ORDER

国际货运有限公司

INTERNATIONAL TRANSPORTATION CO.,LTD.

ORIGINAL

Port-to-Port or Combined Transport

BILL OF LADING

3. Notify Party Insert Name, Address and Phone
(It is agreed that no responsibility shall attach to the Carrier or his agents for failure to notify)
RIQING EXPORT AND IMPORT COMPANY
P.O.BOX 1589, NAGOYA, JAPAN

RECEIVED in external apparent good order and condition except as other-Wise noted. The toTALSW number of packages or unites stuffed in the container,The description of the goods and the weights shown in this Bill of Lading are Furnished by the Merchants, and which the carrier has no reasonable means Of checking and is not a part of this Bill of Lading contract. The carrier has Issued the number of Bills of Lading stated below, all of this tenor and date, One of the original Bills of Lading must be surrendered and endorsed or sig-Ned against the delivery of the shipment and whereupon any other original Bills of Lading shall be void. The Merchants agree to be bound by the terms And conditions of this Bill of Lading as if each had personally signed this Bill of Lading.
SEE clause 4 on the back of this Bill of Lading (Terms continued on the back Hereof, please read carefully).
*Applicable Only When Document Used as a Combined Transport Bill of Lading.

4. Combined Transport* Pre - carriage by	5. Combined Transport* Place of Receipt
6. Ocean Vessel Voy. No. TBA 011W	7. Port of Loading SHANGHAI
8. Port of Discharge NAGOYA	9. Combined Transport* Place of Delivery

Marks & Nos. Container / Seal No.	No. of Containers or Packages	Description of Goods (If Dangerous Goods, See Clause 20)	Gross Weight Kgs	Measurement
CANNED LITCHIS JAPAN C/NO.1-1000 MADE IN CHINA	1000CARTONS	CANNED LITCHIS 850Gx24TINS/CTN FRIGHT COLLECT	22440KGS	22.588CBM

Description of Contents for Shipper's Use Only (Not part of This B/L Contract)

10. ToTALSW Number of containers and/or packages (in words)
Subject to Clause 7 Limitation

11. Freight & Charges	Revenue Tons	Rate	Per	Prepaid	Collect
Declared Value Charge					

Ex. Rate:	Prepaid at	Payable at	Place and date of issue SHANGHAI 2010-06-24
	Total Prepaid	No. of Original B(s)/L 3/3	Signed for the Carrier, AIGE IMPORT & EXPORT COMPANY

LADEN ON BOARD THE VESSEL

DATE 2010-06-24 BY

AIGE ZHANG

图 6-6 海运提单

第二节 不可转让海运单

一、不可转让海运单的应用

不可转让海运单（Non-Negotiable Sea Waybill）是证明海上运输合同和货物由承运人接管或装船，以及承运人保证据以将货物交给海洋运单所载明的实际收货人的一种不可流通的海上货运单据。

由于不可转让海运单能方便进口商及时提货、简化手续、节省费用、提高效率，越来越多的国家和地区倾向于使用此种海运单。特别是 EDI 技术在国际贸易中被广泛使用的情况下，海运单更适用于电子数据交换信息。

（一）近洋运输的需要

在近洋贸易中，装运港与目的港之间运距较近，交单时间慢于交货时间，在信用证付款方式下，海运提单经议付行、保兑行、开证行等多个环节后，才能到达进口商手中。由于存在银行审单时间和邮寄在途时间，单据到达进口商时，货物往往先期到达卸货港，造成滞港；进口商如果凭开证行的担保提货，又要支付一定费用。

为了解决这一问题，使用传统的海运提单时，进口方在开立的信用证条款中，往往要求出口方在最快的时间通过快递公司，将一份正本提单寄往进口方，以便尽快组织接货，其他的正本单据缮制完成后，向银行交单议付。这种情况下，出口方要承担“货款两失”的风险。但在买方市场条件下，卖方为了获得订单，往往不得不同意这种做法。而运用不可转让海运单作为结算单据，卖方即使对银行交单结汇，也有权变更收货人名称，即卖方始终拥有货物的控制权，风险较小。

（二）跨国公司开展公司内贸易的需要

跨国公司迅速发展与生产要素的跨国移动，使产业内贸易、公司内贸易的比重日益提高。跨国公司以世界市场为舞台，利用和重组世界各地的自然资源、资金、技术、人才、劳动力等生产要素，组织全球性的生产和销售，使国际贸易方式从产业间贸易、产业内贸易向企业内贸易转化。在结算单据方面，不可转让海运单为跨国公司开展公司内贸易提供了方便，便于总公司与子公司之间、子公司与子公司之间高效率地进行国际贸易结算。

二、与海运提单的比较

（一）相同点

1. 要式项目相同

海运提单与不可转让海洋运单的要式项目相同，都载有以下内容：

（1）表面注明承运人的名称；

（2）经承运人、船长或他们的具名代理或代表签署；

（3）标明船名、货物已装船、装船日期及签发日期；

（4）注明信用证规定的装货港和卸货港；

（5）注明正本份数；

（6）表面无不清洁批注；

（7）不得注明受租船合同约束；

（8）包括所有承运条款或某些条款必须参阅提单以外的某一出处；

（9）其他方面符合信用证的规定。

2．部分功能相同

海运提单与不可转让海洋运单都具有货物收据、运输合同的功能。可以凭不可转让海洋运单向船公司（或代理人）、保险公司（或代理人）、贸易商等相关当事人，处理国际贸易中有可能出现的货物、保险、索赔、海事等问题或纠纷。

3．适用的规则相同

根据海运实践的需要，1990 年国际海事委员会通过了《1990 年国际海事委员会海运单统一规则》，该规则既适用于不可转让海运单的运输合同，也适用于全部海运的运输合同和含有海运的多式联运合同。

（二）不同点

1．部分功能不同

海运提单具有货物收据、运输合同、物权凭证的功能；不可转让海洋运单只具有货物收据和运输合同的功能。

海运提单是物权凭证，不可转让海洋运单不是物权凭证。

海运提单的持有人为货物所有人，拥有对货物的所有、使用和支配权。

2．用途不同

承运人提交传统的海运提单以领取货物不适用于近洋运输。这是因为，近洋运输中，货物总是先于通过银行渠道的提单到达卸货港，易延误清关时间，开证申请人不仅要承担滞港费，还要承担因迟提货错过商机而造成的销售损失。传统的海运提单作为可转让单据，适用于货物在远洋运输的过程中出售，这可以通过背书转让来实现。海运单适用于近洋运输。

3．使用方式不同

海运提单是流通性单据，即可通过背书进行转让，因此收货人需凭提单提货。

不可转让海运单是一种非流通性收据，因此其收货人一栏采用记名式，即注明实际的收货人，不能做指示性抬头“TO ORDER”。收货人无需出示该运单，只需证明其为海运单上指明的收货人即可，承运人也不必收回该运单。

因此，海运提单是“认单不认人”，不可转让海运单是“认人不认单”。

4．风险不同

总体而言，海运提单的风险低于海洋运单。

对于出口商来说，海运单项下的出口货物只能交易一次，对于进口商违约和市场风险的防范能力较小，而海运提单项下的出口货物可以通过背书进行多次转让、交易。

对于进口商而言，进口商是海运单的收货人，不是运输合同的签订人，与承运人无契约关系，如出口商交单议付取得款项后，却通知承运人变更收货人名称，进口商的权益将受到威胁。

三、缮制要点

对不可转让海运单的审核主要遵循 UCP600 第 21 条的有关规定。

（一）收货人应做成记名抬头

不可转让海运单是一种非流通单据，不可背书转让。因此其收货人一栏采用记名式，即注明实际的收货人，不能做成“TO ORDER”（指示抬头）或“TO ORDER OF ×××”（凭×××指示）。

（二）其他

UCP600 第 21 条对不可转让海运单的要求，与第 20 条对海运提单的要求大致相同。两种单据之间，除因各自性质不同致收货人填写方式不同外，其他各项内容的缮制与审核完全相同。

第三节　租船合同提单

一、班轮运输与租船运输

为了适应不同货物和不同贸易合同对运输的不同需要，合理运用船舶的运载能力，当前国际上普遍采用班轮运输和租船运输两大类远洋船舶营运方式。对这两类船舶营运方式有一个初步了解，能更好地掌握 UCP600 中有关海洋运输的条款。

（一）班轮运输（Liner Shipping）

班轮，又称定期船（Regular Ship Shipping）或邮船，是按预定的航行时间表，沿固定的航线，从事各基本港口间货物运输的船舶。国际海洋运输中，除大宗商品，对零星成交、多批量且到港分散的货物，大多采用班轮运输方式。

班轮运输的主要特点是：

（1）固定航线、固定港口、固定船期和相对固定的费率，而且，通常班轮公司都负责转运。

（2）运费相对稳定，受国际航运市场行情的影响小，且运价中已包括所有装卸、理舱、配载在内的作业及相关费用。所以在班轮条件下，承运人管装管卸，承托双方不计算滞期费和速遣费。

（3）承运人与托运人之间处理纠纷所依据的是班轮提单（长式提单），这种提单背面附有有关权利、义务的条文，因而容易被银行所接受。

国际贸易海洋运输中，零星货物、一般杂货大多采用班轮运输的方式。

（二）租船运输

租船运输属于不定期船运输范围（Tramp Ship Shipping）。价值较低的大宗货物（如粮食、饲料、食糖、化肥、矿砂、石油、煤炭、水泥、木材、硫磺、磷矿石等），或交货期较集中，或发货港与目的港间无直达航班时多采用租船运输的方式。

1．租船运输的基本特点

（1）航线、装卸港口、船期均不固定。

（2）有关运输条件、当事人的权利和义务经货主与船东洽商后，须以租船合同的形式确定下来。

（3）有关运价按市场供求变化进行调整，在某一地区，当船多货少时，船舶供过于求，运价下跌，反之运价上升。

（4）租船运价较班轮运价要低得多。原因在于：

① 租船的质量、效率尤其是速度较班轮差，造价较班轮便宜。

② 租船运输一般为满载，没有空舱损失。

③ 租船方式所装载的一般为低价货。

④ 随着装载大宗货物的船舶向大型化、专用化发展，租船运输的成本随之降低。

⑤ 租船运价属竞争性价格，而班轮运价在多数航线上属工会垄断价格。

世界海运干货中，通过租船运输的数量占 80%以上，油轮运输中采用租赁方式的超过 50%。

2．租船运输的主要方式

（1）航次租船（Voyage Charter），又称程租船，是船舶所有人或出租人负责提供船舶，在指定港口之间进行一个或数个航次，并承运指定货物的租船运输。定程租船方式简单易行，租船人不必操心船舶的调度、支配问题，而且容易估算出单位重量的运价。因此，对单一货类或装卸港较少的大宗货，定程租船是比较普遍的运输方式。

（2）定期租船（Time Charter）又称期租船，船舶所有人或出租人将船舶出租给承租人，供其在一定时期内使用。在定期租船下，租船人须负责有关船舶管理的技术性工作，如了解船舶的性能、质量及规范，特别是要调查起重设备、货舱结构及布局是否与货物装载相配套，航行速度及耗油量是否达到预期经济效果等方面的问题，须具备基本的航海知识和配套技术等等。因此，除非特别需要，货主一般不采用这种运输方式。

（3）光船租船（Bare Boat Charter）是船舶所有人将不配备船员的空船出租给承租人，供其在一定时期内使用。租方自行配备船长与船员，自定航次，并经营管理船舶。

当前国际上主要的租船运输方式是定程租船与定期租船两种。

二、运输合同

海洋运输合同主要有以下两种。

（一）件杂货运输合同

件杂货运输合同（Freight Contract for Parcel Shipment），又称零担运输合同，是指作为承运人的船舶所有人或船舶承租人承揽杂货运输，而作为托运人的货方则按约定支付运费的合同。这种合同通常是班轮运输所采取的，多以提单的形式表现出来，即提单作为这种运输合同的证明而应用广泛。

（二）租船合同

租船合同（Charter Party）是指船舶出租人以收取租金或运费为条件，在一定的期限内，将船舶全部或部分提供给承租人装载和运输货物的合同，包括程租船合同、期租船合同和光船租船合同。光船租船合同只是一种财产租赁合同，不属于海上货物运输合同。信用证项下的国际贸易中通常以程租船合同为主。

程租船合同，又称航次租船合同，是指船舶出租人（Owner）向承租人（Charterer）出租船舶或船舶的部分舱位，装运约定的货物，从一港运到另一港，由承租人支付约定运费的合同。航次租船合同规定了在航次租船条件下，船舶出租人与承租人之间的法律关系，以及他们各自的权利和义务。这些条款可能包括诸如责任条款、装卸费用条款、装卸时间条款、滞期速遣条款、留置权条款等。当事人常常以国际上相关航运组织及货主组织制定的合同范本为基础，结合不同航线、不同货种、不同租船方式制订租船合同。签订租船合同完全遵循合同自由原则，当事人可以对范本做必要的补充和修订。

三、获得租船合同提单的途径

获得租船合同提单有两种途径（见图 6-7）。

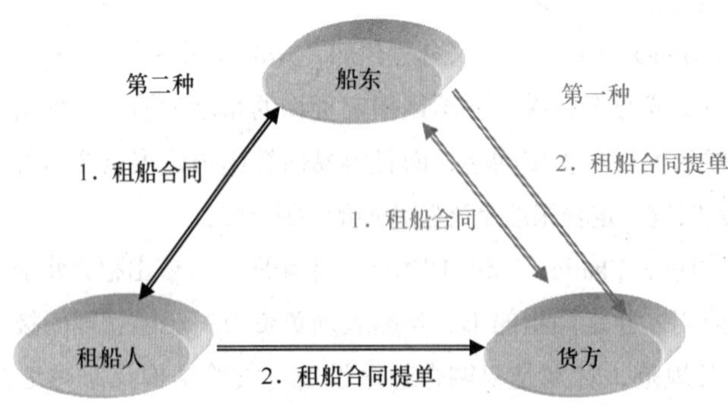

图 6-7　获得租船合同提单的途径

第一种，若货方货运量较大，需要整船租赁运输，则货方通过货代联系船东，与船东签订租船合同，并由船东直接签发租船合同提单给货方。

第二种，货运承揽人与船东签订租船合同，船东预留已签署的空白提单在货运承揽人处，货方货运量较少时，直接向货运承揽人租赁若干舱位，货运承揽人将相关信息填写在船东预留的已签署的提单上。这种提单受货运承揽人与船东签订的租船合同的限制，也是租船合同提单。

有些租船合同提单使用专门设计的格式，有些则使用本公司一般海运提单的格式签发租船合同提单。根据 UCP600 第 22 条 a 款的有关规定，无论该提单使用何种名称，只要含有以租船合同为准（SUBJECT TO CHARTER PARTY）的声明，即为租船合同提单。

小知识

为什么银行不愿意接受租船合同提单？

租船合同提单只是一种简式提单，只记载货名、数量、装货港和卸货港等内容，其他条款依照租船合同办理，因此，租船提单不是一份独立性文件。当提单条款与合同相抵触时，以租船合同为准，提单就失去效力。

租船合同提单不像海运提单那样直观，银行和第三者无法从提单上了解租船合同的内容，容易遭受不测损失。例如，在租船合同中往往有留置条款，规定如果承租人未缴纳船费及其他费用，则出租人保留拒绝交货的权利，甚至可以拍卖货物予以抵偿。信用证项下很多交易是以货物做抵押，货物任凭拍卖，银行的权益无从保障。

而且，若货方通过货运承揽人租船运货，船东与货运承揽人之间签订租船合同，货运承揽人与货方之间签订“出口货运委托书”或类似协议，这样，货方此次货运行为就受到两份契约的约束，若提单再被转让给第三者，一旦发生纠纷，面对多个当事人之间纷繁复杂的关系，无论是银行还是货方，都很难独立承担责任处理。

小知识

货运承揽人出具的运输单据是否可以接受?

如果货运承揽人（FREIGHT FORWARDER）作为承运人（CARRIER）或多式联运经营人（MULTIMODAL TRANSPORT OPERATOR），或者作为承运人或多式联运经营人的代理人（AGENT）签发运输单据，银行可以接受。除非信用证另有规定，银行不接受货运承揽人以货运承揽人身份签发的运输单据。

四、缮制要点

租船合同提单的缮制和审核要点要遵循 UCP600 第 22 条和 ISBP 第 115～134 条的有关规定。需要注意的是，除非信用证要求或允许租船合同提单，否则银行不接受这一运输单据。

（一）签署方式

1．表面由船长、船东、租船人或其代理签署

租船合同提单表面经船长（MASTER；CAPTAIN）或船东（OWNER）或租船人（CHARTERER），或他们的具名代理人（AGENT）签字或证实。船长、船东或租船人的任何签字或证实，必须表明船长、船东，或租船人的身份。代理人代其行事签字或证实时，亦须表明其所代表的船长、船东，或租船人的身份，在此情况下，无须注明船长姓名，但必须显示租船人或船东的名称。例如：

（1）船长签字或证实，船长签署可以不必额外标明船长的名字。

SMITH（SIGNATURE）AS MASTER

（2）船东签字或证实。

SMITH（SIGNATURE）AS OWNER

（3）租船人签字或证实。

SMITH（SIGNATURE）AS CHARTERER

（4）船长代理签字或证实，船长的名字可不必显示。

SMITH（SIGNATURE）FOR（OR ON BEHALF OF）THE MASTER

（5）船东代理签字或证实。

SMITH（SIGNATURE）FOR（OR ON BEHALF OF）JOHNSON THE OWNER

（6）租船人代理签字或证实。

SMITH（SIGNATURE）FOR（OR ON BEHALF OF）JOHNSON THE CHARTERER

2．可以不注明承运人名称

海运提单必须注明承运人名称，而租船合同提单注明或不注明承运人名称均可。在实务中，很多租船合同提单并不注明承运人名称。

海运提单之所以要求注明承运人名称，因为承运人是货物运输的责任人。货物的接收、运送、交付及风险均由他负责，只有注明了这一责任人，货方才可凭提单向其主张权利。

租船合同提单的责任主要是依据租船合同划分，而船东往往是以承运人的身份与货方签订合同，只要该提单由船东或担当着船东代理角色的船长或租船人或他们的代理签发，并标明自己及其所代表的船长或船东的身份，使包括托运人、受让人、收货人在内的货方能够凭提单向其主张权利，该提单是否注明承运人的名称也就无太大意义了。因此，租船合同提单可以不注明承运人名称。

（二）受租船合同约束

租船合同提单表面通常载有“SUBJECT TO CHARTER PARTY”（受租船合同约束）或类似的语句，但银行并不审核租船合同。即使信用证要求提交与租船合同提单有关的租船合同，银行对该租船合同也不予审核，而将予以照转而不承担责任。

（三）装货港与卸货港

租船合同提单必须注明信用证规定的装货港和卸货港。与海运提单相同，如果信用证规定的装货港为某一地理区域或范围，则租船合同提单必须注明实际的装货港，且该装货港必须位于 L/C 规定的地理区域或范围内。与海运提单不同的是，如果信用证规定的卸货港为某一地理区域或范围，则租船合同提单可用地理区域或范围表示卸货港。

举例如下。

（1）L/C 规定 PORT OF DISCHARGE：EUROPEAN PORT，租船合同提单在卸货港栏直接打印“EUROPEAN PORT”即可。

（2）L/C 规定 PORT OF DISCHARGE：SINGAPORE OR HONGKONG，租船合同提单在卸货港栏直接打印“SINGAPORE OR HONGKONG”即可。

（四）转运

由于租船合同提单大多承运的是散装货，不可能在运输过程中将货物卸下再装上另一船只运往卸货港，所以租船合同提单不能显示货物发生转运。

（五）其他

其他方面，租船合同提单的缮制和审核要点与海运提单相同。

（1）托运人、收货人和到货通知人的填写应与信用证要求一致；

（2）已装具名船只，装船批注正确；

（3）分批分期装运符合信用证的规定；

（4）提交全套正本清洁提单，并注明正本份数；

（5）未注明载运船只仅以风帆为动力；

（6）货描可以使用与信用证规定不矛盾的统称，运费等符合信用证的规定，数量、重量等与其他单据一致。

图 6-8 所示为租船合同提单范例。

1. Shipbroker	RECOMMENDED THE BALTIC AND INTERNATIONAL MARITIME COUNCIL UNIFORM GENERAL CHARTER (AS REVISED 1922, 1976 and 1994) (To be used for trades for which no specially approved form is in force) CODE NAME: "GENCON" Part I
	2. Place and date
3. Owners/Place of business (Cl. 1)	4. Charterers/Place of business (Cl. 1)
5. Vessel's name (Cl. 1)	6. GT/NT (Cl. 1)
7. DWT all told on summer load line in metric tons (abt.) (Cl. 1)	8. Present position (Cl. 1)
9. Expected ready to load (abt.) (Cl. 1)	
10. Loading port or place (Cl. 1)	11. Discharging port or place (Cl. 1)
12. Cargo (also state quantity and margin in Owners' option, if agreed; if full and complete cargo not agreed state "part cargo") (Cl. 1)	
13. Freight rate (also state whether freight prepaid or payable on delivery) (Cl. 4)	14. Freight payment (state currency and method of payment; also beneficiary and bank account) (Cl. 4)
15. State if vessel's cargo handling gear shall not be used (Cl. 5)	16. Laytime (if separate laytime for load. and disch. is agreed, fill in a) and b). If total laytime for load. and disch., fill in c) only) (Cl. 6)
17. Shippers/Place of business (Cl. 6)	a) Laytime for loading
18. Agents (loading) (Cl. 6)	b) Laytime for discharging
19. Agents (discharging) (Cl. 6)	c) Total laytime for loading and discharging
20. Demurrage rate and manner payable (loading and discharging) (Cl. 7)	21. Cancelling date (Cl. 9)
	22. General Average to be adjusted at (Cl. 12)
23. Freight Tax (state if for the Owners' account) (Cl. 13 (c))	24. Brokerage commission and to whom payable (Cl. 15)
25. Law and Arbitration (state 19 (a), 19 (b) or 19 (c) of Cl. 19; if 19 (c) agreed also state Place of Arbitration) (if not filled in 19 (a) shall apply) (Cl. 19)	
(a) State maximum amount for small claims/shortened arbitration (Cl. 19)	26. Additional clauses covering special provisions, if agreed

It is mutually agreed that this Contract shall be performed subject to the conditions contained in this Charter Party which shall include Part I as well as Part II. In the event of a conflict of conditions, the provisions of Part I shall prevail over those of Part II to the extent of such conflict.

Signature (Owners)	Signature (Charterers)

Printed by The BIMCO Charter Party Editor

图 6-8　租船合同提单

第四节　多式联运单据

一、多式联运

一些内陆地区的进出口商离货运港口较远，而货物的进出口仅仅依靠海运、空运或内陆运输中任何单一的运输方式都很难完成。如果对所涉及的各种运输方式逐一办理运输手续，势必给托运人增加很多不便；而各式运输承运人各负其责，一旦发生风险也不易理赔。

因此，便需要以一种运输单据涵盖多种（至少两种）运输方式的联合运输方式，这样既减少中间环节，简化托运手续，又能明确货方与承运人的责任，有利于保障货物迅速安全抵达目的地。由于实务的需要，以及集装箱运输的发展与完善，多式联运应运而生。

多式联运（Multimodal Transport；Intermodal Transport；Combined Transport）至少包含海运、空运、公路、铁路、内河运输中的两种运输方式。如果采取同一种运输方式、不同运输工具的结合，例如海运/海运、空运/空运联运不能视作多式运输。

二、多式联运单据

多式联运单据（Multimodal Transport Document，MTD）是一种概称，由于实务中大多数的多式联运都包含海运，故实务中常见的多式联运单据多为多式联运提单，即 Multimodal Transport B/L（简称 MT B/L）和 Combined Transport B/L（简称 CT B/L），二者意义相同。不论是 MT B/L 还是 CT B/L，很多船公司的多式联运提单既用于多式联运，也用于港至港的单一海运。

对出口商来说，采取多式联运单据较单一运输（如海运）更加有利。内地出口商若经海运出口，不仅要雇用车辆将货物运往港口，还要等待海运公司签发装船提单，回到内地后方能交单议付。这不仅缩短了出口商的融资时间，不利于资金周转，还容易造成信用证过期，或超过交单期。而多式联运单据是在货物由承运人及多式运输经营人或他们的代理人在内地监管货物时签发，所有阶段的运输都由其负责。这样，托运人可提早获得单据向银行交单，以便较早得到货款。

小知识

多式联运单据是否是物权凭证？

与海运提单一样，多式联运单据同样具有货物收据、运输合同的证明两种功能。但多式联运单据是否是物权凭证乃至是否可以转让，要根据其所涵盖的最后一段运输方式来判断。

若多式联运的最后一段运输是海运，则多式联运单据是物权凭证，可以转让。若多式联运的最后一段运输不是海运，货交具名收货人，则多式联运单据不是物权凭证，不可转让。

三、多式联运单据与直运提单的比较

在整个运输过程中，只要使用海运、铁路、公路、航空、内河水运等多种方式中任何至少两种运输方式，即可使用多式联运单据。UCP600 在陈述多式联运单据时未强调海运。它对多式联运单据起止地规定为，注明信用证规定的发送、接管或发运地和最终目的地。因此，多式联运的运输路线为内陆接管地—装货港或装货机场或装货地—卸货港或卸货机场或卸货地—最终目的地。

直运提单（Through B/L），又称全程联运提单，与多式联运单据类似，都是使用两种或两种以上运输方式；与多式联运单据一样，只要其要式项目符合 UCP600 第 20 条的规定，也可用于单一的海洋运输，并作为港至港运输的海运提单出具。

直运提单与多式联运单据虽很相似，却有下述本质上的差别。

首先，直运提单属于海运提单范畴，由船公司签发。多式联运单据系由作为承运人（Carrier）的多式联运经营人（Multimodal Transport Operator，MTO）签发，多式联运经营人不一定是船公司。

其次，直运提单涉及至少两种运输方式，货运全程需用不同的运输工具联运到目的地，但其中有一程须为海运；第一阶段的承运人虽然签发全程联运提单并衔接后续运输，但只负其自身运输段的责任，后续运段的责任由履行后续运输的承运人负责。而多式联运经营人签发多式联运单据，并对全程运输负责。

四、缮制要点

（一）表明包含至少两种不同的运输方式

如果信用证要求提交 MULTIMODAL TRANSPORT DOCUMENT（多式运输单据）或 COMBINED TRANSPORT DOCUMENT（联合运输单据）或类似名称的单据，或者要求提交包含两种以上运输方式的运输单据，则受益人必须提交多式联运单据。

多式联运单据表明运输由两种或两种以上运输方式完成，但就采用何种运输方式可不予说明。

（二）注明货物已发送、接管或装船

如果发送（DISPATCH）、接管（TAKEN IN CHARGE）或装船（ON BOARD）在单据表面以预先印就的文字出现，则多式联运单据的签发日期就是发运、接管或装船日期；如果发运、接管或装船在单据表面以加批注的形式出现，则批注日期就是发运、接管或装船日期。批注日期可以早于或迟于单据的签发日期。

（三）注明信用证规定的货物发送、接管或发运地点和最终目的地

多式联运单据必须注明信用证规定的货物发送、接管或发运地点和最终目的地，即使该运输单据另外还载明了一个不同的发送、接管或发运地点或最终目的地。

如果信用证给出了发送地、接管地、装货地和目的地的地理区域（如“任一欧洲港口”），则多式联运单据必须注明实际的发送地、接管地、装货地和目的地，且该地点必须在规定的地理区域或范围内。

（四）“INTENDED”修饰船只、装货港或卸货港

多式联运单据可以在船只、装货港和卸货港前用“INTENDED”（预期的）或类似词

语修饰。

多式联运单据不仅涉及收货地、装货港、卸货港和最终目的地，而且第一段运输往往不是海运。因此，当货物经内地运输再转海运时，多式联运经营人在内地接货签发单据，往往不能确定后一段也就是海运阶段的船名甚至装货港和卸货港。所以，银行接受含有“INTENDED”（预期的）或类似词语限定有关船只、装货港或卸货港的多式联运单据。

多式联运单据只要反映了信用证要求的运输路线，实现门到门的运输即可，而对中途过程则不予控制。

（五）转运

即使信用证禁止转运，银行也将接受表明可能转运或将转运的多式联运单据，只要同一多式联运单据包括全程运输。

使用多式联运单据意味着在运输过程中，运输方式要发生改变。在这种情况下，运输工具的变更是不可避免的，也就不得不发生转运。

因此，进口商在申请开立信用证的过程中，若要求受益人提供多式联运单据，便不宜再禁止转运。比如，将一批货物以陆海联运的方式自沈阳运往美国洛杉矶，信用证规定货物装运地为沈阳，此时便不能禁止转运。

（六）签署方式

多式联运单据表面需注明承运人的名称，并由下列三者之一签署即可：

（1）承运人（Carrier）；

（2）船长（Master；Captain）；

（3）他们各自具名的代理人（Named Agent）。

如果由代理人代表承运人签署多式联运单据，则签字处必须注明其代理人身份，并注明被代理的承运人名称，除非多式联运单据的其他地方已经表明承运人的名称。

如果由船长签署多式联运单据，则签字处必须注明为“MASTER”或“CAPTAIN”的签字，这种情况下，不必注明船长的姓名。

如果由代理人代表船长签署多式联运单据，则签字处必须注明其代理人身份，这种情况下，不必注明船长的姓名。

如果信用证规定“运输行多式联运单据可以接受”或使用类似词语，则多式联运单据可以由运输行以运输行身份签署，而不必表明其为承运人、多式联运经营人或其代理人，单据也不必显示承运人名称。

（七）其他

其他方面，多式联运单据的缮制和审核要点与海运提单相同。例如：

（1）托运人、收货人、通知人的填写应符合信用证要求；

（2）装船日期不得迟于信用证规定的最迟装运日；

（3）分期或分批装运符合信用证的规定；

（4）提交全套正本单据；

（5）不得表明受租船合同的约束等。

小知识

多式联运单据与海运提单的比较

海运提单在特定条件下也能显示两种运输方式。

例如，B/L 做成如下内容。

PORT OF RECEIPT（货物接管地）：SHENYANG（沈阳）

PRECARRIAGE（初始运输工具）：BY TRUCK（卡车）

PORT OF LOADING（装货港）：DALIAN（大连）

PORT OF DISCHARGE（卸货港）：NEW YORK（纽约）

从提单上可以看到，该票货物从接管地沈阳到装货港大连之间用卡车运输，从大连到纽约之间走海运，使用了陆运和海运两种运输方式。但是，承运人只对大连到纽约之间的海洋运输负责，对沈阳到大连之间的陆地运输不负责任。而且，只有当货物在大连装船后，承运人才向出口商签发海运提单。

若采用多式联运，承运人在沈阳接货后，就签发多式联运单据给出口商，并负担从沈阳到纽约的全程运输。

因此，多式联运单据是在货物接管后签发，且承运人或多式联运经营人负责所有运输方式下的全程运输。而 B/L 则是在装船后签发，承运人的承运责任只涉及从装货港到卸货港之间的海运阶段，而不是所有运输方式的整个过程。

第五节　空运单据

一、空运单据的性质和特点

空运单据（Air Transport Document）是作为承运人的航空公司或其代理人接受托运人委托，用飞机装载货物进行运输而签发的货运单据。

（一）空运单据是货物收据和运输合同的证明

空运单据是航空运输的承运人，在收到承运的货物后，签发给托运人的证明文件。

（二）空运单据不是货权凭证

空运单据不是物权凭证，抬头为记名式抬头，货交具名收货人，不能背书转让。国际上大多数航空公司并不要求收货人出示空运单据，而只要提货人能证明其为收货人即可提货。

因此，在实务上，如果货物以航空运输完成交货，信用证大多规定以开证行为收货人，以确保开证行对该项货物的控制权，待进口商付款赎单后，才将空运单据交给进口商办理提货。

鉴于空运单据的特性，出口商也应特别注意，以空运托运时，不宜以进口商为收货人，否则，可能面临进口商一面提货一面挑剔不符点拒付的风险。

二、空运单据的种类

空运单据按其签发人的不同，可分为航空主运单和航空分运单。

（一）航空主运单

由航空公司或其代理人签发的空运单据是航空主运单（Master Air Waybill），也就是一般意义上的空运单据（Air Waybill）。在航空主运单的“AIR WAYBILL NO.”一栏中，字首为国际空运协会（IATA）统一编列的公司代号，一般为 3 位阿拉伯数字，如地中海航空公司为 270，中国国际航空公司为 999；其后为不超过 8 位数字的流水码，为航空公司自编的货号。

（二）航空分运单

由货运承揽人签发的空运单据就是航空分运单（House Air Waybill）。在航空分运单的“AIR WAYBILL NO.”一栏中，字首为货运承揽人的英文代号，或者是起运的城市或机场代号，其后为该公司自编的流水码。

三、缮制要点

如果信用证要求提交机场到机场的运输单据，或者要求提交“AIR WAYBILL”（航空运单）“AIR CONSIGNMENT NOTE”（航空发货通知书），只要单据符合 UCP600 第 23 条的有关规定，覆盖了从机场到机场的运输，即满足了信用证的要求。

（一）托运人、收货人和到货通知人

空运单据的托运人、收货人和到货通知人要符合信用证的有关规定。

一般情况下，托运人为信用证的受益人。

空运单据不是物权凭证，因此收货人应为具名收货人，即做成“CONSIGNED TO ×××”（货交某某人），不能做成“TO ORDER”（凭指示）“TO ORDER OF ×××”（凭×××指示）这类指示性抬头。即使信用证要求空运单据做成“TO ORDER”（凭指示）“TO ORDER OF ×××”（凭×××指示）这类指示性抬头，如果提交的单据表明收货人为该具名收货人，也可接受。

由于空运单据不是物权凭证，提货人只要证明其为空运单据收货人即可提货。因此，在申请人授信开证的情况下，开证行为保障自身利益，往往要求空运单据做成以开证行抬头（CONSIGNED TO THE ISSUING BANK）。若申请人不能付款赎单，开证行可以提货出售弥补损失。

如果信用证没有规定到货通知人，则通知人栏内可以空白，或以任何方式填写。当信用证要求空运单据抬头为开证行时，到货通知人通常为进口商。

（二）注明信用证规定的起飞机场和目的地机场

空运单据需注明信用证规定的起飞机场和目的地机场。用国际空运协会 IATA 代码而非机场全称表明机场名称不是不符点，例如用 LHR 来代替伦敦西斯罗机场是可以接受的。

如果信用证给出出发地机场或目的地机场的地理区域或范围（例如任一欧洲机场），则空运单据必须表明实际的出发地机场及目的地机场，而该机场必须位于信用证规定的地理区域或范围内。这一点与 UCP600 对海运提单装货港和卸货港的要求相同。

（三）注明货物已收妥待运

空运单据必须标明或预先印就货物“ACCEPTED FOR CARRIAGE”（已收妥待运）或类似词语。

海运情况下，货运量较大，若只出具收妥待运提单，有可能进口商收到提单后很久，货物才到港，甚至尚未装船。所以，海运项下必须保证货物已经装船，进口方才能准确预测到达时间。因此，海运提单必须注明货物已装船（ON BOARD）。

在空运情况下，飞机易受天气影响推迟飞行或取消航班，航空公司收到货物后不能保证马上装运。但是，空运货运量较小，装机快，飞行速度高，有可能空运单据还在银行之间流转，货物已先行到达。而且，空运单据不是货权凭证，收货人提货不必提示空运单据。因此，空运单据只注明货物已收妥待运即可。

（四）发运日期

如果空运单据表面没有特别批注，则其出具日期视为发运日期，否则将以批注日期为发运日期。如果信用证要求空运单据表面必须标明实际的发运日期，则单据必须单独批注实际的发运日期。空运单据的发运日期不得迟于信用证规定的最迟装运日。

无论是批注实际的发运日期，还是以出具日期作为发运日期，“FOR CARRIER USE ONLY”（仅供承运人使用）一栏内的飞行日期和航班号不予以考虑。

（五）货物描述

与海运提单一样，空运单据上的货物描述可以使用与信用证规定不矛盾的货物统称，唛头、数量、重量等与其他单据一致。

（六）提交“发货人/托运人联”

空运单据必须表面看来是开给发货人或托运人（ORIGINAL FOR CONSIGNER/SHIPPER）的正本空运单据，即使信用证要求提交全套正本空运单据，受益人只要提交一份“发货人/托运人的正本”即可。

正本空运单据一般是一式三份：一份由托运人签字后留存在航空公司；一份由承运人和托运人签字后随飞机带交收货人；还有一份由承运人签字后交托运人，即开给发货人/托运人的正本联，托运人凭此联可以改变目的地或收货人，但 UCP600 要求托运人在交单议付时要将此联提交给银行，从而在一定程度上削弱了托运人对货权的控制。

（七）分批装运

若货物装载于多架飞机，即使飞机于同一日由同一起飞地飞往同一目的地，也构成分批装运。

如果信用证禁止分批装运，受益人提交了多套空运单据，每套空运单据显示多个起运机场（在信用证规定的范围内）和多个发运日期（在信用证规定的装运期限内），只要该货物是由同一架飞机，并经同一航程，目的地为同一机场，则不视为分批装运，该单据可以接受。这一点与海运提单分批装运的规定相同。

（八）转运

转运指在信用证规定的出发地机场到目的地机场的运输过程中，将货物从一架飞机卸下再装到另一架飞机上继续运输。如果卸货不是发生在出发地机场和目的地机场之间，不视为转运。

即使信用证禁止转运，只要同一空运单据覆盖全程，银行接受注明将发生转运的空运单据。

【例 6-13】 信用证要求货物从北京空运至芝加哥，禁止转运。

提交的空运单据显示如下。

AIR PORT OF DEPARTURE：BEIJING

AIR PORT OF DESTINATION：CHICAGO W/T AT NEW YORK

空运单据显示先后共有两架飞机承运货物，这是否是不符点？

这不构成不符点，原因是该空运单据覆盖了从北京到芝加哥的全程运输。

（九）签署

空运单据表面必须注明承运人的名称，并由承运人或其代理人签署。代理人代表承运人签署时，必须表明其代理人身份。

如果信用证规定“HOUSE AIR WAYBILL IS ACCEPTABLE”（航空分运单可接受）或“FREIGHT FORWARDER’S AIR WAYBILL IS ACCEPTABLE”（货运承揽人空运单据可接受）或类似用语，则空运单据可由货运承揽人以货运承揽人的身份签署，而无须表明其为承运人或具名承运人的代理，无须表明承运人名称。

（十）清洁空运单据

银行不接受载有明确声明货物或包装状况有缺陷的条款或批注的空运单据。

未明确声明货物或包装状况有缺陷的条款或批注，不构成不符点。例如，“PACKAGING MAY NOT BE SUFFICIENT FOR THE AIR JOURNEY”，说明包装状况有可能无法满足空运航程，并没有确定一定无法满足空运，因此不是不良批注，是可以接受的；如果批注“PACKAGING IS NOT SUFFICIENT FOR THE AIR JOURNEY”，表明该包装是无法满足空运航程的，构成不良批注，银行不接受有类似这种不良批注的空运单据。

如果信用证要求“CLEAN AIR WAYBILL”（清洁空运单据）或注明“CLEAN ON BOARD”（清洁已装机），只要空运单据表面没有任何不良批注，无需出现“CLEAN”字样，有无“CLEAN”字样并不影响单据的清洁状态。

只要空运单据上没有明确声明货物或包装有缺陷，即使空运单据上出现“CLEAN”（清洁）字样，但又被删除，并不视为有不清洁批注或不清洁。

（十一）运费和额外费用

如果信用证要求空运单据注明运费已付或到目的地支付，则空运单据必须有相应标注。申请人和开证行应明确要求单据注明运费已付还是到付。

空运单据常常有单独的栏位，通过印就的标题分别标明“预付”运费（FREIGHT CHARGES PREPAID）和“到付”运费（FREIGHT CHARGES TO COLLECT）。如果信用证要求空运单据表明运费已预付，则在标明“预付”运费或类似用语的栏位内填具运输费用即符合信用证的要求。如果信用证要求空运单据表明运费到付，则在标明“待收运费”或类似用语的栏位内填具运输费用即符合信用证要求。

如果信用证规定运费之外的额外费用不可接受，则空运单据不得表示运费之外的其他费用已产生或将要产生。额外费用的表示方法有两种：一种是明确提及额外费用；另一种是使用与货物装卸费有关的装运术语表示。但是，由于延迟卸货或货物卸载之后的延迟可能产生的费用，不属于此处所说的额外费用。

图 6-9 所示为空运单据范例。

(1)

Shipper's Name and Address | Shipper's Account Number

(2)

Not Negotiable
Air Waybill
ISSUED BY
中国国际航空公司
AIR CHINA
BEIJING CHINA

Copies 1.2 and 3 of this Air Waybill are originals and have the same validity.

Consignee's Name and Address | Consignee's Account Number

(3)

It is agreed that the goods described terein are accepted in apparent good order and condition (except as noted) for carriage SUBIECT TO THE CONDITIONS OF CONTRACT ON THE REVERSE HEREOF. ALL GOODS MAY BE CARRIED BY ANY OTHER MEANSINCLUDINGROADOR ANY OTHER CARRIER UNLESS SPECIFIC CONTRARY INSTRVCTIONS ARE GIVEN HERBON BY THE SHIPPER AND SHIPPER AGREES THAT THE SHIPMENT MAY BE CARRIED VIA INTERMEDIA TE STOPPING PLACES WHICH THE CARRIER DEEMS APPROPRIATE THE SHIPPERS ATTENTION IS DRAWN TO THE NOTICE CONCERNING CARRIER'S LIMITATION OF LIABLITY Shipper may icerease such limitation of liability by declaring a higher value for carriage and paying a supplemental charge if require.

Issuing Carrier's Agent Name and City
(4)
Agent's IATA Code | Account No

Accounting Information

Airport of Departure (addr. Of First Carrier) and Requested Routing
(5)

Reference Number | Optional Shipping Information

TO	By First Carrier	Routing and Destination	to	by	to	by	Currency	CHGS	WT/VAL PPD	WT/VAL COLL	OTHER PPD	OTHER COLL	Declared Value for Carriage NCD	Declare Value for Customs NVV

Airport of Destination (6) | Flight/date | for Carriage Use Only (7) | Flight/date | Amount of insurance | INSURANCE If carrier offers insurance and such insurance is required in accordance with the conditions thereof indicate amount to be insured in figures in box marked "amount of insurance".

Handling Information
(8) (9)

No of pieces RCP	Gross Weight	kg lb	Rate class / Commodity Item No	Changeable Weight	Rate / Charge	Total	Nature and Quantity of Goods (incl. Dimensions or Volume)
4	53.8	k					

prepaid | Weight Charge | Collect

Other Charges

Valuation Charge

Tax

Total Other Charges Due Agent

Total Other Charges Due Carrier

50

Shipper certify that the particulars on the face hereof are correct and that in so far as any part of the consignment contains dangerous goods such part is properly described by name and is in proper condition for carriage by air according to the applicable dangerous goods Regulations.

Signature of shipper or his Agent

Total Prepaid | Total Collect

(10)

Currency Conversion Rates | CC Charges in Dest Currency

Executed on (date) at (place) Signature of Issuing carrier or its Agent

For Carrier's use only at Destination | Charges at Destination | Total Collect Charges

ORIGINAL 3 (FOR SHIPPER) A

图 6-9 空运单据

第六节　公路、铁路和内陆水运单据

内陆运输（Inland Transport）是针对公路（Road）、铁路（Rail）或内陆水路（Inland Waterway）运输而言的。随着集装箱运输的发展，大陆性国家之间（如欧洲各国间或美加墨之间）的边境贸易或跨国贸易也日益增加。随之而生的跨国性公路、铁路及内陆水运日益普遍，因此，国际性内陆运输单据不断增加。

一、内陆运输单据的性质

内陆运输单据具有下列性质。

（一）运输合同

内陆运输单据是承运人与托运人之间的运输合同，是明确双方责任、权利与义务的依据。

（二）货物收据

内陆运输单据是承运人从托运人处收到货物的证明文件。

（三）不是物权凭证

内陆运输单据属于货运单系统（Waybill System），与空运单据一样，不是物权凭证，不可转让，收货人采取记名。收货人提货时，无须出示该运单，只需证明其为收货人即可。

二、内陆运输单据的种类

内陆运输单据主要有以下几种。

（一）铁路提货单

铁路提货单（Railway Bill of Lading），是由铁路货运部门根据铁路货运规定，在货主托运货物后，签发给托运人的运输单据。

（二）铁路发货通知书

铁路发货通知书（Railway Consignment Note），是铁路货运部门在受理货物后，签发给货主，证明已接受货物并将按委托内容发运的单据。

（三）内陆水运提单

内陆水运提货单（Inland Waterway B/L），是货物通过内陆水运时，由承运人签发给托运人的提单。

（四）内陆水运发货通知书

内陆水运发货通知书（Inland Waterway Consignment Note），是货物通过内陆水运时，由承运人签发给托运人的，证明已接受货物并将按委托内容发运的运输单据。

（五）双联式货运单

双联式货运单（Counterfoil Waybill），又可以表示为“Duplicate Consignment Note”，法语称为

"duplicate de letter de voiture"，又可称为货运存根单或公路货运单，由运输人留存，正联交货主留存。

（六）卡车公司提单

卡车公司提单（Trucking Company B/L），是卡车公司在收到货物后所签发的运输单据。

三、缮制要点

（一）托运人、收货人和到货通知人

托运人、收货人和到货通知人应符合信用证的有关规定。

内陆运输单据不是物权凭证，不能做成"TO ORDER"（凭指示）或"TO ORDER OF ×××"（凭某人指示）式抬头。如果信用证要求将不是物权凭证的内陆运输单据做成"TO ORDER"（凭指示）或"TO ORDER OF ×××"（凭某人指示）式抬头，如提交的单据表明该具名人为收货人（即未显示 TO ORDER 或 TO ORDER OF 字样），即使内陆运输单据没有做成凭指示或凭某人指示式抬头也可接受。

如果信用证没有规定到货通知人，则内陆运输单据上的相应栏位可以空白或以任何方式填写。

（二）注明货物已收讫装运、发送或运送

内陆运输单据必须注明货物已收讫装运（ACCEPTED FOR SHIPMENT）、发送（DISPATCH）或运送（CARRIAGE）。

值得注意的是，由于《国际铁路货物运送公约》（CIM 铁路运单）和《国际公路货物运输合同公约》（CMR 公路运单）已规定了当事人之间的权利和义务，CIM 铁路运单和 CMR 公路运单不注明已收讫装运、发送或运送也是可以接受的。

（三）注明信用证规定的装运地和目的地

内陆运输单据必须注明信用证规定的装运地（PLACE OF SHIPMENT）和目的地（PLACE OF DESTINATION）。

（四）发运日期不得迟于最迟装运日

如果内陆运输单据加盖了收货（SHIPMENT、RECEIVED FOR SHIPMENT、RECEIVED FOR DISPATCH、RECEIVED FOR CARRIAGE）印戳，该收货印戳日期为发运日期；如果内陆运输单据没有加盖收货印戳，则出单日期视为发运日期。发运日期不得迟于信用证规定的最迟装运日。

（五）正本和份数

如果信用证要求铁路或内河运输单据，则不论提交的运输单据是否注明正本，都将作为正本单据接受。对铁路运货单而言，银行接受铁路运输公司签发第二联（常常是拓印联）作为正本。公路运输单据必须表明其为签发给托运人/发货人的一联，或者对其签发对象不做任何标注。

内陆运输单据未注明出具的正本份数时，银行将接受提交的运输单据作为全套单据。也就是说，如果要求提交全套内陆运输单据，但未明确全套几份时，内陆运输单据可以不注明全套的份数，无论受益人提交几份，银行都将作为已提交了全套单据而予以接受。

（六）货物描述

内陆运输单据的货物描述可以使用与信用证规定不矛盾的货物统称，数量、重量、包装等，不得与其他单据相矛盾。

（七）签署方式

公路、铁路、内陆水运运输单据表面必须注明承运人的名称，并由承运人或其代理人签字，承运人或其代理人也可用收妥印戳或收妥批注签署。

承运人签字或以其他方式如收妥印章或收妥标记证实时，必须表明其承运人的身份；同样，承运人的代理人签字或以其他方式如收妥印章或收妥标记证实时，也必须注明其所代表行事的一方，即其所代表或代理的承运人的名称和身份。

如果内陆运输单据表面已经以其他方式表明承运人身份，只要运输单据表面看来是由承运人或其代理人签发，"承运人"一词不需要出现在运输单据的签字处。

"ISSUING CARRIER"（出单承运人）、"ACTUAL CARRIER"（实际承运人）、"SUCCEEDING CARRIER"（后续承运人）、"CONTRACTING CARRIER"（订约承运人），都具有承运人的含义，都可以签发内陆运输单据。

需要注意的是，如果铁路运输单据没有指明承运人，铁路运输公司签署铁路运单也可以接受。

（八）分期/分批装运

由一件以上运输工具（一辆以上的卡车、一辆以上的火车、一艘以上的轮船等）进行运输，即使这些运输工具同日出发并驶向同一目的地，也属于分批装运。

关于分期装运的有关规定与海运提单相同。

（九）转运

转运是指在信用证规定的装运地到目的地之间的运输过程中，在不同的运输方式中，从一种运输工具卸下再装上另一种运输工具的运输。例如，在铁路运输中，从一辆火车卸下再装上另一辆火车；在公路运输中，从一辆卡车卸下再装上另一辆卡车；在内陆水运中，从一艘轮船卸下再装上另一艘轮船。

只要全程运输由同一运输单据涵盖，公路、铁路或内陆水运单据可以注明货物将要或可能被转运。

（十）运费和额外费用

如果信用证要求内陆运输单据注明运费已付或到目的地支付，则运输单据必须有相应标注。申请人和开证行应明确要求单据是表明运费预付还是到付。

第七节 快递收据、邮政收据或投邮证明

一、快递收据

快递收据是经营快递业务的公司签发给托运人的，证明已接到货物，并将按照约定将货物交付收货人的运输单据。

快递收据表面必须注明快递机构的名称，并由其盖章、签字或以其他方式证明。如果信用证明确要求某快递机构出具表明货物已收妥待递的单据，则快递收据必须由该具名机构盖章、签字或以其他方式证明；如果信用证没有明确要求某快递机构出具快递收据，则该快递收据可由任何快递机构出具。

快递机构不同，其签发的运输单据的名称也不同，例如 FORWARDER AIRBILL、SHIPMENT AIR WAYBILL 或 EXPRESS MAIL SERVICE。如果申请人想尽可能地锁定风险，可在信用证中明确要求提交某快递机构的运输单据。

快递收据表面必须注明取件或收件的日期（A DATE OF PICK-UP/RECEIPT），以该日期作为发运日期，并不得迟于信用证规定的最迟装运日。

快递收据的货描等内容必须符合信用证的有关规定。

如果信用证要求显示快递费用付讫或预付，快递机构出具的表明快递费由收货人以外的一方支付的运输单据也可接受。

含有一份以上快递收据的交单，如果单据看似由同一快递机构在同一地点和日期加盖印戳或签字并且表明同一目的地，将不视为分批发运。

二、邮政收据或投邮证明

邮政收据（Post Receipt）或投邮证明（Certificate of Posting）是邮局签发给托运人的，表明已收到货物并将按约定将货物交付收货人的收据。

同其他运输单据一样，邮政收据或投邮证明也必须注明信用证规定的装运地和装运日期。邮政收据或投邮证明必须由信用证规定的装运地或发运地的邮局签发并加盖邮戳，邮戳通常标明地名、邮寄日期和邮局名称。邮戳地名必须是信用证规定的装运地或发运地，邮戳日期则视为装运日期或发运日期，该日期不得迟于信用证规定的最迟装运日。邮政收据或投邮证明的货描等内容必须符合信用证的有关规定。

含有一份以上邮政收据或投邮证明的交单，如果单据看似由同一邮政机构在同一地点和日期加盖印戳或签字并且表明同一目的地，将不视为分批发运。

第八节 其他运输单据

与货物运输有关的一些常见单据，例如小提单（Delivery Order）、运输行收货证明

（Forwarder's Certificate of Receipt）、运输行装运证明（Forwarder's Certificate of Shipment）、运输行运输证明（Forwarder's Certificate of Transport）、运输行承运货物收据（Forwarder's Certificate of Cargo Receipt）和大副收据（Mate's Receipt）都不是运输合同的反映，不是前文所述的在 UCP600 中特别规定的运输单据。因此，应遵循 UCP600 第 14 条 f 款和 d 款的规定缮制并审核这些单据。即只要提交的单据内容看似满足所要求单据的功能；单据中的数据在与信用证、单据本身以及国际标准银行实务参照解读时，无须与该单据本身中的数据、其他要求的单据或信用证中的数据等同一致，但不得矛盾；而且单据必须在信用证效期内提交。

此外，运输单据的副本也不是前文所述在 UCP600 中特别规定的运输单据，前文所述的规定只适用于提交正本运输单据的情况。如果信用证允许提交副本而不是正本单据，则信用证必须明确规定应当显示哪些细节。当提交副本单据时，无须显示签字和日期等内容。

当不接受正本代替副本时，信用证必须规定禁止提交正本，例如“ORIGINAL DOCUMENT NOT ACCEPTABLE IN LIEU OF PHOTOCOPY”（不接受用正本代替副本）。当信用证要求提交运输单据副本，并对其正本的处置做出了指示时，提交运输单据正本将不被接受。

复习思考题

一、简答题

1. 什么是国际海运航线？
2. 简述海运提单的作用。
3. 集装箱运输有哪些优越性？
4. 简述清洁运输单据的定义。
5. 简述出口货物托运单证的作用。
6. 托运人在选择承运人履行国际货物运输时，主要应考虑哪些方面的因素？

二、案例讨论题

1. 信用证规定提交全套海运提单，未规定是否接受租船提单，受益人甲公司提交给银行的提单注明“SUBJECT CHARTER PARTY”。开证行拒绝付款，理由是受益人提交了租船提单，请问开证行拒绝理由是否成立？为什么？

2. 某份即期付款信用证，规定提交全套海运提单，禁止分批装运，起运港为中国港口，卸货港为美国港口，最迟装运日期为 2015 年 4 月 10 日。受益人甲公司按照信用证规定于 4 月 1 日将一部分货物在上海港装上了“中山舰”轮船，又于 4 月 5 日将剩余的货物于黄浦港口装上同一轮船，目的港均为美国的纽约港，因此甲公司取得了上海港和黄浦港签发的两套提单。甲公司在交单期内将单据交给开证行要求付款，遭到拒付，理由是分批出运。开证行拒付理由是否成立？

第七章　缮制信用证项下的单据——保险单据和其他单据

第一节　保险单据

一、保险单据的意义和作用

保险单据是保险人与投保人之间订立的保险合同的证明文件，反映了保险人与被保险人之间的权利和义务关系，是保险人的承保证明。当发生保险责任范围内的损失时，是保险索赔和理赔的主要依据。

它具有以下作用：

（1）保险单据是一种承保契约。它表明保险人与被保险人之间达成的契约关系。

（2）保险单据是一种承保证明。出具保险单据说明保险人已经为被保险人投保了相应的险别，因此它是一种承保证明。

（3）保险单据是保险人与被保险人或其权利的受让人日后解决纠纷的依据。如 CIF 条件下的保险，当货物在运输途中发生损失时，通常由进口商依据其所持有的保单，向进口地的保险人的代理人提出索赔。

二、保险单据的种类

（一）保险单

保险单（Insurance Policy）是国际贸易中最常见的保险单据，俗称大保单，是保险人与投保人订立的正规保险合同，是完整独立的保险文件。

除载明被保险人的名称，被保险货物的名称、数量或重量、唛头，运输工具，保险的起讫点、承保险别、保险金额、期限和索赔地点等项目之外，背面还列有保险人的责任范围以及保险人与被保险人各自的权利、义务等方面的详细条款。将来如有保险事故发生，可根据其所承保的范围予以理赔。

保险单同海运提单一样，可由被保险人背书而转让。

（二）暂保单

暂保单（Cover Note）又称“临时保单”，是保险人在出立正式保险单之前签发的临时凭证，是证明保险人已同意给予被保险人的一种保险保障。这种凭证的内容比较简单，只载明与被保险人已商定的重要项目，包括保险标的、保险责任范围、保险金额，以及订约双方有关权利和义务等。

暂保单不是订立保险合同的必经程序，使用暂保单一般有以下三种情况：①保险代理人在争取到业务时，在还未向保险人办妥保险单手续之前，给被保险人的一种证明；②保险公司的分支机构在接受投保后、还未获得总公司的批准之前，先出立的保险证明；③在洽订和续订保险合同时，订约双方还有一些条件需商讨，在没有完全谈妥之前，先由保险人出具给被保险人的一种保障证明。

当保险单出立后，暂保单自动失效。虽然暂保单具有和正式保险单同等的效力，但是，暂保单可以在保险单出立之前中止效力，且暂保单期限较短，一般为 30 天，因此，相对于其他保险单据而言，被保险人的利益无法得到有效保护。所以，银行不接受暂保单。

（三）预约保单

进出口商在进行大宗或长期货物运输时，为避免繁杂的投保手续，往往向保险人投保一种预约保险（Open Cover），为此而签发的长期性的保险合同为预约保单（Open Policy），又称为统保单或开口保单。

统保单规定了总的保险范围，包括被保险货物的种类、总保险限额、航程区域、运输工具、保险条件、保险费率、保险期限和双方的责任义务等。

签订统保单后，不必在每次保险货物起运前分别办理货物运输保险，被保险人只需在每批保险货物出运之前，填制起运通知，列明这批出运的物品、价值、包装、数量、起讫港/地、运输工具名称、起运日期等细节，通知保险人，由其签发保险证明，将来根据所签发的证明缴纳保险费。

在被保险人延迟或因疏忽而遗漏通知时，需要补办起运通知。即使补办时货物已经受损，保险人也必须负责。如果货物已安全抵达目的地，被保险人也必须缴纳保险费。

预约保险可以防止漏保，也可以减少每次出运货物都要同保险公司商定投保条件及办理投保手续的麻烦。同时由于预约保险的保费一般采取定期事后结算的办法，还可以减少被保险人的资金占用，减轻财务负担。

（四）保险证明

投保人并不持统保单随其他单据提交银行凭以付款或议付，而是在每次出运货物后，将运输工具的名称、航程等通知保险人，保险人便在统保单项下据以签发一份保险证明（Insurance Certificate）。

由于统保单已详细列明保险公司或承保人与投保人之间的权利与责任，保险证明便不再印就这一条款，仅声明“承保货物按照正式保险单所载相关本款及本保险证明所有的条款办理，两者有抵触，以本保险证明的特定条款为准”。即它仍具有与保险单同等的法律效力。一旦货物在保险期间遭受损失，投保人或受让人即时可向保险公司或承保人索赔。

保险证明开立流程相对简单，即保险公司、承保人或其代理人预先印就带有预先签字并声明在某个保单项下的保险证明格式，并由投保人就具体某笔出运业务填制有关装运细节。由于该保险证明与保险单具有同等的保险效力，银行接受保险公司或保险商或其代理人预签的预约保险项下的保险证明。

（五）保险声明

投保声明（Insurance Declaration）和保险证明一样，也是预约保单项下的一种保险单据。

所不同的是，保险证明是投保人将出运货物的有关细节通知保险人后，由保险人向投保人出具的证明。即便是保险人在货物出运前预签并交与投保人自填货物出运细节，也不能改变该证明系保险人向投保人出具这一性质。而投保声明则是投保人在确定货物明细、装运日期、运输工具等细节后，向保险人的一种陈报，其内容与装运通知书类似，保险公司并不再据以向投保人出具保险证明。然而，作为具有保险效力的文件，投保人的该项声明需要有保险人的预先签字，以证明陈报者确曾与保险公司签订预约保单。因此，保险证明和保险声明都是预约保险项下的一种保险单据，都具有同等效力，只是签发程序略有差异。

如信用证特别要求预约保险项下的保险证明或投保声明，银行可接受受益人提交保险单以代替。

三、海洋运输货物保险条款

国际贸易货物运输保险按运输方式分为海洋运输货物保险、陆上运输货物保险、航空运输货物保险和邮包运输货物保险。海洋运输在国际贸易货物运输中占主导地位，因此，在实务中接触最多的保险方式是海洋运输货物保险。目前国内经常碰到的保险条款有伦敦协会货物保险条款（Institute Cargo Clauses，ICC）和中国保险条款（China Insurance Clause，CIC）。

（一）货物损失

若想掌握海洋运输货物保险条款，首先要了解海洋运输可能遇到的货物损失。在海上运输途中，船只和货物遭受暴风、雷电、地震、海啸等自然灾害，或由于船舶搁浅、触礁、沉没、碰撞、失火、爆炸，以及船长、船员的不法行为等意外事故所造成的各种损失，叫作海损（AVERAGE）。按损失程度和性质的不同，海损可分为以下几种类型。

1．全损

全损（Total Loss）是指保险标的物（货物）发生全部损失或等同于全部损失。全损又可分为以下两种情况。

（1）实际全损。

实际全损（Actual Total Loss）是指货物全部灭失或虽非全部灭失但已完全失去了原有的性能和作用，无任何残余价值，如焚毁等；或被保险人对货物的所有权已无可挽回地被完全剥夺，如货物被扣。实际全损又称为绝对全损（Absolute Total Loss）。

（2）推定全损。

推定全损（Constructive Total Loss）是指货物虽未全部灭失，还存在一定的残值，但对其维修并运至目的地的费用将超过其完好价值；或者完全灭失已是不可避免的。

2．部分损失

部分损失（Partial Loss），指货物损失没有达到全部损失。部分损失又分为以下两种情况。

（1）共同海损。

共同海损（General Average）是指在海运途中，由于自然灾害或意外事故，使船只和货物共同处于危险状态之中，船方为了解除这种危险，维护船货安全，或者为了使航程能继续完成，而有意识地、合理地采取挽救措施所造成的某些特殊牺牲或支出某种费用。共同海损的牺牲和费用，通常是由有利害关系的船方、货方及运费收入方按获救财产价值或利益大小分摊。这种分摊叫共同海损分摊（G.A. CONTRIBUTION）。

（2）单独海损。

单独海损（Particular Average）是指在海运途中，由于承保范围内的风险所直接导致的船舶或货物的部分损失。这种损失仅属于特定方面的特定利益方，是仅由各损失方单独负担的一种损失。单独海损这一术语已不在伦敦保险协会现行货物条款中使用，但在实务中，它仍被用来表示共同海损以外的意外损害。

（二）中国海洋运输货物保险条款

1．基本险

基本险是可以单独投保的险别，是保险人对保险标的物所承担的最基本的保险险别，有以下三种。

（1）平安险。

平安险（Free From Particular Average，FPA）英文原意为“单独海损不赔”，“平安险”一词是我国保险业的习惯叫法。它并不是对所有的单独海损都不负责，只是对由于自然灾害所造成的单独海损不负赔偿责任；但也不是对全部运输途中的货物平安均予负责。实际上它是保险人责任范围中最小的一种基本险，承保由自然灾害或意外事故所造成的全损和共同海损分摊额，对于非共同海损的部分损失，原则上不予保障。

（2）水渍险。

水渍险（With Particular Average，WPA 或 WA）英文原意为“负单独海损责任”，“水渍险”也只是我国保险业沿用已久的叫法。它既不是仅对货物遭受海水水渍的损失负责，也不只是对单独海损负责。它的承保责任范围大于平安险，包括平安险再加上自然灾害所造成的单独海损。

（3）一切险。

一切险（All Risks）是保险人责任范围最大的一种基本险，承保由自然灾害、意外事故以及一般外来因素所造成的各种损失。由于一切外来因素造成的损失可以由一般附加险承保，所以一切险的责任包括水渍险加一般附加险的总和。但一切险也并非承保一切风险造成的损失，除了特别外来因素造成的损失不属于保障范围外，由于货方的过失或故意行为，以及货物在运输过程中自然、正常的消耗所造成的损失也不属于一切险的保障范围，同时，由于市场行情变化而使得货物价值下跌的损失也不属于保障范围。

小知识

保险责任的起止期限

平安险、水渍险、一切险三种基本险别使用的是“仓对仓条款”（Warehouse to Warehouse Clause，W/W），即保险责任自被保险货物运离保险单载明的起运港发货人仓库起，至到达目的地收货人仓库时止，或自货物卸离海轮当日午夜起 60 天为限。战争险的保险起止期限是，自货物装上保险单载明的起运港海轮或驳船时起，至货物卸离目的港或驳船时止，或自货物到达目的港当日午夜起 15 天为限。

2. 附加险

附加险是不能单独成立的一种险别，必须附属在基本险之上，只有在投保了基本险之后才能投保附加险。基本险只能选一种，附加险则可以根据情况选择多种。附加险通常分为一般附加险和特别附加险。

（1）一般附加险。

① 偷窃、提货不着险（Theft，Pilferage and Non-Delivery，T.P.N.D.）。承保在保险有效期内由于货物被盗或由于各种不明原因而造成整件货物短交的损失。

② 淡水雨淋险（Rain Fresh Water Damage，R.F.W.D.）。这是对水渍险的补充，水渍险只对海水造成的损失负责，而淡水雨淋险承保货物在运输途中由于淡水、雨淋、冰雪融化所造成的损失。淡水包括船上淡水舱、水管漏水和舱汗等。

③ 短量险（Risk of Shortage）。承保货物在运输途中因外包装破裂、破口、扯缝或散装货物发生散失，与实际重量、数量短少的损失。但正常损耗（Normal Loss）和自然损耗（Natural Loss）除外。保险人对短量损失的赔付习惯上要扣除正常损耗和自然损耗，扣除的幅度称为免赔率，通常在保单上订明，如对谷粮类扣除 0.5%，散装饲料扣除 1%。

④ 混杂、玷污险（Risk of Intermixture and Contamination）。承保货物在运输途中因混进杂质或与其他物质接触而被玷污造成质量下降的损失。

⑤ 渗漏险（Risk of Leakage）。承保流体或液体货物因容器损坏所引起渗漏而致的货物损失。

⑥ 碰损、破碎险（Risk of Clash and Breakage）。承保货物在运输途中因碰击、受压、受震、颠簸等而造成的货物碰损和破碎损失。

⑦ 串味险（Risk of Taint of Odor）。承保食品或其他商品在运输途中被另外异味货物影响而造成的质量损失。若串味是因船方对货物的舱位配载不当而引起的，则还应向船方追偿。

⑧ 钩损险（Risk of Hook Damage）。承保袋装、捆装货物在装卸过程中，由于装卸和搬运人员操作不当而造成的损失，以及对货物包装进行修补或调换所支付的费用。

⑨ 受潮受损险（Risk of Sweat and Heating）。承保货物在运输途中因气候突然变化，或因船上通风设备失灵，致使船舱内水汽凝结发潮发热而造成的损失。

⑩ 包装破裂险（Risk of Breakage of Packing）。承保因搬运或装卸不慎使包装破裂而造成的货物损失，以及为继续安全运输的需要，对包装进行修补、调换而支付的费用。

⑪ 锈损险（Risk of Rust）。承保金属或金属制品一类货物，在运输途中因生锈而造成的损失。因货物本身的性质或瑕疵所致锈损不包括在内。

（2）特别附加险。

特别附加险不是根据货物性质，而是根据特别需要设立的附加险，承保特殊外来原因而造成的损失，主要有以下几种。

① 战争险（War Risk，W.R.）。承保由于战争、敌对行动、武装冲突并由此引起的拘留、

捕获、禁制等行为以及使用常规武器所造成的货物的损失。但由于使用核武器而造成的损失不属于战争险的承保范围。

② 罢工、暴动、民变险（Risk of Strike，Riots and Civil Commotion，S.R. & C.C.）。承保因罢工、暴动、民变人员的行动而致货物未到目的地的损失。按国际保险业惯例，投保战争险时加保本险种不另加收保险费。

③ 交货不到险（Failure to Deliver）。承保自装运之日起算满 6 个月货物未到目的地的全部损失。通常是由于政治或外交上的原因引起的禁运、强迫卸货所致，与“提货不着险”的承运人失误情况不同。

④ 进口关税险（Import Duty Risk）。货物在运输途中受到承保范围内的损失，但到达目的地后仍按完好货物标准被征收进口关税，本险种即承保这项货物受损部分的进口关税损失。

⑤ 拒收险（Rejection Risk）。承保无论什么原因造成的进口国当局拒绝进口或没收保险货物所引起的损失。投保此险时，被保险人需保证已取得进口所需的一切许可证件。

⑥ 黄曲霉素险（Aflatoxin Risk）。承保货物中因发现黄曲霉素而拒绝进口、没收销毁或强制改变用途的损失。黄曲霉素是一种菌素，花生等食物中有这种菌素。这种菌素含量不能超过进口国家的标准。

⑦ 舱面险（On Deck Risk）。一般海运货物都要求装在舱内，所以基本险对舱面险的损失不负责。但是，有些货物由于体积大或有毒性或有污染性或是易燃易爆品等，只能装在舱面。本险种就是承保这类货物因装舱面而受到的损失。

⑧ 存仓火险责任扩展条款（Fire Risk Extension Clause，F.R.E.C）。该条款专用于内地出口货物销往港澳，这些货物往往存放在押汇银行指定的港澳地区仓库。加添这一条款后，在这一存仓期间的火灾损失也就包括在责任范围之内。即在存仓期间的火险责任可延长 30 天，保险公司不另收保险费，发生火灾，保险公司负责赔偿。这项责任的扩展，保障了押汇银行的利益，其责任从货运险责任终止时开始，到银行收回押汇款解除对货物权益时终止，但以运输险责任终止时起算满 30 天为止。

航空运输险、陆运险和邮包险大致相当于海运保险中的水渍险，航空运输一切险、陆运一切险和邮包一切险大致等同于海运保险中的一切险。实务中，不但要根据不同的运输方式确定险种，而且要根据货物运输特点选择适当的险别。

（三）伦敦协会货物保险条款

伦敦协会货物保险条款（ICC）的 A 条款、B 条款和 C 条款，类似于中国海洋运输货物保险条款的一切险、水渍险和平安险。二者虽然类似，实务中却不可相互替代。例如，如果信用证要求投保 ICC A 条款，如果投保 CIC 一切险，则构成不符点。

小知识

中国货物运输保险条款的分类

我国货物运输保险条款的分类如图 7-1 所示。

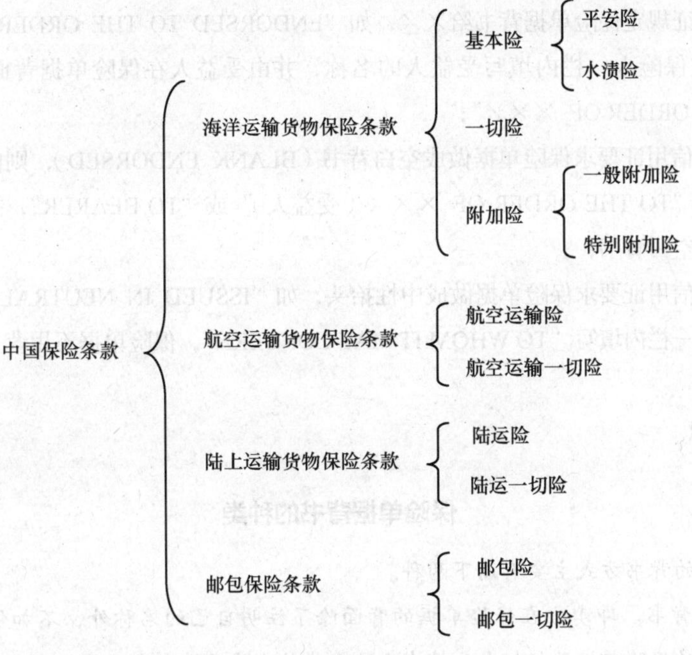

图 7-1 货物运输保险条款的分类

四、缮制要点

（一）提供 L/C 要求的保险单据

如果 L/C 没有明确规定保险单据的种类，则只要提交与 L/C 其他条款相符，并符合 UCP600 第 28 条的保险单据即可。不接受暂保单。L/C 要求提交保险证明或保险声明时，可以出具保险单代替。

（二）注明信用证规定的被保险人，并按信用证的要求背书

一般情况下，保险单据的被保险人是信用证的受益人，并由受益人在保险单据背面背书。如果信用证有特殊规定，则按照信用证的要求填写。例如，中间商为保守商业秘密，不愿意让最终购买商知道供货商的情况；或开证行在授信开证的情况下，要控制货权，信用证往往对被保险人和背书方式有特别规定。

如果信用证对被保险人未做规定，则表明保险的赔付将按托运人或受益人指示的保险单据不可接受，除非经过背书。保险单据应出具或背书成使保险单据项下的获赔权利在放单之时或之前得以转让。

常见的有以下几种情况。

（1）信用证直接规定保险单据以特定方为抬头，如“MADE TO ABC CO.”，则保险单据被保险人一栏内直接填写“ABC CO.”，保险单据无须背书；

（2）信用证规定保险单据“ISSUED TO THE ORDER OF ×××”，则被保险人栏内填写“TO THE ORDER OF ×××”，保险单据无须背书；

（3）信用证规定保险单据做成指示抬头，如“MADE TO ORDER”，则保险单据被保险人一栏内填写“TO ORDER”，受益人在保险单据背面背书；

（4）信用证规定保险单据背书给××，如“ENDORSED TO THE ORDER OF ×××”，则保险单据被保险人一栏内填写受益人的名称，并由受益人在保险单据背面背书，并注明“PAY TO THE ORDER OF ×××”；

（5）如果信用证要求保险单据做成空白背书（BLANK ENDORSED），则保险单据的被保险人栏内填写“TO THE ORDER OF ×××（受益人）”或“TO BEARER”，并由受益人在保险单据背面做空白背书；

（6）如果信用证要求保险单据做成中性抬头，如“ISSUED IN NEUTRAL FORM”，保险单据被保险人一栏内填写“TO WHOM IT MAY CONCERN”，保险单据不用背书。

小知识

保险单据背书的种类

保险单据的背书方式主要有以下两种。

（1）空白背书。即卖方在保险单据的背面除了注明自己的名称外，不加任何批注。经空白背书而转让的保险单据的任何合法持有人，在货物出险后均可向保险人索赔。

（2）记名背书。即卖方在保险单据的背面除注明自己的名称外，还要注明受让人的名称。受让人通常是买方或其指定的人。采用记名背书，意味着只有背书中规定的受让人才是真正的被保险人，才能在货物出险后向保险人索赔。

需要注意的是，保险单必须与保险标的的财产权利同时转让，亦即保险单应与提单同时转让，早于或晚于提单的转让均不产生转让的法律效力。

（三）投保金额与币别

保险单据必须表明投保金额，并以与信用证相同的货币表示。

L/C 对于投保金额为货物价值、发票金额或类似金额的某一比例的要求，将被视为最低保额的要求，即受益人进行投保时，投保金额可以大于或等于 L/C 规定的投保比例。UCP600 并未规定投保的最高比例。如果 L/C 对投保金额未做规定，投保金额须至少为货物 CIF 或 CIP 价格的 110%。这种投保加成是将进口方的预期利润和开证的有关费用加入货价内一并投保。货物一旦遭损，进口方可凭保单保护自己的预期利润或弥补前期费用。

如果从信用证或单据可以得知，最后的发票金额仅仅是货物总价值的一部分（例如由于折扣、预付或类似情况，或由于货物的部分价款将晚些支付），也必须以货物的总价值为基础计算保险金额。这是因为作为保险标的的货物出运价值高，有保险利益，一旦出险，符合赔偿原则。

保险单据可以注明受免赔率或免赔额（减除额）约束。免赔率（Franchise）是指货物遭受损失的程度超过规定的百分比时保险人才予以赔偿，免赔率分为相对免赔率和绝对免赔率。相对免赔率（Non-Deductible Franchise）是指货损超过免赔率后，保险人赔偿全部损失；绝对免赔率（Deductible Franchise）是指只赔偿超过免赔率部分的损失。对进口商来说，有免赔率或免赔额较为不利，若不愿意接受这种受免赔率约束的保单，可在信用证中规定保险不计免赔率（IRRESPECTIVE OF PERCENTAGE）。如果信用证要求保险不计免赔率，则保险单据不得含有表明保险责任受免赔率（SUBJECT TO A FRANCHISE）或免赔额（SUBJECT TO AN EXCESS DEDUCTIBLE）约束的条款。

（四）投保 L/C 规定的险别

信用证应该规定所需投保的险别种类以及必要的附加险。如果信用证明确列明应投保的险别，则保险单据应如实加以陈述。但是，保险单据可以援引任何除外条款，银行将不视为不符点。

如果信用证没有规定所需投保的险别，或使用诸如 USUAL RISKS（通常险别）、CUSTOMARY RISKS（惯常险别）等含义不明确的措辞，银行接受表明任何险别的保险单据，银行对漏保险别不负责任。

如果信用证要求"ALL RISKS"（一切险），则只要提交任何带有"ALL RISKS"（一切险）条款或批注的保险单据即可，即使该保险单据声明不包括某些风险，也符合信用证的要求。如果保险单据标明投保 ICC A（伦敦协会货物险），也符合信用证关于"ALL RISKS"（一切险）条款或批注的要求。

保险单据必须表明承保的风险至少覆盖从 L/C 规定的货物接管地或发运地开始到卸货地或最终目的地之间的路程。

对同一运输的同一风险的保险必须由同一保险单据涵盖。如果由多份保险单据涵盖，则每一份涵盖部分保险的保险单据以百分比或其他方式明确反映每一保险人负责的保险金额，并且每一保险人将各自分别承担自己的责任份额，不受其他保险人可能已承保的该次运输的保险责任的影响。

需要注意的是，保险公司承保的是货物运输过程中的损失，而非内因损失，如棉花自燃或玻璃器皿破损等，申请人如要完全控制风险的话，则需自己投保。

（五）货描等内容需与其他单据相符

保险单据的货描可以使用与信用证规定不矛盾的货物统称。运输工具、运输路线、起运日期、货物数量或重量等需与其他单据保持一致。需要注意的是，起运日期不应早于投保日期。

（六）提交全套正本保险单据

保险单据必须提交全套正本。保险单据和海运提单一样，若将全套正本中的任何一份提交保险人索赔，其他正本随即失效，所以 UCP600 要求受益人提交全套正本保险单据，以保护善意持有人的利益。

信用证要求提交全套保险单据时，保险单据应注明签发的份数。因为不标明份数，就无法知道全套究竟有多少份，也无法知道提交的是否为全套保单。

（七）签发日期与生效日期

保险单据的签发日期不得晚于货物的装运日期。如果签发日期晚于装运日期，保险单据必须表明保险责任最晚于货物装运日生效，否则，银行将视为不符点不予接受。这是因为，如果保险责任生效日期晚于装船日期，由于保险尚未生效，货物发生灭失不能得到赔偿。

【例 6-14】某信用证项下，承运人对装载于同一船只上的货物出具了两套提单，装船日分别为 5 月 16 日和 5 月 21 日，保险公司出具一份保险单据，日期为 5 月 18 日，这种保险单据是否可以接受？

如果保险单据未注明保险于 5 月 16 日或之前生效，则保险单据签发（生效）日期迟于装船日，构成不符点。

载有有效期的保险单据必须清楚地表明该有效期限是关于货物装船、发运或接管的最迟日期，而不是保险单据项下提出索赔的期限。

（八）签发人

保险单据必须由保险公司（Insurance Company）、保险商（Underwriter）或其代理人（Agent）或代表（Proxy）出具并签署，且其代理人的签字必须表明其系代表保险公司或承保人签字。

如果保险单据在保险经纪人（Broker）的信笺上出具，只要该保险单据是由保险公司或其代理人（或代表）、或由保险商或其代理人（或代表）签署，该保险单据可以接受。

保险经纪人可以作为具名保险公司或保险商的代理人（或代表）签署保险单据，但以其自身名义（即保险经纪人的身份）签发的保险单据不可接受。

【例 6-15】L/C 要求“I/P OR INSURANCE CERTIFICATE IN 2 COPIES MADE OUT TO ORDER AND ISSUED FOR 110% OF THE CIF INVOICE VALUE”。

受益人提交的保险证明的签署方式如下：

××× CO. LTD

（SIGNATURE）

AS AGENT FOR（AND ON BEHALF OF）ABC INSURANCE CO.LTD

这表明，该保险单据是由保险经纪人×××公司作为 ABC 保险公司的代理人签发的，而不是以其自身身份（保险经纪人）签发的。这种保险单据是可以接受的。

小知识

保险的当事人

1. 保险人与被保险人

保险人是依据合同条款承诺支付保险赔款并收取保险费的人。保险人也称承保人，通常是保险公司（INSURANCE COMPANY）、保险商（UNDERWRITER）或保赔协会。

伦敦保险市场的保险人主要有劳合社保险集团、伦敦保险人协会的承保人以及众多的保险公司与保险协会。除英国以外的其他国家里，一般只有法人才被批准经营保险业务，以股份有限公司为最常见的形式，因此一般称为保险公司。保险公司的设立、登记、承保业务范围、组织机构、经营管理、破产清算等，属公司法、保险法的调整范围。

被保险人是受保险合同保障的人，他必须对保险标的有可保利益。所谓可保利益，就是对保险标的具有的权益。

对保险标的的可保利益应符合以下三个条件。

（1）可保利益必须是合法的；

（2）可保利益必须是肯定的，对期待中的利益必须是可以实现的；

（3）可保利益必须具备能以货币来表示的经济价值。

被保险人可依据保险凭证进行索赔。与货物运输有关的人，均可对于自己面临的风险进行投保，成为运输保险合同的被保险人。被保险人可以自己投保，亦可以通过保险经纪人进行投保。伦敦市场的海上保险，一般需通过保险经纪人进行投保。

2. 投保人与受益人

投保人是指和保险人订立保险合同并支付保险费的人。在一般情况下，保险合同签订后，投保人即成为被保险人。在我国，被保险人可以直接向保险人投保，成为投保人，也可以委托代理人进行投保，代理人成为投保人。我国海上货物保险中，通常投保人就是被保险人。

受益人是指根据保险合同的约定有权享受保险合同利益的人。广义的受益人是指被保险人或其他列明有权领受保单利益的人，但通常受益人指的是被保险人以外的可享受保险合同利益的人。如根据船舶抵押合同与保险合同约定，船舶抵押权人可对抵押人的船舶保险合同享有受益权。

但在货物运输保险中，投保人和受益人往往是同一人。投保人若是出口商，当货物未出售时，被保险人和受益人都是出口商；当货物售给进口商时，进口商成为被保险人和受益人。投保人若是进口商，则被保险人和受益人均为进口商。

3. 保险经纪人与保险代理人

保险经纪人（INSURANCE BROKER）是基于投保人的利益，为被保险人或投保人与保险人订立保险合同，提供中介服务，并依法收取保险经纪费的人。保险经纪人通常被视为被保险人的代理人，经纪人有权从保险费中收取佣金。对于垫付的保险费有权向被保险人追索，对于未获补偿的保险费，经纪人对于保险单据有留置权。

保险代理人（INSURANCE AGENT）是根据保险人的委托，向保险人收取代理手续费，并在保险人授权的范围内代为办理保险业务的单位和个人。保险代理人的业务通常为收取保险费和代签保险单据，有时也协助处理保险事故，申请或代为进行损失检验，代为支付赔款并协助保险人追偿。

第二节　原产地证书

一、原产地证书的意义和作用

原产地证书是证明货物系在某地制造或生产的凭证。通常，信用证规定提交领事发票或海关发票的时候，大多不再要求提交原产地证书。目前，常见的原产地证书有一般原产地证、普惠制原产地证、纺织品产地证等。

该证明书有以下几方面的作用。

（一）享受优惠利率的凭证

一些国家的进口税率，有官定税率与协定税率或优惠税率之分。协定税率较官定税率低，但其适用范围仅限于与进口国签订关税协定的国家所生产的产品，欲享受协定税率，即须提出产地证明书。

（二）防止货物来自敌对国家

有些国家因政治、军事关系，禁止从某些国家或地区进口货物，或仅允许进口若干特定的货物。在这种情况下，进口国海关通常要求出口商提交产地证明书，以证明货物的来源。

（三）防止外国商品倾销

进口国为防止外国产品的倾销，除实施进口配额制外，通常规定提交产地证明书，用作进口管制的参考。

（四）用于海关统计

进口国为了解货物从哪些国家进口，往往会要求提交产地证明书，作为海关统计的参考。

二、原产地证书的种类

原产地证书主要有以下三种。

（一）一般原产地证

一般原产地证是除普惠制产地证和纺织品产地证等特殊专用产地证之外的普通产地证，是在实施优惠关税的双边协定国家之间享受最惠国待遇的一种凭证。

（二）普惠制原产地证

普惠制原产地证是发达国家在贸易关税方面给予发展中国家的一种特别关税优惠制度，常见的格式有 Form A、Form 59A、Form APR。

（三）纺织品出口证书

纺织品出口证书是我国商务部签发的、批准对设限国家出口纺织品时出具的具有法律效力的证明文件。

三、缮制要点

（一）出具人和出具日期

原产地证必须由信用证规定的机构出具并签署。

如果信用证要求原产地证由受益人、出口商或厂商出具，则由商会出具的单据是可以接受的，只要该单据相应地注明受益人、出口商或厂商。

如果信用证没有规定由谁来出具原产地证，则由任何人包括受益人出具的单据都可接受。

原产地证需要注明日期。

（二）原产地证的发货人

原产地证可以显示信用证受益人或运输单据托运人之外的其他人为发货人或出口方。事实上，从某种意义上讲，原产地证是真正的供货商出给真正的买方的。

（三）原产地证的收货人

原产地证收货人的信息，如果显示，则不得与运输单据中的收货人的信息相矛盾。但是，如果信用证要求运输单据抬头做成“TO ORDER”（凭指示）、“TO THE ORDER OF SHIPPER”（凭托运人指示）、“TO THE ORDER OF ISSUING BANK”（凭开证行指示），或“CONSIGNED TO THE ISSUING BANK”（货发开证行），则原产地证可以显示信用证的申请人或信用证中具名的另外一个人作为收货人；若信用证已经转让，那么以第一受益人作为收货人也可接受。

也就是说，除非信用证另有规定，当运输单据为指示性抬头，或信用证已经转让时，原产地证的收货人可以不同于提单的收货人。

（四）原产地证的内容

原产地证必须在表面上与发票的货物相关联，并明确表明货物的原产地。原产地证的货物描述可以使用与信用证不矛盾的货物统称，或通过援引表明其与要求的单据中的货物相关联，例如“AS PER INV. NO…”。

第三节　检验检疫证明书

一、检验证书概述

检验检疫证明是由政府机构、检验鉴定公司、制造商或出口商按照某种标准对货物进行检验后出具的，证实货物在品质、数量、重量、包装或卫生等方面符合特定标准的书面证明文件。

（一）检验证书大多由下列机构签发

（1）政府机构。

（2）制造商或同业公会。制造厂商签发的检验证书称为 MANUFACTURER'S INSPECTION CERTIFICATE。生产规模较大的生产厂商均有完善的检验设备和技术，出厂的货物均经过严格检验，以保证货物质量符合合同的要求，其所出具的检验证书也为进口商所接受。

（3）公证行或检验鉴定公司。由公证行或检验鉴定公司签发的检验证书称为独立检验证书（INDEPENDENT INSPECTION CERTIFICATE），是进口商为保证出口商履约，要求独立公证行出具的检验证书。这种检验证书并没有一定格式，其内容繁简程度视货物性质而定。

（4）进口商的分公司或代理人。进口商在出口商所在国或地区设立分支机构或办事处，这些分支机构或办事处在检验货物之后，也可出具检验证书。通常，将信用证中要求提交申请人或申请人的代理人出具的检验证书视为软条款。出口商收到这种信用证时，应谨慎判断：进口商是否会因行情变化，通过拒绝出具检验证书而阻挠出口商正常交单收款。

（二）检验证书的种类

常见的检验证书有植物检疫证书、卫生检疫证书、品质检验证书、数量检验证书、熏蒸检验证书、兽医检验证书等。

二、缮制要点

（一）由信用证规定的检验机构出具并签署

如果信用证规定了检验证书的出具人，则必须由该指定人出具并签署。如果信用证未规定出具人，则可以由包括受益人在内的任何人出具和签署。

（二）发货人和收货人

一般情况下，检验证书的发货人为信用证的受益人。当实际发货人不是受益人时，检验证书的发货人应与提单托运人一致。

同样，检验证书的收货人也应与提单收货人一致。若提单收货人做成空白抬头（TO ORDER）或凭开证行指示（TO ORDER OF THE ISSUING BANK）这类抬头时，按照国际商会在 ISBP 中对原产地证收货人的有关规定，检验证书的收货人做成信用证的申请人是可以接受的，不构成不符点。

（三）内容与发票或其他单据保持一致

检验证书的货描可以使用与信用证规定不矛盾的货物统称，货物的数量、重量、体积、包装等不得与信用证及其他单据相矛盾。同时，检验证书不得标注对货物品质、规格、包装等方面的不利陈述。

（四）签发日期

检验证书的签发日期最好不迟于装运日期。检验证书的签发日期直接关系到该证书是否有效。检验证书必须载有签发日期，并显示货物是在装船前检验的。

特殊情况下，检验证书的签发日期不可过早。例如，比较容易变质的农副产品、食品或鲜活商品等，检验证书的签发日期最好略早于运输单据的装运日期。

第四节　包装单据

一、包装单据概述

包装单据是发票的附属单据，是对货物包装情况的书面说明文件，如包装方式、包装材料、花色规格、毛净重等，以便海关进行检查和进口商验收货物。

（一）包装单据的种类

包装单据按其用途可分为装箱单（Packing List）、重量单（Weight List）、尺码单（Measurement List）等。

（二）缮制要点

1．单据可以使用信用证规定的名称或相似名称，或不使用名称

例如，信用证要求提交“PACKING LIST”（装箱单），无论该单据冠名为“PACKING NOTE”或“PACKING AND WEIGHT LIST”（装箱和重量单据），还是没有名称，只要单据包含装箱细节，即满足了信用证要求。

2．信用证列明的单据应作为单独单据提交

如果信用证要求提交装箱单和重量单，受益人应分别提交单独的装箱单和重量单，或者提交两份正本装箱和重量联合单据，只要该联合单据同时表明装箱和重量细节，即视为符合信用证要求。

例如，信用证要求提交 2 份装箱单和 2 份重量单时，受益人可按要求分别提交单独的装箱单和重量单各 2 份；如果受益人提交 4 份联合单据，且该联合单据同时表明装箱和重量细节，也视为符合信用证的要求。

3．单据内容符合信用证要求

一般来说，包装单据应由受益人出具。若信用证未做规定，无论由谁出具都可接受。单据内容应符合信用证要求，并与其他单据不矛盾。每一种类的包装单据应该注明其特定的内容。例如，装箱单应该有关于货物包装的描述。

二、装箱单

装箱单（Packing List 或 Packing Note）又称为箱单，是记载每批货物包装细节的文件，也是商业发票的补充文件。

（一）装箱单的作用

买卖的货物，如有不同花色（或内容），而以包装（如木箱或纸箱装）方式装运时，商业发票虽然载有货物数量或件数，但只是笼统的数目，至于每包内容如何（花色、尺寸、大小），只有靠装箱单来表示。

此外，有些国家实施进口验货，因此也规定进口货物要提供装箱单，以便核验。如装箱单的记载与包装内的货物不符，海关会按情节轻重处罚进口商。因此，缮制箱单不可轻视。

（二）装箱单的内容

箱单上的总箱（包）数及总重量必须与发票和运输单据一致。

箱单内容可分为两部分：

第一部分与商业发票的前半段大致相同，除记载买方名称、运输工具名称、装运日期、起讫港口（地）之外，还列有商业发票号码以相互对照；

第二部分为箱单的主体部分，须按件号顺序，记载每包内所装货物的花色、数量、净重、毛重、体积或尺寸等，然后再列出总净重、总毛重和总体积，最后由出口商签署。

在实务中，也曾出现过中性箱单（Neutral Packing List）。这是要求出口商的名称不可体现于箱单上，通常用无出口商信头的白纸制成，而且出口商不签名盖章。若进口商欲将单证转让他人时，为防止最终购买人直接与出口商接触，通常会要求出口商提供中性箱单，同时也大多要求提供中性提单（Neutral B/L）。

三、重量单

重量单（Weight List 或 Weight Memo）是反映货物情况的单据，也是发票的补充单据。重量单的作用是可以作为计价、计数或计算运费的单据。

重量单的主要内容包括重量单名称、编号、日期、唛头、货名、货量、不同的规格品种、毛重、净重或皮重以及出单人签章等。

重量单对重量的说明是最重要的，通常注明每个包装件、每个货物类别和总的毛重和净重，必要时还应注明皮重。如用托盘装运，应注明托盘本身的重量。

第五节　证明

一、性质与作用

证明是指根据信用证的要求，由信用证中规定的一方出具的，证明其已经履行了买卖合同项下的义务，或满足了信用证中的某项要求的一种书面证实文件。

常见的证明有受益人证明、装船通知、船证明（船龄证明、船级证明、船程证明、黑名单证明等）、非木质包装证明等。其中，最常用的是受益人证明。

二、缮制要点

（一）证明的内容要符合信用证的要求，并且要合情合理

受益人应按照信用证的要求缮制或提交证明，但不可照搬照抄。

例如，信用证要求“ONE SET OF DOCUMENTS INCLUDING 1/3 ORIGINAL B/L MUST BE SENT TO THE APPLICANT BY COURIER AND THE BENEFICIARY’S CERTIFICATE TO THIS EFFECT SHOULD BE PRESENTED”（一套单据包括 1/3 正本提单需快递至申请人，并且受益人要提交这份证明）。

提交的受益人证明应为“ONE SET OF DOCUMENTS INCLUDING 1/3 ORIGINAL B/L HAVE BEEN SENT TO THE APPLICANT BY COURIER”，即把命令语气“MUST BE”换成完成时态“HAVE BEEN”就合情理。

（二）由信用证规定的出具人出具并签署

即使信用证没有要求，汇票、证明和声明自身的性质决定其必须有签字。签字不一定手写，可以采用摹本签字、打孔签字、印章、符号或用来表明身份的任何电子或机械的正式方法。

第六节　有关单据的其他规定

一、单据日期

任何单据的出具日期都不得晚于交单日期。

即使信用证没有明确要求，汇票、运输单据和保险单据也必须注明日期。除非保险单据表明保险责任不迟于发运日生效，否则保险单据日期不得晚于发运日期。

如果信用证要求上述单据以外的单据注明日期，该单据可以参引同批提交的其他单据的日期，例如，发运证明中声称"DATE AS PER B/L NO.×××"（日期参见×××号提单）或类似用语。

虽然要求的证明或声明在作为单独单据提交时通常应当注明日期，但其相符性取决于所要求的证明或声明的种类、所要求的措辞以及证明或声明中的实际措辞。至于其他单据是否要注明日期则取决于单据的内容和性质。

任何单据，包括分析证明（Certificate of Analysis）、检验证明和发运前检验证明的日期都可以晚于发运日期。但是，如果信用证要求一份单据证明发运前发生的时间，则该单据必须通过标题或内容来表明该事件发生在发运之日前或发运日当天。例如，信用证要求提交发运前检验证明，受益人提交的单据就须在标题上列明 PRE-SHIPMENT INSPECTION CERTIFICATE 字样，或在单据内容中表明 PRE-SHIPMENT INSPECTION 或类似内容。

显示有单据制作日期（Date of Preparation）和随后的签署日期（Date of Issuing）的单据应视为在签署之日出具。

经常用来表示在某日期或时间之前或之后的时间用语有以下几种：

（1）WITHIN 2 DAYS AFTER，在……后的 2 日内，指从事件之日起至事件后 2 日的时间；

（2）NOT LATER THAN 2 DAYS AFTER，不迟于……之后的 2 日，并非指一个期间，而是指最迟日期；

（3）AT LEAST 2 DAYS BEFORE，至少在……之前 2 日，指某一事项不得晚于某一时间前 2 日发生，该事项最早可以何时发生则没有限制；

（4）WITHIN 2 DAYS OF，在……的 2 日内，指某一时间的前 2 日至后 2 日之间的期间。

WITHIN（在……之内）与日期连用时，在计算期间时该日期不包括在内。

日期可以用不同的格式表示，例如 2015 年 11 月 12 日可以表示为 12 NOV 15、12NOV15、12.11.15、2015.11.12、11.12.15、121115 等，只要试图表明的日期能够从该单据或提交的其他单据中确定，上述任何格式均可接受。为避免混淆，建议使用月份的名称（如 12

NOV 15）而不要使用数字。

二、单据的出具人

如果信用证要求单据由某具名个人或实体出具，只要单据看似由该具名个人或实体出具，即符合信用证要求。单据使用该具名个人或实体的信头，或如果未使用其信头，但看似由该具名个人或实体或其代理人完成或签署，即为看似由该具名个人或实体出具。

例如，信用证要求受益人提交一份由 CCPIT 出具的产地证，如果产地证是由 CCPIT 在标明受益人信头的纸张上完成并签署，则不构成不符点。

三、单据的签署

即使信用证未做规定，汇票、证明和声明就其性质而言应有签字。单据签字可以用手签（Handwriting）、摹样签字（Facsimile Signature）、穿孔签字（Perforated Signature）、印戳（Stamp）、符号（Symbol）或任何其他机械或电子的证实方法完成。

单据上留有专供签字的方框或空格并不意味着该方框或空格处必须载有签字。例如，在空运或公路运输单据中经常载有“SIGNATURE OF SHIPPER OR THEIR AGENT”（托运人或其代理人签字）或类似用语的区域，但该处没有签字并不构成不符点。如果单据内容表明须经签字方才生效，例如“THIS DOCUMENT IS NOT VALID UNLESS SIGNED”（单据非经签署无效）或类似用语，则必须签字。

如果信用证要求单据“SIGNED AND STAMPED”（签字并盖章）或类似要求，则单据载有签字及通过打字机打上或以印戳或手写加具的签字人的名称，也满足该要求。

除非另有规定，在一公司信头纸上的签字将被视为该公司的签字，无须在签字旁重复公司的名称。

四、单据的正本和副本

（一）单据的正本

任何带有单据出具人的原始签名、标记、印戳或标签的单据将被视为正本，除非单据本身表明其并非为正本。

相应地，除非单据另有表示，在以下情况，单据将被视为正本：①单据由出具人手写、用打字机打出、打孔或加盖印戳；②单据出具在载有出具人抬头的原始信笺上；③单据本身声明其为正本，除非该声明看似并非适用于提交的单据，例如，对某一加盖正本章的单据进行复印后所获得的单据。

由单据出具人手签的单据视为正本。例如，手签过的汇票或商业发票视为正本单据，即使单据的一些或全部其他组成部分为预先印制、碳写或以复印、自动或计算机控制的系统制成。

摹样签字也视为等同于手写签字，因此，带有单据出具人摹样签字的单据也视为正本单据。

任何看似为另一单据的复印件的单据视为非正本，但是，如果一复印件看似经过单据出具人在其上加以手工标记（如手签、摹样签字、打孔或加盖印戳）完成，则此单据视为正本，除非其上另有表示。如果单据看似通过将文本复印到原始信笺而非空白纸张上而得，则该单据视为正本单据，除非其上另有表示。

任何由银行的传真机获得的单据视为非正本。通过传真传送的已签单据如果不另外加具原始签字的话，也不视为已签正本。允许以传真方式提交单据的信用证，在以传真方式提交的任何单据的范围内即放弃了提交正本的要求。

单据上盖有“ORIGINAL”（正本）字样印戳的单据被视为正本单据。单据中声明其为“DUPLICATE ORIGINAL”（第二联正本）或“THIRD OF THREE”（三分之三）也表示其为正本。单据中声明如有另一同样单据被提交则其失效，也表明其为正本。

（二）单据的副本

如果单据有以下情形之一，即表明其为非正本（副本）：

（1）看似由传真机生成；

（2）看似为另一单据的复印件，而未另以手工标记该复印件而完成，也未复印在看似为原始信笺上；

（3）单据中声明其为另一单据的真实副本（IT IS A TRUE COPY OF ANOTHER DOCUMENT）或另一单据为正本（ANOTHER DOCUMENT IS THE SOLE ORIGINAL）。

（三）单据的数量

须提交的单据的正本数量至少为信用证或 UCP600 所要求的数量。如果单据自身注明了签发的正本数量，则至少为该单据显示的数量。

五、单据的更正

除了由受益人制作的单据外，对其他单据中的信息或数据的更正和更改必须经单据出具人或其授权人证实。对履行过法定手续或载有签证、证明之类的单据的更正和更改必须经该法定手续实施人、签证人或证明人证实。证实必须表明证实人的名称，并包括其签字或小签。如果证实并非由单据出具人所为，则该证实必须清楚地表明证实人系以何身份证实单据的更正或更改。

对未经履行法定手续、签证或证明的由受益人自己出具的单据（汇票除外）的更正和更改无须证实。

汇票如有更正和更改，必须由出票人证实。有些国家即使有出票人的证实也不接受带有更正或更改的汇票，此类国家的开证行应在信用证中声明汇票不得出现更正或更改。

同一份单据内使用多种字体、字号或手写，其本身并不意味着必然为更正或更改，因为这只被视作单据制作过程中的一个步骤而已。

当一份单据包含不止一处更正或更改时，必须对每一处更正做出单独证实，或者以适当的方式使一项证实与所有更正相关联。例如，如果一份单据显示出有标为 1、2、3 的三处更正，则使用类似“CORRECTION NO.1、2 AND 3 ABOVE AUTHORIZED BY ×××”的声明即满足证实的要求。

六、特殊用语的含义

UCP600 对诸如"SHIPPING DOCUMENTS"（发运单据）、"STALE DOCUMENTS ACCEPTABLE"（过期单据可接受）、"THIRD PARTY DOCUMENTS ACCEPTABLE"（第三方单据可接受）、"EXPORTING COUNTRY"（出口国）等用语未做定义，因此，不应使用此类用语。如果信用证使用了此类用语，则应明确其含义，否则根据国际标准银行实务（ISBP），其含义如下：

（1）"SHIPPING DOCUMENTS"（发运单据）指信用证要求的除汇票以外的所有单据（不限于运输单据）；

（2）"STALE DOCUMENTS ACCEPTABLE"（过期单据可接受）指晚于发运日后 21 日提交的单据可以接受，只要其不晚于信用证规定的截止日；

（3）"THIRD PARTY DOCUMENTS ACCEPTABLE"（第三方单据可接受）指所有单据，包括发票，但不包括汇票，均可由受益人之外的人出具，如果开证行意在表明运输单据或其他单据可显示受益人之外的人为托运人，则无须特别标明，因为，UCP600 第 14 条 f 款已经明确规定，"在任何单据中注明的托运人或发货人无须为信用证的受益人"；

（4）"EXPORTING COUNTRY"（出口国）指受益人住所地国，或货物原产地国，或承运人接受货物地国，或货物的发运地或发货地国。

复习思考题

一、简答题

1. 简述保险单据的意义和作用。
2. 简述我国的海洋运输保险条款。
3. 简述海洋运输保险的内容和具体分类。
4. 什么是共同海损和单独海损以及二者的区别？
5. 按损失程度和性质的不同，海损可分为几种类型？

二、操作题

请根据以下材料填制一份保险单。

A. 信用证条款（见表 7-1）。

表 7-1　信用证相关内容

Applicant	* 50:	ZELLERS INC. , ATTN. IMPORT DEPT.
		401 BAY STREET, 10/FL.
		TORONTO ON MJH. 2Y4, CANADA
Beneficiary	* 59:	G.M.G. HARDWEAR & TOOLS IMP. & EXP.
		COMPANY LTD.
		726 DONGFENG ROAD EAST, GUANGZHOU, CHINA
Loading in Charge	44A:	GUANG ZHOU, CHINA
For Transport to...	44B:	VANCOUVER, CANADA
Descript. of Goods	45A:	HANDLE TOOLS

续表

		ITEM NO.	QUANTITY	UNTI PRICE
		A 0214	2 000 DOZ	USD 10.50
		A 0012	1 000 DOZ	USD 11.50
		M 0102	500 DOZ	USD 28.00
		AS PER SALES CONFIRMATION NO. 02GP520471		
		DD 03 JAN.12		
		CIF VANCOUVER CANADA		
Documents required	46A:	+ MARINE INSURANCE POLICY OR CERTIFICATE IN DUPLICATE, ENDORSED IN BLANK,FOR FULL INVOICE VALUE PLUS 10 PERCENT, STATING CLAIM PAYABLE IN CANADA COVERING INSTITUTE CARGO CLAUSES(A) AND WAR RISKS.		

B. 其他资料。

发票号码：KW-030419 发票日期：2012 年 4 月 10 日

发票金额：USD46500.00 提单日期：2012 年 4 月 19 日

船名：CHAOHE / ZIM CANADA V. 44E（在香港转运）

唛头：ZELLERS CANADA / VANCOUVER 保险单号码：KC03-85362

货物装箱情况：10DOZ / PACKAGE 350PACKAGES

三、案例讨论题

我国某公司以 CIF 条件出口一批羊肉到中东某国，信用证规定投保平安险加战争险、罢工险。货到目的港后由于码头工人罢工而致无人卸货，一个星期后由于无法补充燃料，货轮上的冷冻设备停止运转，等到罢工结束，该批羊肉已变质无法食用。问保险公司对于该损失是否赔偿？为什么？

第二篇

融资篇

第八章　信用证项下的常用融资方式

信用证项下常用的融资方式如图 8-1 所示。本章将具体讲解这些融资方式。

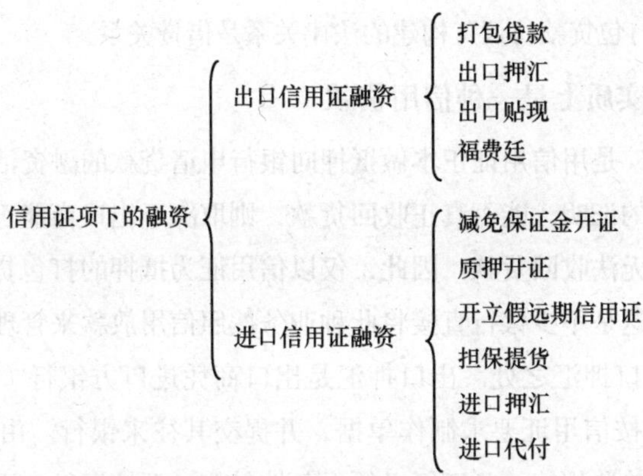

图 8-1　信用证项下的融资方式

第一节　打包贷款

一、什么是打包贷款

打包贷款（Packing Loan）是出口商收到国外开来的信用证，以信用证正本和销售合同作为抵押品，申请此项贷款，以用于该信用证项下出口商品的进货、备料、生产和装运。

打包贷款的货币，一般是以人民币为主。特殊情况下，如需支付运费，也可通融发放少量外币打包贷款。贷放金额视具体情形而定，一般为信用证总金额的 60%～80%。贷款期限根据信用证有效期加合理的收汇期限确定，原则上不超过 180 天。

申请打包贷款的出口商必须将信用证项下单据交给贷款银行寄单收汇，贷款银行即从收妥结汇金额中扣还打包贷款本息和其他费用，如有还款不足部分，由贷款银行从出口商的存款账户划拨归还贷款。

打包贷款对出口商有如下好处：在出口商自身资金紧缺而又无法争取到预付货款的支付条件时，可以帮助出口商顺利组织货源、开展业务、把握贸易机会；减少资金占压，在生产、采购等备货阶段不必占用出口商的自有资金，缓解了出口商的流动资金压力。

二、打包贷款的法律特征

（一）打包贷款是一种融资法律关系

打包贷款是采用信用证结算的出口商凭收到的信用证正本，向银行申请贷款的一种融资业务，主要用于对出口信用证项下生产或收购商品及其他从属费用的短期资金融通。银行在打包贷款业务中所获得的收益是贷款的利息。

（二）打包贷款与信用证有密切的关联性

银行在办理打包贷款业务中，通常都要求贷款客户提供信用证正本做抵押。银行决定是否打包贷款，要考虑信用证的具体情况，并认真审核信用证以及开证行有关信息。尽管打包贷款与信用证有密切联系，但是打包贷款并没有在银行和客户之间建立信用证法律关系，银行与客户之间通过“打包贷款协议”构建的法律关系是借贷关系。

（三）打包贷款实质上是一种信用贷款

打包贷款的操作，是用信用证正本做抵押向银行申请贷款的融资活动。但信用证仅是出口商有把握收到货款的证明，能否真正收回货款，则取决于出口商能否按期履约，如出口商不能或不愿履约，则无法收回货款。因此，仅以信用证为抵押的打包贷款，实质上是一种信用放款，风险较高。这是不少银行直接将此种业务按照信用放款来管理风险的重要依据，也是打包贷款有别于出口押汇之处。出口押汇是出口商凭进口方银行（开证行）开来的信用证，在货物发运后，按信用证要求制作单据，并提交其往来银行。由于在信用证结算方式下，只要单证一致、单单相符，开证行必须无条件付款，而押汇行由于持有出口商交来的有效单据，其收款有保障，风险较低。

三、打包贷款的操作过程

（一）客户提出打包贷款申请

1．申请人条件

贷款银行的风险管理人员会核定贷款人的基本授信限额；考察其是否有真实贸易基础、制单能力、对外履约信誉，能否按期、按质、按量完成生产（收购）和出口交货计划，有无不良收汇记录，是否在贷款行开立人民币或外币账户等；有变现能力强的足额抵（质）押物或具有实力的企业担保；申请人和保证人没有不良信用记录等，并以申请打包贷款的信用证项下单据作为物权单据，确定信用证的表面真实性。

贷款银行单证人员审核下述内容：开证行必须资信可靠，所在地政局稳定，无金融危机，信用证真实有效，未载有软条款，没有限制他行议付，索汇线路合理等。

2．申请人应提供的材料

企业申请时应提供以下文件和资料：打包贷款申请书；银行开立的有效信用证正本；与信用证项下对应的贸易合同；出口批文或许可证（非三类商品除外）；申请人及保证人近期财务报表及经审计的上年度财务报告；申请人及保证人法定代表人证明书或法定代表人授权书，有董事会机构的企业还应加报董事会决议；用房地产抵押的应提供房地产所有权证书正本及银行认可的物业评估报告；以及银行认为需要提供的其他资料。

3．其他条件

企业申请打包贷款项下所有的人民币和外币结算业务，均应在本行的人民币和外汇结算账户办理。做打包贷款的信用证项下的单据必须向贷款行交单议付。在办理收妥结汇时，不管贷款是否到期，银行自动从结汇款项中扣除打包贷款的本金、利息和其他费用。打包贷款逾期按银行有关规定计收罚息，并向借款人和保证人追收，或处置抵（质）押物。如果借款企业挪用打包贷款，应对挪用金额按银行有关规定计收罚息，并强制提前收回打包贷款。如果借款企业有假出口打包，骗取贷款的行为，立即强制收回打包贷款，停止所有授信业务的审批，直至打包贷款本息收回为止。

（二）银行审查与批准手续

银行客户部门受理客户提交的打包贷款申请，填写"授信发放审查表"，核减客户的授信额度，根据银行的信贷审批程序审批。审批同意后，银行与企业签订"出口打包贷款合同"，在正本信用证上盖"已打包"章，在人民银行信贷登记系统及本行风险管理系统里录入相关要素，并通过操作系统下划头寸，将净额结汇或入客户账。信用证正本须留存于贷款银行，以确保在贷款银行交单议付。客户出口货物取得信用证项下单据，向银行交单收汇后，归还打包贷款。若客户申请对打包贷款展期，贷款银行客户部门填写"贷款展期审批书"，再逐级报送完成审批程序。

（三）放款用途、金额、期限及利率

打包贷款应该专款专用，即仅用于为执行信用证而进行的购货等用途。贷款金额一般是信用证金额折人民币的60%～80%。期限根据信用证有效期加合理的收汇期限确定，原则上不超过180天。打包贷款的利率按人民币流动资金贷款利率标准执行。

图8-2所示为打包贷款的操作流程。

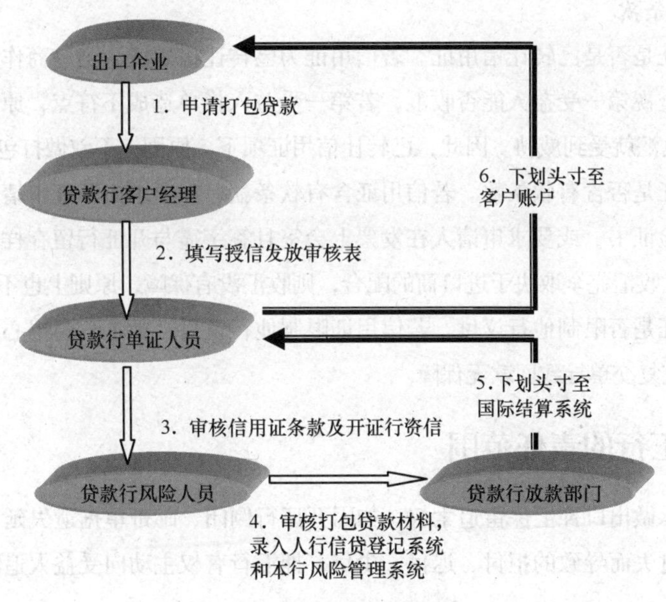

图8-2 打包贷款流程

第二节 出口押汇

出口押汇（OUTWARD DOCUMENTARY BILLS PURCHASED）是交单行应国内出口商

申请，以出口单据项下收汇权利做质押，向出口商提供的保留追索权的短期融资。

出口押汇包括信用证项下正点单据押汇、信用证项下不符点单据押汇、出口托收押汇。其中，信用证项下正点单据押汇业务属于低风险业务，一般不占用客户综合授信额度，只占用押汇行和开证行之间的代理行额度；后两类一般在出口商综合授信额度内办理。

一、出口押汇的操作方法

（一）出口商申请办理出口押汇

出口商要办理出口押汇业务时，需提交以下材料：出口押汇申请书、信用证正本及修改、信用证项下全套单据等。

（二）押汇行审查出口押汇条件

押汇行在办理出口押汇业务时，一般遵循以下原则。

1．开证行信誉良好

若开证行资信状况不良或经营作风恶劣，曾无端挑剔不符点，单据收汇无保障，原则上不予办理出口押汇。

2．开证行、付款行或承兑行所在国家或地区政治经济状态

若开证行、付款行或承兑行所在国家或地区政局动荡，外汇管制严格，外汇严重短缺，或发生金融危机等，信用证收汇无把握，原则上不办理押汇。

3．信用证条款

（1）信用证是否是已转让信用证。若信用证为已转让信用证，出口商作为第二受益人，其收汇与否完全视第一受益人能否收汇。若第一受益人换单造成不符点，原证开证行拒付，则第二受益人收汇就受到威胁。因此，已转让信用证项下，原则上不叙做打包贷款。

（2）信用证是否含有软条款。若信用证含有软条款，如要求由开证申请人或其在出口地的代表出具检验证书，或要求申请人在发票上会签且签字需与开证行留存样本相符等，出口商能否安全及时收汇完全取决于进口商的配合，则收汇没有保障，原则上也不予办理。

（3）信用证是否限制他行议付。若信用证限制他行议付，押汇行会担心出口商向限制议付行和押汇行重复交单导致回款无保障。

二、押汇行的责任范围

（1）银行承做出口押汇保留追索权。如因开证行倒闭、邮寄单据遗失延误、电信失误等非押汇行本身过失而导致的拒付、迟付、少付，押汇行有权主动向受益人追回全部垫款及其利息。

（2）遇到开证行无理挑剔、拒付、迟付或少付时，押汇行负责对外交涉，以维护出口方权益；如交涉无效造成损失，押汇行仍可向受益人追索。有关纠纷由买卖双方直接交涉。

三、出口押汇的发放

（1）出口押汇原则上收取外币利息，也可应受益人的要求，对于即期信用证的出口押汇收取人民币利息；押汇利率一般参照流动资金贷款利率计收。

（2）计息天数，按照不同的出口地区，不同货币的出口单据平均收汇天数作为正常的垫款天数。即期信用证一般不超过 30 天，远期信用证一般不超过 180 天。

（3）信用证项下正点单据押汇可按单据金额扣减银行手续费、邮电费、押汇利息后的余额发放；信用证项下不符点单据押汇金额扣减银行手续费、报文费、押汇利息后的余额一般不得高于单据金额的 90%。

四、出口押汇的特征

（一）出口押汇是一种融资法律关系

从法律关系来看，出口押汇是相对独立于信用证法律关系的一种“融资法律关系”或“借贷法律关系”。押汇银行是融资方，押汇申请人是借款人。

（二）出口押汇是一种附有特殊担保机制的融资法律关系

出口押汇法律关系的构建，依赖于特殊的“担保机制”——押汇申请人将其出口项下的信用证及其相关单据作为“质押品”或“抵押品”。正因为如此，信用证项下出口押汇与信用证往往有着密切的联系。

（三）出口押汇与议付有着密切的联系

我国银行实践表明，银行为了押汇和议付的安全性，通常将押汇行和议付行的地位统一起来。这也使得一些银行并不打算区别议付和出口押汇。还有的银行则将押汇作为议付完成的对价，押汇的完成就是取得议付行法律地位的标志。

事实上，押汇与议付是有很大区别的。

第一，议付必须在议付信用证项下操作，信用证在 41D 场内规定“AVAILABLE WITH...BANK BY NEGOTIATION”（由……银行议付）；信用证项下出口押汇则不限制信用证的种类。

第二，议付的前提是单证相符；押汇包含正点单据押汇，也包含不符点单据押汇。

第三，议付行根据欺诈例外的例外原则享受开证行的保护，即若出口商存在商业欺诈时，议付行可以凭善意第三人的身份获得开证行偿付；押汇行为则只是押汇行与出口商之间的融资安排，若开证行拒付可直接追索。

案例分析

内地某公司收到一张从香港东亚银行开来的装运后 90 天付款、金额为 100 万美元的信用证。该公司备货发运后，向往来银行交单。8 天后，香港东亚银行发来承兑电文，承诺于 2015 年 10 月 18 日付款。

由于该公司流动资金不足，急需收回这笔款项用于周转，而该公司在往来银行没有任何授信额度。由于开证行资信良好，往来银行又持有开证行的承兑电文，于是，该公司向往来银行咨询后，申请叙做出口押汇业务。

该公司按要求提交了“出口押汇申请书”、出口合同等资料，押汇利率为 3%，低于同期人民币流动资金贷款，议付费率为 0.125%。

该公司需支付议付手续费为 100 万美元×0.125% = 0.125 万美元；

押汇利息为 100 万美元×3%×90/360 = 0.75 万美元。

往来银行审核了相关资料后，扣除议付手续费 0.125 万美元及贴现利息 0.75 万美元后，将余额 99.125 万美元发放给该公司。

该公司收到押汇款后，在往来银行结汇，用于购买生产原料，用较低的财务成本加速了企业资金的流转，达到了远期信用证即期收汇的目的。

对往来银行而言，由于有开证行的承兑电文，并对出口商保留追索权，出口押汇业务风险较小，收益可观。

第三节　出口贴现

出口贴现是指寄单行对信用证项下经开证行承兑的、未到期的远期票据有追索权地买入，为出口商提供的短期融资产品。

出口贴现的具体操作流程见图 8-3。

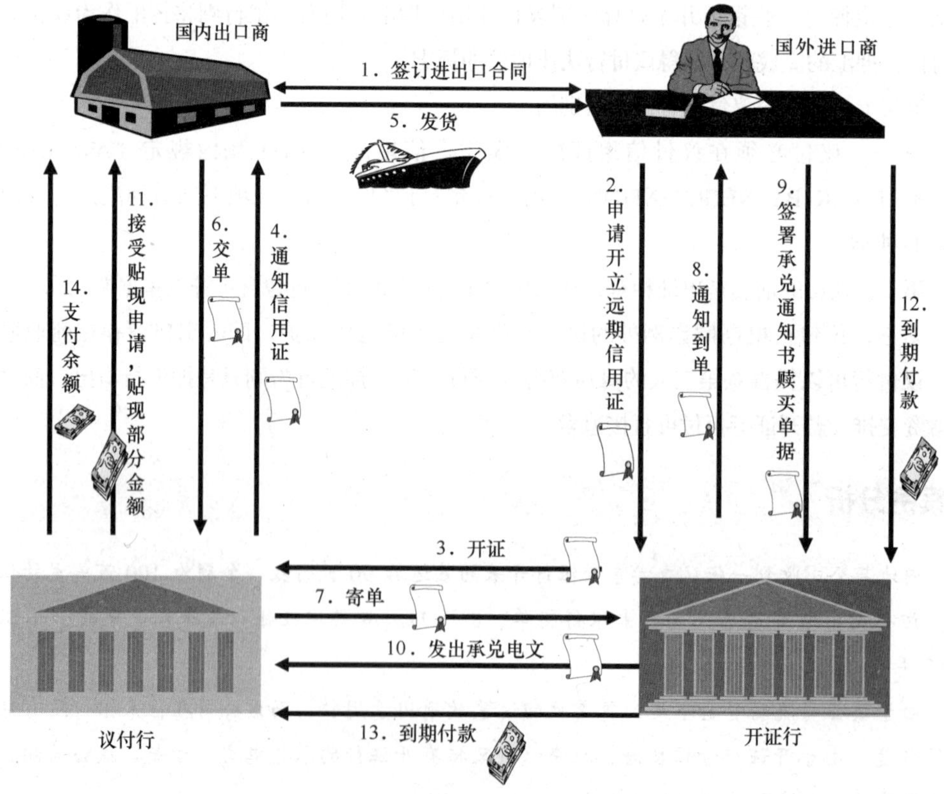

图 8-3　出口贴现操作流程

出口贴现与出口押汇十分类似，其主要区别主要体现在：出口押汇是出口商在向议付行交单时即提出申请，议付行在寄单前即表明接受申请并支付款项；出口贴现只适用于远期承兑信用证，而且在开证行发出承兑电文后，议付行才支付款项。

第四节 福费廷

一、福费廷的含义及其特征

（一）福费廷的含义

福费廷（Forfaiting），来源于法语，含有“放弃权利”的意思。它是指由商业银行等包买商从出口商那里无追索权地买断由进口商承兑的，并由进口商所在地银行担保的远期汇票或本票，从而为出口商提供融资服务的一种贸易融资方式。具体到信用证业务上，就是寄单行对经开证行承兑的跟单汇票进行无追索权的买断。

从银行的角度来说，福费廷分为自营福费廷业务和非自营福费廷业务。自营福费廷业务是指银行从出口商手中无追索权地买断通常由开证行或保兑行承兑的信用证项下远期承兑汇票，银行到期从开证行或保兑行收回票面金额的行为。由于国内银行大多与境内外资银行签有福费廷方面的合作协议，可以拿到相对较低的费率，因此，国内很多银行在买断应收账款后，大多不持有单据，而是转卖给境内外资银行，从而赚取买卖之间的差价，这种业务是非自营福费廷。无论是自营还是非自营福费廷业务都不占用出口商在银行的授信额度。

（二）福费廷的特征

福费廷具有下列特征。

1．福费廷在法律性质上是一种买卖合约交易

福费廷业务中基本的法律关系是买卖关系，即作为票据出售一方的出口商将其持有的应收票据卖断给包买商。在这一过程中，银行或者福费廷公司是买方，而不是一般的代理人或者其他中间人，它需要承担买方的所有权利和义务。

2．福费廷交易的标的物是票据

从各国包买商的实际操作来看，这里的票据是应收账款票据，并且是权利已经确定了的票据，包买商没有必要也不应该陷入贸易纠纷中去。正因为如此，包买商通常都要求福费廷项下的票据是经过进口商或进口商所在地银行承兑的票据。

3．无追索权是福费廷交易的基本特征

包买商开展福费廷业务的本意就在于使该项业务区别于传统意义上的票据贴现，因为后者保留了“追索权”，而福费廷则放弃了“追索权”，使出口商获得更加安全的融资，从而增加了福费廷业务的吸引力。

二、福费廷业务操作流程

银行或者专业福费廷公司开展福费廷业务需要按照一定的环节和流程来操作，以有效地降低交易成本，控制风险。

下面简要介绍国内信用证项下福费廷业务的操作流程。

（1）出口商向银行交单时，提供进、出口商的详细情况以及贸易合同等相关材料，提出叙做福费廷的意向。

（2）寄单行审核客户资料，分析出口商及其交易的相关风险，包括进口商所在国的政治风险、商业风险、外汇汇出风险等，核定开证行的资信状况和信用额度。

（3）开证行发来承兑电文后，出口商正式提交叙做福费廷业务的申请。

（4）寄单行向出口商报价。

（5）如果出口商接受了银行的报价，则须与银行正式签订福费廷协议。福费廷协议的内容包括：项目概况及债务凭证；贴现金额；货币、期限；贴现率及承诺费率；有关当事人的责任义务；违约事件及其处理；法律适用与纠纷的管辖权等。

（6）寄单行扣除相关费用后，将单据净额入客户账。

三、福费廷报价的主要内容

（一）贴现率

贴现率通常有两种报价方式，一是提供一个明确的固定利率，二是用浮动利率，即伦敦银行同业拆借利率（LIBOR）加上一个利差，LIBOR 按照福费廷融资协议签署日或交割日的 LIBOR 确定。贴现率的高低是根据进口国的综合风险系数、融资期限的长短、融资货币的筹资成本等决定的。贴现率通常以 LIBOR 加一个利差表示，LIBOR 反映银行的筹资成本，利差反映银行所承担的风险和收益。

（二）承诺费

承诺费是银行在承诺期内根据贴现的面值及向出口商承诺的融资天数计算出来的费用。承诺期是指从银行与出口商签订福费廷协议起，至银行实际贴现付款日止的一段时间，承诺期不是事先固定的，但一般不超过 6 个月。银行一旦承诺为出口商贴现票据，从签订福费廷协议起的任何一天，都有可能办理贴现支付票款，如出口商中途因某种原因未能履约，银行要蒙受一定的资金损失，因此，收取相应的承诺费是合理的。承诺费率一般为年率 0.5%～2%。

（三）宽限期

宽限期是指从票据到期日至实际收款日的估计延期天数。由于任何延期都会使银行增加成本，所以，银行为补偿其在到期日向进口方银行索偿时可能遇到的拖延或其他麻烦，一般在报价时都在实际贴现天数的基础上加 3～7 天的宽限期。

四、福费廷与出口押汇的比较

（一）两者法律关系性质不同

福费廷的基本法律关系是以信用证、本票、汇票为标的的买卖关系；出口押汇是附有特殊担保机制的借贷法律关系。

（二）付款的期限不同

福费廷项下付款期限从 180 天到 7 年不等；出口押汇最长期限通常不超过 180 天。

（三）有无追索权不同

福费廷项下银行对出口商通常不享有追索权；出口押汇中，银行享有对出口商的追索权。

（四）是否占有出口商信用额度不同

福费廷不占出口商在银行的授信额度；出口押汇通常占用出口商在银行的授信额度。

（五）银行是否办理考虑的因素不同

福费廷业务中，银行需要考虑开证行的资信状况；出口押汇则主要考虑出口商的资信。

五、福费廷与出口贴现的比较

二者的相同之处在于，福费廷与出口贴现都只适用于远期承兑信用证，都在开证行发出承兑电文后操作；二者的区别在于，福费廷无追索权，出口贴现有追索权。

第五节　减免保证金开证

一、减免保证金开证的含义

减免保证金开证，又称为授信开证。通常，进口商申请开证时，需缴纳全额保证金。但多数情况下，进口商在开证行有综合授信额度。于是，进口商可以以占据信用额度的形式代替缴纳全部或部分开证保证金，待信用证项下单据到达时，方付款赎单。

这实质上也是开证行提供给进口商的一种资金融通形式，融资期限为信用证开立日期起至申请人付款赎单日止。很多银行对这种融资形式并不收取利息；而且，综合授信额度可以循环使用开立信用证。因此，大多数进口商会选择给自己授信的银行为开证行。

二、业务流程

（1）进口商向银行提交相关资料，申请开立信用证；

（2）银行审核进口商的资料，确定其有真实的贸易背景并符合外汇管理政策的有关规定，落实综合授信额度后，对外开立信用证；

（3）进口商接受进口到单后，向在开证行的结算账户注入资金，由开证行对外付汇。

三、案例分析

国内某贸易公司是一家中小企业，但其业务发展良好，进口渠道稳定，下家生产企业实力雄厚，于是，向其往来银行申请 500 万美元减免保证金开证的综合授信额度。

该企业拟向美国某公司进口一批金额为 600 万美元的生产原料，于是，向银行交纳 100

万美元保证金，其余 500 万美元占用其授信额度，申请对外开立信用证。

银行于 2 月 18 日将信用证开至美国，3 月 25 日价值 600 万美元的进口单据达到开证行。该企业接受单据，并将其余 500 万美元划入其在开证行的结算账户后，于 3 月 31 日对外付汇。该企业综合授信额度重新恢复至 500 万美元。

这样，该企业通过使用综合授信额度，减免保证金开证，减少企业的资金占用，加快资金流转，提高了资金的使用效率。

第六节 质押开证

质押开证，指进口商以有价证券为质押品申请开立信用证，例如，仓单质押开证和存单质押开证。

一、仓单质押开证

仓单质押开证是指进口商以代表货权的进口货物仓单为质押，申请开立进口信用证的一种贸易融资产品。

这种贸易融资产品适用于进口铁矿砂、焦炭、原油、燃料油等大宗散货的外贸、工贸企业对外开立远期信用证。

（一）为什么采用仓单质押开证

（1）突破授信额度的限制。

充分利用企业贸易过程中的物流环节——仓单，突破银行对开证申请人授信额度的限制，拓宽企业获得银行贸易融资的途径。

（2）无需额外担保。

进口商以所进口货物的保管仓单作为质押，不需再提供其他担保。

（3）优化财务结构。

贸易型企业最大的发展瓶颈是资金问题，仓单质押减少开证过程中的资金占用，实现了贸易过程自发性融资的功能。

（二）如何操作仓单质押开证

（1）银行（开证行）审核并给予进口商以仓单质押为担保方式的综合授信额度；

（2）进口商与开证行、保管商签订三方协议；

（3）进口商取得授信后，向开证行缴存一定比例的保证金，向国外开出信用证；

（4）国外出口商发货交单；

（5）进口到单后，开证行将提单交给与其签有监管协议的货代公司办理报关及商检手续，并由货代公司将仓单直接交给开证行；

（6）货物到达港口，卸货在港务局指定的堆场，由保管商负责货物的日常管理和监督；

（7）进口商根据货物的销售情况，向开证行提出全部或分次赎单申请，并将保证金存入开证行指定账户；

（8）开证行审核保证金入账金额，出具对应金额的出库单；

（9）保管商根据出库单的数量、型号等指示放货；

（10）进口信用证到期后，开证行从保证金账户对外支付。

（三）仓单质押开证案例分析

国内某汽车贸易公司要从国外某品牌汽车公司进口卡车，金额为 100 万美元。该汽车贸易公司在银行没有授信额度，没有可以抵押或质押的资产，没有资质好的企业为其担保，一时无法对外开证。双方经过协商，决定以仓单质押开证。

该汽车贸易公司以所进口的卡车的保管仓单作为质押，缴存 20%保证金，开立见票后 90 天付款的进口信用证。卡车进口后保存在保税区物流公司的仓库中，进口单据到达开证行，该汽车贸易公司接受单据，开证行对外承兑。

该汽车贸易公司在销售卡车时，以现金方式结算。经销商先将货款支付给汽车贸易公司，该汽车贸易公司再将货款转入开证行的保证金账户中，然后，开证行指示保税区物流公司允许汽车贸易公司提货，该汽车贸易公司再将车发运给买方。汽车在 2 个月内全部售出，此时该汽车贸易公司已在开证行存入 100%的保证金，金额达 100 万美元。承兑到期后，开证行顺利对外付汇。

二、存单质押开证

存单质押开证是指进口商以人民币或外币定期存款存单为质押申请开立信用证的一种贸易融资产品。

这种融资产品适用于下述情况：企业在银行没有授信额度，没有额外的流动资金满足开证保证金的需求，持有的定期存单即将到期，企业又急需对外开证。

为避免对外付汇时外币升值引起进口商财务成本增加，存单质押开证可与远期售汇业务联合操作。例如，进口商在以人民币定期存单为质押申请开证时，可同时办理一笔相同期限的远期售汇交易。在融资到期时，开证行释放质押的人民币定期存单，并用于远期售汇交割以归还融资款项。

第七节　提货担保

一、什么是提货担保

提货担保（Shipping Guarantee 或 Delivery Guarantee），在货物先于信用证项下提单或其他物权凭证到达的情况下，银行根据开证申请人的申请，向船公司出具书面担保用于提货，申请人承诺日后补齐正本提单换回有关担保书，并保证承担船公司所收一切费用和赔偿由此可能遭受的一切损失的业务。有的银行又称之为担保提货。

提货担保仅适用于信用证结算方式项下代表货物的未达提单或其他物权凭证。信用证项下的空运单据、铁路运单、邮政收据及不代表物权的货物收据不予办理提货担保业务。托收、汇款方式项下不予办理提货担保业务。

二、提货担保与提单背书的比较

提货担保与提单背书的性质有一定的相似之处，都是便于在全套单据到达之前提货，但操作起来略有不同。

提货担保是在信用证要求受益人提交全套正本提单，而货物先于单据到达的情况下，进口商为避免货物滞港而申请提货担保，当正本提单到达后，再凭正本提单换回提货担保。

提单背书则是在下述情形下使用：信用证要求提单抬头做成“凭开证行指示”（TO THE ORDER OF THE ISSUING BANK），受益人向银行提交 2/3 正本提单，另将 1/3 正本提单径寄进口商，1/3 正本提单和货物先于其他单据到达进口国。为避免货物滞港，进口商向开证行申请提单背书业务，开证行只在进口商直接收到的 1/3 正本提单上做背书，进口商才能凭该 1/3 提单提货。

三、提货担保的意义

提货担保对进口商和开证行均有一定的积极意义，尤其是对于进口商的积极作用更为突出。具体表现为以下两个方面。

第一，为进口商降低进口成本和交易风险。进口商委托办理提货担保，既减轻了进口商的仓储费用，又不致使其货物因品质发生变化而遭受损失。

第二，便于进口商及时地抓住交易时机，尽快地出售货物或者利用进口货物，为其尽快筹集资金偿还开证行创造条件。

四、提货担保的办理条件

银行办理担保提货条件的确定，主要考虑银行权益的安全，防止因担保带来难以挽回的损失。基于此，各银行通常从以下几方面来设计担保提货的条件。

（一）申请提货担保的客户限制

有的银行要求申请人必须是在担保行办理进出口贸易结算的基本客户，有的甚至更为严格地要求这种基本客户持续一年以上的时间才能申请。

（二）必须向银行提交必要的文件资料

进口商向银行申请担保提货，应提交下列文件：“担保提货申请书”一份；正本提单复印件或传真件或运输公司的到货通知；商业发票复印件或传真件；箱单复印件或传真件等。

（三）商业单据是否单单一致，是否与银行留存的信用证相符

审核商业单据是否一致及是否与银行留存的信用证相符，可避免银行陷入贸易纠纷中去。因为如果单据存在不符点，必然导致客户拒绝接受单据，从而影响到客户能否及时偿还银行垫付的款项。审核单据之间及单据和信用证之间是否相符，也是防止进口商诈骗的关键所在。

（四）申请人提供一定的担保和承诺

从银行的实际操作来看，可通过申请人提供足额的保证金作为提货担保的反担保机制，但是足额的保证金又会影响到申请人资金的周转。一些银行为了吸引客户和方便客户，降低了保证金要求，并且采取其他补充机制。如中国建设银行对不同类型信用证做了区别对待：即期信用证项下应收取全额保证金做抵押，有进口押汇额度的可相应扣减该额度；远期信用证项下须收取不低于 30%的保证金，有授信额度的，扣减相应授信额度，并视情况收取一定比例的保证金，不足部分须由申请人、担保人提供抵押（质押）或由资信实力雄厚的经济实体提供担保。

一些银行为了避免陷入可能发生的贸易纠纷，往往要求申请人在提货担保申请书中明确做出承诺：承担无条件付款责任，即无论货物是否存在与单据相符的情形，申请人都不得拒绝向银行付款并豁免银行的担保责任。提货担保申请书应表明：开证行担保提货的一切后果均由开证申请人负责，绝不使开证行蒙受损失，并同意一旦正本提单寄到，即将提货担保书换回，送给开证行注销，或由开证行直接将提单交给船运公司换回提货担保书，以解除开证行的保证责任。由于进口商在开证行尚未收到单据时就要提货，开证行应不允许进口商将收到的单据予以拒付，故提货担保申请书中应授权开证行支付货款，开证行可以借记申请人账户取款，或用进口押汇货款，待收到单据时用来偿付给指定的银行。

五、提货担保的操作流程

纵观各银行的业务操作实践，提货担保的操作流程主要有以下几方面的内容。

（1）进口方向船运公司索取空白提货担保书一份，同时填写提货担保申请书，连同发票和进口许可证、不可转让海运提单副本，一并向开证行申请。进口商应将货船名、起运口岸、卸货口岸、信用证号码、提单号码、货物装船及到岸日期、码头、货物名称、数量、价值等项写在申请书和担保书上面。

（2）审核并落实申请人提供的担保情况。主要是核收保证金及其落实情况，对于即期信用证项下使用开证额度开证的，要求申请人转全额保证金到保证金户；对于远期信用证项下使用额度开证的，申请人应出具付款委托书、信托收据等全套承兑手续。

（3）审核申请文件。银行结算经办人员需要对进口商所提交文件进行认真审核，各文件及信用证之间必须严格一致，特别要注意件数、金额、货物名称之间的一致性，且核对担保提货金额是否突破了信用证余额。发现不一致的项目必须落实清楚后才能予以办理。

（4）银行审批、签发担保函。经银行审核无误后，在《提货担保书》（或正本提单背面）盖章，将《提货担保书》（或正本提单）交还申请人签收，以便于申请人及时提货。

（5）换回正本担保函。在担保提货业务项下，正本提单寄达后，开证行要在提单上背书，在背书上写明“TO RELEASE OUR GUARANTEE ONLY”银行通常要求留存 1/3 正本提单，并由申请人凭其余 2/3 正本提单换回《提货担保书》并交还银行。一些银行还对交换的具体时间做了要求，有的规定本地限一周内换回，异地限 15 天内换回。到单 30 天后仍未归还《提货担保书》的，由银行人员凭正本提单至航运公司换回，申请人应承担由此产生的一切费用。

图 8-4 所示为提货担保范例。

提货担保

编号：

致：（受益人）

鉴于：本担保书的申请人________________________公司（以下简称“申请人”）尚未收到正本提单（提单号：___________），现请求凭本担保书提取相关货物（船名及航次：_______________货名：______________装运港：_________目的港：__________发货人：__________承运人：_______________________________唛头：________________货物发票金额：___________信用证编号：________________________货到通知书编号：______________________________。现应申请人的申请和指示，我行，即_________（以下简称“本行”），兹出具本担保书。本行于此无条件地、不可撤销地保证本行向贵方承担偿付总额最高不超过人民币_____元（此数额即为本担保书的担保限额）的担保责任，并约定如下：

一、本行无条件地且不可撤销地承诺：如果贵方向本行提交符合下列全部条件的索偿通知及本担保书正本，本行将在收到前述文件后十五个银行工作日内无条件地将贵方索偿的款项一次性付往贵方在该索偿通知中指定的贵方账户：（1）贵方在索偿通知中声明有第三方持提单原件（提单号：_________）起诉要求提取提单项下货物，贵方被判需向第三方进行赔偿，且贵方需提交法院生效判决书的原件；（2）索偿通知由贵方以书面信函（须注明作成日期并加盖贵方公章）方式出具，注明本担保书的编号。

二、索偿通知应在本担保书的有效期内送达本行。索偿款项应以（币种）人民币计算并表示为确定不变的数额。在本担保书的有效期内及担保限额内，贵方可以一次或分多次提出索偿，但贵方提出索偿的累计余额不得超过本担保书的担保限额。本担保书的担保限额根据本行向贵方履行的偿付金额而自动递减。

三、本担保书自开立之日起生效，至____年____月____日（该日为非银行营业日时则以该日之前的最后一个银行营业日为准）本行对公营业时间结束时有效期届满。贵方应于本担保书有效期届满后三日内将本担保书正本退回本行注销，但无论本担保书正本是否被退回本行，在有效期届满时本担保书即自动失效，对本行不再具有任何约束力。

四、本担保书的效力以及本行在本担保书项下对贵方承担的义务和责任是完全独立的，并不取决于任何交易、合同/协议、承诺（包括但不限于基础合同）的存在或有效性，也不取决于本担保书中未列明的任何条款或条件，并且不受对贵方与申请人之间的任何协议所作的任何变更、补充、终止或提前/延迟终止的影响。贵方有权以书面通知本行的方式解除本行在本担保书项下的全部/部分的义务和责任，该通知一经本行收到即发生效力。

五、本担保书项下的任何权利、利益和收益均不得转让也不得转移。

六、本担保书适用中国法律。有关本担保书的一切争议均应由本行住所地的人民法院管辖。

开立银行：___________（盖章）

主要负责人（或委托代理人）：

开立日期：　　年　　月　　日

图 8-4　提货担保

第八节　进口押汇

一、什么是进口押汇

进口押汇指银行应进口商申请，在其对外付款时提供短期资金融通，并按约定的利率和期限由申请人还本付息的业务，包括信用证项下进口押汇、托收（D/P、D/A）项下进口押汇、货到付款（T/T）项下进口押汇。

信用证项下进口押汇指开证行接到信用证项下相符单据，缮制“进口来单通知书”，一方面寄送申请人，通知其接收单据，要求申请人于通知日后若干天内到开证行办理付款赎单手续；另一方面在收到单据后 5 个工作日偿付寄单行。若进口商暂时无力付款赎单，向开证行申请签署“进口押汇合同”，取得商业单据，并承诺在一定期间内偿还票款。

其实质是开证行对进口商的一种资金融通形式，融资期限为开证行付款日起至进口押汇合同到期日止，大多数是 60 天、90 天或 120 天。

二、进口押汇的操作流程

（1）信用证来单后，开证行审核单据，缮制“到单通知书”，注明不符点（如有），交开证申请人；

（2）申请人在“到单通知书”上注明接受不符点（如有），承诺付款，并填写“进口押汇申请书”；

（3）开证行从申请人综合授信额度中扣除进口押汇额度，通知放款部门将押汇款项（扣减利息及相关手续费后的余额）入申请人账户；即期信用证的押汇期限不超过 180 天，远期信用证项下远期付款期限加进口押汇期限不超过 180 天；

（4）开证行对外付款；

（5）押汇到期后，归还押汇款项，客户综合授信额度中的进口押汇额度自动恢复。

三、进口押汇的法律特征

进口押汇是进口企业在跟单信用证结算方式下经常使用的一种融资方式，该方式使各方在整个国际贸易中，都能使用银行的信用。进口押汇的优越性在于使各方的利益获得充分保护，又使各方的交易成本得以降低。为了更好地把握进口押汇的法律风险，我们有必要深入分析进口押汇的法律特征。

（一）进口押汇通常体现着进口商与押汇银行之间的关系

进口商与押汇银行往往是开证申请人与开证行之间的关系。正因为如此，不少银行将进口押汇定义为，进口押汇是指开证行在收到信用证项下单据，审单无误后，根据其与开证申请人签订的《进口押汇协议》，先行对外付款并放单，开证申请人凭单提货并在市场销售后，将押汇本息归还开证行。从操作实践来看，押汇银行作为开证行，才能直接而有效地控制住进口项下的单据和货物，信用证结算方式决定了代表货物的单据通常应该寄给开证行。

（二）进口押汇是针对进口业务所发生的一种特殊融资行为

从该层面来看，进口押汇包含了银行向进口商提供融资的法律关系，也可以说借贷法律关系是进口押汇的基础性法律关系。对于进口商而言，申请进口押汇的目的在于获得融资，用于支付进口项下货款。对于银行而言，则通过办理进口押汇业务获得一定的手续费和利息收入。因此，进口商与银行之间的押汇协议，往往具有很强的借贷协议的特点。

（三）进口押汇是一种附有特殊担保机制的融资法律关系

进口押汇法律关系的构建，依赖于特殊的“担保机制”——押汇申请人将其进口项下的信用证及其相关单据作为“质押品”或“抵押品”。因此，信用证项下进口押汇与进口信用证往往有着密切的联系，因为它有赖于信用证及其相关单据作为担保物。

四、进口押汇与出口押汇的比较

进口押汇与出口押汇虽然都有共同之处，两者的实质都是特殊担保机制下的融资法律关系。但是由于进口押汇与出口押汇分布于进出口的不同环节上，因此两者有着明显的区别，具体表现在以下几方面。

（一）融资的意义不同

进口押汇的目的在于进口商偿还出口商的货款，出口押汇则是出口商在货款到达之前满足自己内在的资金需求。

（二）押汇的担保机制不同

进口押汇的担保机制可以包括信托收据、质押、抵押以及第三人的担保，而出口押汇的担保机制则通常没有信托收据的运用。这是因为，在出口押汇中，货物的所有权最终要转移给买方——进口方，出口方对货物所有权的掌握不是为了最终对所有权的控制，而是将所有权转让出去；进口押汇中，进口方则是为了获得所有权而进行融资，并最终管理和使用所有权指向的货物。

（三）押汇与信用证的联系程度不同

信用证项下，进口押汇虽然也与信用证有一定的联系，但是押汇银行不会过多关注信用证，因为信用证是押汇银行自己开出去的信用证。进口押汇中，银行所真正关注的是，信用证项下的货物是否真实、合法以及是否真正具有相应的市场价值。

而信用证项下出口押汇中，押汇银行则极为关注信用证及其附属的各种单据的状况，因为押汇银行的融资款项的偿还有赖于信用证项下款项的获取，而信用证项下款项的获得又直接依赖于单证是否相符、开证行和保兑行是否同意兑付。

（四）押汇银行与信用证法律关系中角色的关联关系不同

在进口押汇业务中，押汇银行往往就是信用证的开证行；而出口押汇业务中，押汇银行通常是信用证的议付行。正因为出口押汇与议付有着密切的联系，使得出口商在出口押汇的操作中往往很难辨别出口押汇与议付的不同。

复习思考题

一、简答题

1. 简述信用证、押汇、保理、福费廷之间的区别。

2. 简述福费廷业务基本流程。

3. 简述保理业务与福费廷业务的区别。

4. 福费廷中，对于交易各方应如何降低风险？

5. 简述出口押汇与打包贷款的区别。

6. 打包贷款的融资方式下，银行应如何把风险减到最低？

7. 出口押汇中，对交易各方来说，如何把出口押汇的风险降到最小？

8. 进口押汇融资方式下，交易各方如何降低风险？

二、案例讨论题

2012 年 10 月，中国某出口商 A 公司与孟加拉某纺织厂 B 公司签订了出口精纺设备的贸易合同。合同总价值为 280 万美元，最迟交货期为 2013 年 10 月 30 日，结算方式为见单后 360 天延期付款信用证。

2012 年 11 月 15 日，B 公司通过孟加拉 M 银行开出了以出口商 A 公司为受益人的 360 天延期付款信用证，并通过中国 N 银行向 A 公司通知了信用证。A 公司收到信用证后，开始购买原材料并组织生产。2013 年 9 月 2 日，A 公司完成了信用证项下纺织设备的生产，于 9 月 15 日装船发运。2013 年 9 月 15 日，A 公司准备好了信用证项下所要求的全套单据包括商业发票、装箱单、海运提单和检验证书等，向 N 银行交单，并提出待 N 银行收到 M 银行发出的到期付款确认书后，要求 N 银行无追索权地买断信用证项下的应收款项。N 银行根据 UCP600 相关条款和 ISBP 的有关解释仔细审单，确认没有不符点后，N 银行于 9 月 16 日通过 DHL 向 M 银行邮寄单据。

由于 N 银行对孟加拉国家和 M 银行都没有授信额度，N 银行决定以间接买断方式对出口商 A 公司提供无追索权的贸易融资。经与英国 C 银行商谈后，C 银行同意购买 N 银行所持有的出口商 A 的应收账款。

2013 年 9 月 25 日，N 银行收到了 M 银行通过 SWIFT MT799 发出的到期付款确认书。在电文中，M 银行确认付款金额为 280 万美元，到期日为 2014 年 9 月 25 日。2013 年 9 月 28 日，N 银行向 M 银行发出 SWIFT 电文，要求其授权同意 N 银行对该延期付款信用证项下的款项进行贴现融资。2013 年 10 月 8 日，N 银行收到了 M 银行发出的 SWIFT MT799 授权电文。

经过与出口商 A 公司和英国 C 银行的商谈，N 银行同意在 2013 年 10 月 12 日以 5.5%的贴现率买断 A 公司在该信用证项下的应收账款，同时以 5.0%的贴现率向英国 C 银行进行转卖（宽限期 3 天）。

2013 年 10 月 12 日，N 银行向 C 银行传真了信用证以及其他相关文件。C 银行收到相关文件后，将贴现款项汇至 N 银行。

问题：

1. 请计算 N 银行贴现后支付给 A 公司的款项。

2. 请计算 C 银行支付给 N 银行的贴现款项。

3. 请计算 N 银行的中间业务收入。

第九章　汇款和托收项下的常用融资方式

第一节　信保押汇

目前，国内很多银行开办了信保押汇业务。信保押汇业务是指出口商将出口付款交单（D/P）、承兑交单（D/A）或赊销（OA）项下应收账款，向中国出口信用保险公司投保出口信用险，并以保险权益和应收账款收款权转让给银行为条件，向银行申请的短期出口融资业务。

一、信保押汇的特点

信保押汇的特点如下：

（1）信保押汇大多是以托收或 T/T（电汇）为结算手段时采用的融资产品。

（2）在投保人履行保险合同、贸易合同、发生的风险在适保范围内的前提下，中国出口信用保险公司对进口商的信用风险和进口国政治风险承担保险责任。

二、信保押汇的操作流程

信保押汇的操作流程如下：

（1）出口商从中国出口信用保险公司获得信用保险额度。

（2）出口商向银行申请出口信用保险项下的押汇额度。

（3）银行与出口信用保险公司、出口商签订三方“赔款转让协议”，如果进口商没有按期付款，银行会向保险公司索赔。

（4）出口商办理货物出运，同时向出口信用保险公司申报缴纳保费。

（5）出口商通过银行寄单，同时提交《信保押汇申请书》，出口商指定开立在押汇行的结算账户为该信保押汇项下唯一收汇账户。

（6）押汇行将扣除押汇利息和手续费后的净额支付出口商，银行保留对信保押汇融资的追索权。

（7）客户如期收到货款，归还银行押汇融资款。

三、信保押汇的作用

信保押汇的作用如下：

（1）可以降低业务成本。目前，不仅中央财政统一实行 20%的保费资助，有的地方政府为加大对出口业务的扶持力度，也有不同程度的保费补贴。

（2）信保押汇业务的融资授信是由中国信用保险公司负责承保，并通过经合法转让的保险单项下的赔款权益实现出险赔偿。

该公司是国家为鼓励企业扩大出口、保障企业出口信用项下收汇安全而在国内设立的唯一一家政策性专业保险机构，因此具有较强的政策性和资金保障实力。

（3）信保押汇不但为企业融资创造了条件，还间接地证明了出口企业的资信情况，这就有利于企业业务的顺利开展。

可以说，在"保险保障"及"资金支持"合力作用之下，企业通过赊销出售大大提高了市场竞争力。

（4）信保押汇可以向企业提供人民币贷款，同时也可以提供外币的多币种融资。而且，一般情况下，授信融资无须要求客户提供其他抵押、担保。

第二节　国际保理

当出口商以赊销（O/A）、承兑交单（D/A）等方式销售货物时，将出口贸易中产生的应收账款转让给保理商（提供保理服务的银行等金融机构），保理商为出口商提供贸易融资、销售分户账管理、应收账款的催收、信用风险控制与坏账担保等服务。

一、国际保理业务的操作流程

图 9-1 所示为国际保理业务操作流程，具体内容如下：

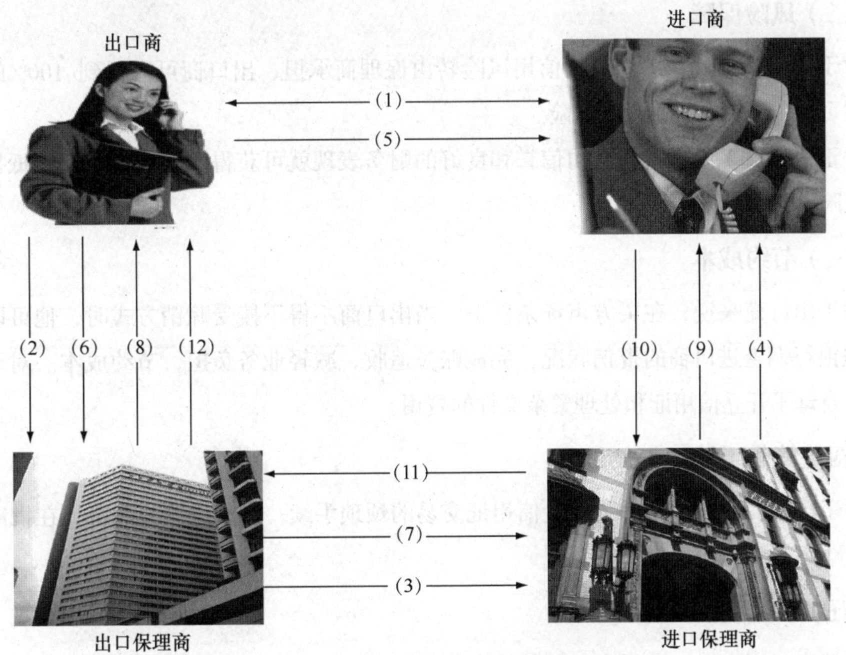

图 9-1　国际保理业务操作流程

（1）出口商与进口商签订进出口合同，进口商要求以赊销方式进行结算；

（2）出口商向出口保理银行提出保理业务需求，要求为进口商核准信用额度；

（3）出口保理银行要求进口保理银行对进口商进行信用评估；

（4）如进口商信用良好，进口保理银行将为其核准信用额度；

（5）出口商对进口商发货，并将附有转让条款的发票寄送进口商；

（6）出口商将发票副本交出口保理银行；

（7）出口保理银行通知进口保理银行有关发票详情；

（8）如出口商有融资需求，出口保理银行付给出口商一般不超过发票金额的 80%的融资款；

（9）进口保理银行于发票到期日前向进口商催收；

（10）进口商于发票到期日向进口保理银行付款；

（11）进口保理银行将款项付给出口保理银行，如果进口商在发票到期日 90 天后仍未付款，进口保理银行做全额担保付款；

（12）出口保理银行扣除融资本息（如有）及费用，将余额付给出口商。

二、国际保理业务的益处

（一）增加营业额

对于出口商而言，可以对潜在或现有的客户提供更有竞争力的赊销（O/A）付款条件，以拓展海外市场，增加营业额。

对于进口商而言，可以利用 O/A 优惠的付款条件，以有限的资本购进更多的货物，加快资金流动，扩大营业额。

（二）风险保障

对于出口商来说，进口商的信用风险转由保理商承担，出口商可以得到 100%的收汇保障，并可提前结汇，规避汇率风险。

对于进口商来说，仅凭公司信誉和良好的财务表现就可获得卖方信贷，无须抵押，避免欺诈风险。

（三）节约成本

对于出口商来说，在买方市场条件下，当出口商不得不接受赊销方式时，他可以通过国际保理银行调查进口商的资信状况，完成账务追收，减轻业务负担，节约成本。对于进口商来说，省却了开立信用证和处理繁杂文件的费用。

（四）简化手续

对于出口商而言，免除了一般信用证交易的烦琐手续；对于进口商而言，在批准信用额度后，购买手续简化，进货快捷。

（五）扩大利润

对于出口商来说，由于出口额的扩大降低了管理成本，提前获得退税，增加了利润；对于进口商来说，由于增加了资金和货物的周转速度，提高利润率。

三、国际保理与出口信用保险的比较

表 9-1 列示了国际保理与出口信用保险的比较。

表 9-1 国际保理（出口保理）与出口信用保险比较

	出口保理	出口信用保险
最高信用保障（在批准信用额度内）	100%	90%
赔偿期限（从货款到期日起）	90 天	通常 180 天
索赔程序	简单	烦琐
坏账担保	有	有
进口商资信调查与评估	有	有
财务账目管理	有	无
账款催收	有	无
以预支方式提供融资	有	无

案例分析

2008 年，广东某纺织品出口企业 A 公司与英国 T 公司签订了出口成衣的合同，每年出口额为 150 万美元左右，结算方式为信用证。随着交易的不断扩大，T 公司越来越感到信用证结算方式烦琐、昂贵，而且占用了自身宝贵的银行额度。到 2010 年底，T 公司向 A 公司提出改用 60 天的赊销结算方式。A 公司考虑到赊销结算收汇风险过大，没有同意 T 公司的要求。T 公司决定放弃 A 公司，转而向越南、孟加拉国、斯里兰卡的出口商采购。

A 公司为留住 T 公司这一客户，向国际保理商联合会（FCI）的中国会员 B 银行寻求解决方案，希望 B 银行能解决其又想赊销又担心 T 公司风险以及自身资金周转困难的难题。B 银行针对 A 公司的困难，向其推介了国际保理业务，A 公司同意采用国际保理业务。

B 银行向英国的 FCI 会员 H 银行申请，请求为 T 公司核定 40 万美元的保理额度，得到了 H 银行的核准。2011 年初 A 公司与 T 公司重新签署了销售合同，改用 O/A 60 天的结算方式。A 公司发货后，将贴有转让条款的发票寄送 T 公司，并将发票副本交 B 银行。B 银行将发票转让给 H 银行，并为 A 公司提供了发票金额 80%的融资。T 公司付款状况较好，基本上都是在发票到期日付款给 H 银行，H 公司在收到 T 公司付款后付给 B 银行，B 银行在扣除融资款项和利息后，将余款付给 A 公司，业务进展顺利。

由于采用赊销的结算方式，大大方便了 T 公司的采购，T 公司希望扩大对 A 公司的进口量。A 公司为扩大对 T 公司的赊销量，又要求 B 银行为 T 公司申请增加额度。B 银行向 H 银行提出增加额度的申请，得到了 H 银行的同意，将额度增加到了 80 万美元。在国际保理的帮助下，A 公司对 T 公司的销售额节节上升，2013 年突破了 500 万美元。

由于 T 公司扩张太快，2013 年下半年资金链开始出现问题，付款出现拖延，H 银行在 2013 年底开始调减对 T 公司的额度。B 银行通知 A 公司有关情况后，根据 B 银行的建议，A

公司逐步减少了对T公司的赊销量。2014年底，T公司正式进入破产保护程序。A公司此时对T公司的应收账款余额约20万美元，最终由H银行进行了全额担保付款，A公司未遭受任何损失。

第三节 信保保理

出口信用保险项下保理简称信保保理，是指出口商在出运货物并在中国出口信用保险公司办理了出口信用保险之后，将保险权益连同出口合同项下应收账款债权转让给融资银行，银行在保单赔付范围内，按照发票面值的一定比例为出口商提供的销售分户账管理、收款服务和无追索权的融资等综合性金融服务。

一、信保保理业务的操作流程

图9-2所示为信保保理业务的操作流程，具体内容如下：

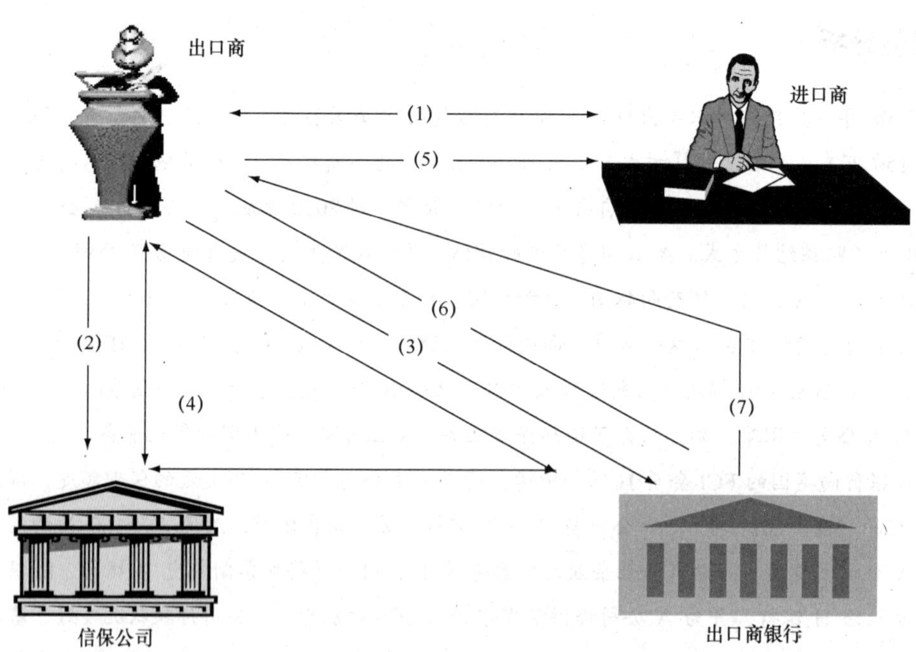

图9-2 信保保理业务操作流程

（1）出口商与进口商签订贸易合同。

（2）出口商向信保公司投保出口信用险。

（3）出口商获得信保公司核定的买方信用限额后，向银行申请信保保理额度，银行为出口商核定出口信保保理额度后，与出口商签订“出口信用保险项下保理业务协议”，明确双方权利义务。

（4）出口商、银行和信保公司三方签订“赔款转让协议”。

（5）出口商向进口商发运货物。

（6）出口商向银行向提交材料，申请办理单笔出口信保保理融资业务，所需材料为：

① “出口信用保险项下保理融资业务申请书”；

② 出口合同及合同规定的全套出口单据；

③ 已加盖海关验讫章的出口货物报关单原件，或已通过海关电子口岸执法系统查询了企业出口报关情况，保税区企业需提供出境货物备案清单；

④ 出口信用保险保单正本及“买方信用限额审批单”、“承保情况通知书”；

⑤ 出口批文或许可证（如需）；

⑥ “应收账款债权转让通知书”。

（7）银行审查贸易背景真实性及合同履行和出货情况，确保买卖双方不存在易货贸易，并审查保理额度、应收账款债权不存在任何瑕疵，审查应收账款投保情况，确认单单相符等，通常情况下，应要求发票上打印有银行规定的债权转让条款，例如：

This account has been assigned to and is owned by CHINA MINSHENG BANKING CORP. LTD.BRANCH，Tel：________ Fax：________ SWIFT BIC NO. ________ .Payment in respect of this invoice must be made to their account No. ________ held with（SWIFT BIC NO. ________ ）.Payment to any other party will not constitute a valid discharge of the debt. Any claims or disputes in relation to this invoice should be reported to them promptly.

对不打印债权转让文句的，发票上应明确收款账户为出口商在融资银行开立的指定账户。

银行审核完上述条件后，向出口商放款。

二、信保保理融资款项、期限、利率的计算方法

一般来说，对出口商发放的单笔信保保理融资金额不超过核定信保保理额度的余额乘以保险单规定的赔付比例，原则上不得超过出口发票金额的80%，针对一个出口商发放的短险贸易融资余额不得超过“保险单明细表”规定的“保险单有效期内最高赔偿余额”。

融资期限根据发票、合同载明的付款方式、付款期限，并估计合理的在途时间确定，原则上最长不超过180天。

融资利率为同期LIBOR/HIBOR+××%。融资利息可预收，也可利随本清。

融资到期后，银行未收到进口商的付款或未收到信用保险公司的赔付，有权按照信保保理业务协议的约定计收逾期利息。

出口信保保理业务手续费根据付款期限确定，按照发票金额的一定比例，一次性收取。

三、信保保理业务的特点

由于信保保理业务是信保项下应收账款的买断行为，具有无追索特征，融资银行可办理出口收汇核销手续。但是，与国际保理业务和信保押汇业务一样，信保保理的买断行为是有前提的，即当存在下列情况时，融资银行有权向出口商追索款项。

（1）应收账款到期未收回或未完全收回，经信保公司调查认定，由于出口商未严格履行商务合同项下义务或保险合同项下被保险人义务，或者存在属于信保公司除外责任范围内情况使信保公司免于保险责任或降低赔付比例的；

（2）进出口商存在贸易纠纷，纠纷解决属于出口商过错的，或应收账款到期后 90 天，贸易纠纷尚未解决导致信保公司无法界定是否属其保险责任范围内的；

（3）如果买方拒绝接受货物，出口商不按照保险条款的要求积极处理货物，或者对有付款担保的合同出口商不积极向担保人追讨，应收账款到期后 90 天，信用保险公司未开始定损核赔或未完成定损核赔的；

（4）出口商未按照保险条款的要求积极申报可能损失或提出索赔，应收账款到期后 90 天，信用保险公司未开始定损核赔或未完成定损核赔的；

（5）其他非信保公司保险责任或属于信保公司免责范围内情况导致应收账款不能回笼或不完全回笼的。

第四节　出口发票贴现

出口发票贴现是指在货到付款（T/T）结算方式下，出口商在完成出口合同规定的交货义务后，向其往来银行提交出口发票及相关单据，提出融资申请，并以出口收汇款项作为主要还款来源的短期贸易融资业务。

一、出口发票贴现业务的操作流程

图 9-3 所示为出口发票贴现业务操作流程，具体内容如下：

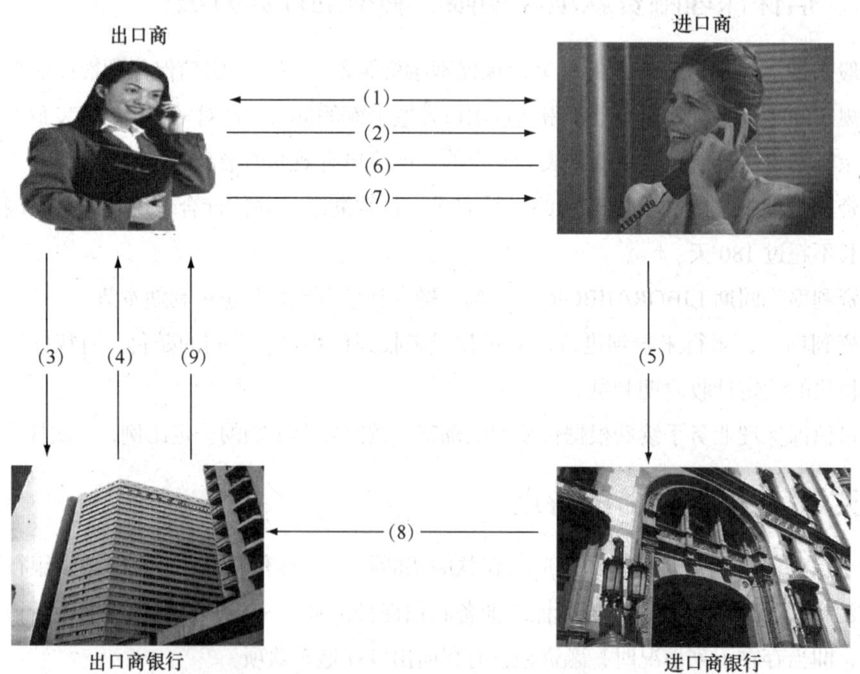

图 9-3　出口发票贴现业务操作流程

（1）进出口商之间签订进出口合同，确定以货到付款的方式进行结算；

（2）出口商发货，缮制单据，发票加注特别条款，要求进口商在付款到期日将款项汇至其在出口商银行的账户上，并传真至进口商；

（3）出口商填写“出口发票贴现业务申请书”，连同出口合同、商业发票、报关单、正本运输单据复印件、正本保险单据复印件等材料，向出口商银行申请办理出口发票贴现业务；

（4）出口商银行审核单据并同意办理后，将发票金额的 90%扣除贴现利息和手续费后的净额支付给出口商，扣息天数按贴现日至发票到期日或 T/T 项下预计收汇日的实际天数加一定的宽限期（不超过 40 天）计算；

（5）进口商收到全套单据的传真件后，按照发票要求，通过进口商银行办理汇款；

（6）进口商将汇款凭证传真至出口商；

（7）出口商将全套正本单据快寄至进口商，进口商办理提货手续；

（8）进口商银行发送 SWIFT MT103 汇款至出口商银行的指定账户；

（9）出口商银行收到款项后，将余额支付给出口商。

二、银行办理出口发票贴现业务的要点

对于出口商银行来说，银行无法控制出口项下的货权单据，风险较大，因此，银行仅在出口商的综合授信额度或贸易融资额度内办理此项业务。出口发票贴现业务的融资期限一般不超过 180 天。

银行在办理出口发票贴现业务时，重点审查以下几项内容。

（1）审查出口商的经营、财务和资信状况。银行仅选择具有较丰富的出口贸易经验、财务、经营状况正常、资本吸纳良好、出口收汇记录正常的出口商。

（2）审核和控制进口商的信用风险。只有当出口商选择信誉良好、实力雄厚、在以往的付款记录中没有发生过拖欠和拒付等违约行为的进口商时，银行才可办理出口发票贴现业务。

（3）银行还要审查进口商所在国家或地区有无明显的政治风险，有无禁止或限制外汇汇兑的政策，对进口货物有无进口管制等。

（4）银行在审核出口合同、商业发票、提单和出口报关单时，审查标准是单据与合同相符以及单单相符，此外，发票上要加注特别条款，保证进口商的付款汇至出口商在该行开立的指定账户中。

需要注意的是，银行在办理出口发票贴现业务时，需待从进口商处收到全额款项后才向出口商出具出口收汇核销联。

出口发票贴现业务是有追索权的。如果国外回款不足以归还贴现款项，银行会从出口商的账户中扣收差额部分；如果已贴现的应收账款到期后未能收回，银行也会直接从出口商在该行的账户中扣回贴现款项，同时催促出口商向进口商进行催收。

第五节 出口订单融资

出口订单融资是指在采用 D/A、D/P 或 T/T 结算方式时，出口商银行凭出口商提交的有效订单或贸易合同（以下统称订单）为其发放的短期资金融通，主要用于解决出口商在组织出

口货物的收购、加工、生产、运输等装船前环节中的营运资金需求。

一、准入条件

由于出口订单融资业务风险相对较高，银行出口订单融资业务的准入条件要求非常严格。

（一）进出口商准入条件

要求出口商在经办行开立账户，与经办行有较长时间的业务合作关系，结算记录良好，年出口规模巨大等；同时，要求进口商获得中国信用保险公司在该项业务项下的买方信用额度，或从经办行认可的境外保理商处获得买方保理额度，抑或从经办行的境外代理行获得买方付款信用风险担保。

（二）产品条件

银行还要求出口产品具有标准化程度高、价格稳定的特点，价格波动较大或属于鲜活易变质或易于产生贸易纠纷的商品不能办理出口订单融资业务。

（三）进出口合同条款

如果进出口合同存在下列条款，银行不办理订单融资业务：

（1）订单中约定进出口双方可以进行债权债务抵扣；

（2）订单约定订单项下货物已经抵押于第三方的；

（3）订单允许债务转移由第三者支付的；

（4）订单中有其他影响正常收汇条款的；

（5）订单中约定贸易方式为来料加工的。

此外，订单中关于货物规格/品质条款、检验条款、纠纷解决方式等条款原则上应有明确规定。

二、出口订单融资业务的操作流程

出口订单融资业务流程如图 9-4 所示。

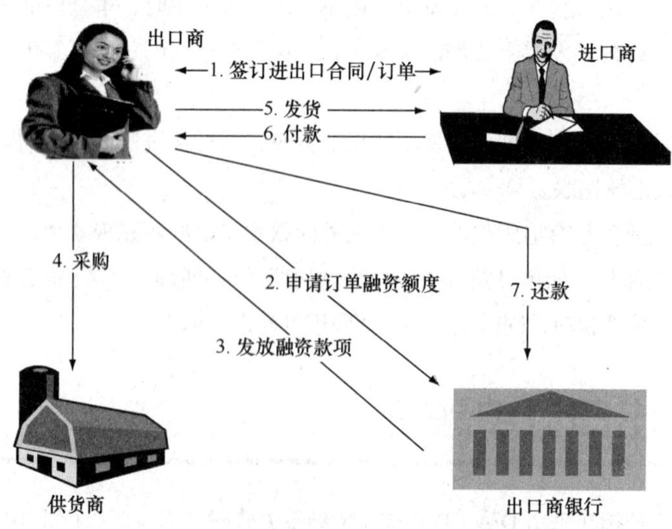

图 9-4　出口订单融资业务流程

三、操作细节

出口订单融资一般不超过订单金额的 80%。如订单项下有预付款，则为不超过扣除预付款后的订单金额的 80%。放款期限根据最迟交货期加合理的收汇期限确定，原则上不超过 180 天，按实际融资天数计息。可以发放人民币融资，融资包含贷款、开立银行承兑汇票和商业承兑汇票贴现，也可以发放外币融资。

复习思考题

一、简答题

1. 比较托收下的承兑和付款交单。
2. 试比较国际保理和信用证两种结算方式。
3. 试比较国际保理和包买票据业务的异同。
4. 简述出口订单融资业务基本流程。

二、案例讨论题

某出口商 A 与进口商 B 达成一笔出口合同，双方拟采用 D/A 远期方案结算，并同时采用国际保理方式融资。出口商向国内的一家出口保理商申请采用此服务，出口保理商通过进口国当地的一家进口保理商对进口商进行资信调查，共核准了 8 万美元应收账款。此批货物采用分批运输，共进行 5 次运输，出口商已经装运了 2 次，价值 3 万美元。但此时出口商突然收到进口保理商发出的停止装运的通知，并撤销该信用额度的批准。原来进口商 B 由于涉嫌财务欺诈，正在接受该国司法部门的调查，进口保理商认为进口商 B 的资信已经发生了根本的改变，因此提出撤销该批货物信用额度的核准。

请问，进口保理商有无权利要求撤销该批货物的信用额度的核准，以及出口商可否获得先前运出的货物已核准账款的赔偿权利？

第三篇

担保篇

第十章 保函与备用信用证

第一节 银行保函

保函（Letter of Guarantee，L/G），又称保证书，是指银行、保险公司、担保公司或个人（担保人）应申请人的请求，向第三方（受益人）开立的一种书面信用担保凭证，保证在申请人未能按双方协议履行其责任或义务时，由担保人代其履行一定金额、一定期限范围内的某种支付责任或经济赔偿责任。

一、银行保函的当事人与主要责任

（一）申请人

申请人（Applicant），又称委托人（Principal），即向银行提出申请，要求银行开立保函的一方。其主要责任是履行合同的有关义务，并在担保人履行担保责任后向担保人补偿其所做的任何支付。

（二）受益人

受益人（Beneficiary），即收到保函并有权按保函规定的条款凭以向银行提出索赔的一方。受益人的责任是履行其有关的合同义务。

（三）担保人

担保人（Guarantor），即开立保函的银行。担保人的责任是在收到索赔书和保函中规定的其他文件后，经审核后确定这些文件表面上与保函条件一致时，即支付保函中规定数额的经济赔偿。

银行保函除上述三个主要当事人外，根据具体情况还可能涉及以下几个当事人。

（四）通知行

通知行（Advising Bank），又称转递行（Transmitting Bank），即根据开立保函的银行的要求和委托，将保函通知或转递给受益人的银行。通知行通常为受益人所在地银行。通知行只负责保函表面的真实性。通知行对保函内容正确与否不负责任，对保函在邮递过程中可能出现的延误、遗失等均不负责任。通知行在将保函转递给受益人后，可按规定向担保人或受益人收取通知费用。

（五）保兑行

保兑行（Confirming Bank），又称第二担保人，即根据担保人的要求在保函上加以保兑的银行。保兑行通常为受益人所在地信誉良好的银行。只有在担保行的信誉、资力较差或属外汇紧缺国家的银行时受益人才要求在担保人的保函上由一家国际公认资信好的大银行加具保兑。

关于保兑行的赔付顺序，与《国际备用证统一惯例》（ISP98）及 UCP600 不同，《见索即付保函统一规则》（URDG458）并未做出规定。虽然一些文献认为，“一旦担保人到期时未能按保函规定履行付款义务，保兑行必须代其履行付款义务”。但是，鉴于 URDG458 未做出规定，保兑行最好在保兑时在保函里明确规定自己的义务范围。不论保兑行负独立付款责任还是代担保行履行付款义务，保兑行在付款后都有权凭担保函及担保人要求其加具保兑的书面指示向担保行索赔。

（六）转开行

转开行（Reissuing Bank），即根据担保人的要求，凭担保人的反担保向受益人开出保函的银行。转开行通常是受益人所在地的银行。转开行一旦接受转开请求，就必须按照担保人的要求及时开出保函。保函一经开出，转开行就变成了担保人，承担担保人的责任义务，而原担保人就变成了反担保人（Counter Guarantor）或指示方（Instructing Bank）。此时，担保人如遇受益人索偿，就必须在其开出的保函项下履行付款责任。付款后，担保人有权凭反担保向反担保人索偿。

（七）反担保人

反担保人（Counter Guarantor），即为申请人向担保银行开出书面反担保函（Counter Guarantee）的人。反担保人通常为申请人的上级主管单位、出口信贷保险公司或其他银行/金融机构等。反担保人的责任是，保证申请人履行合同义务，同时，向担保人承诺，即当担保人在保函项下付款后，担保人可以从反担保人处得到及时、足额的补偿。

二、银行保函当事人之间的关系

银行保函中各当事人之间的关系可用图 10-1 表示。

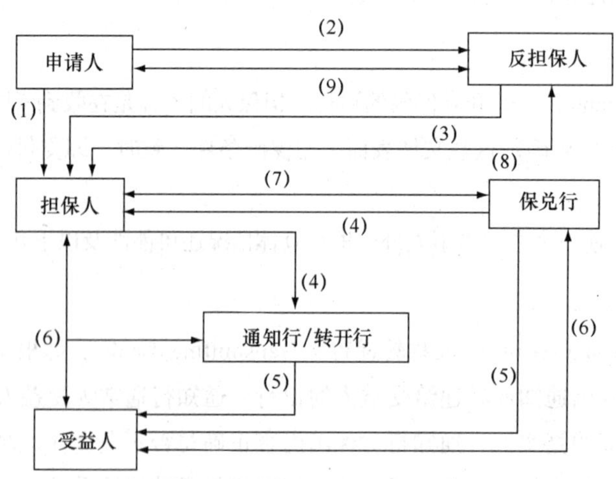

图 10-1　银行保函当事人关系示意

（1）申请人向担保人提出开立保函的申请。

（2）申请人寻找反担保人，提供银行可以接受的反担保。

（3）反担保人向担保人出具不可撤销的反担保。

（4）担保人将其保函寄给通知行，请其通知受益人。有时，担保人根据受益人的要求，须找一家国际公认的大银行对其出具的保函加具保兑，或担保人将其保函寄给转开行，请其重新开立以受益人为抬头的保函。

（5）通知行/保兑行/转开行将保函通知/转开给受益人。

（6）受益人在发现保函申请人违约时，向担保人/保兑行或转开行（担保人）索偿，担保人/保兑行赔付。

（7）保兑行赔付后向担保人索赔，担保人赔付。

（8）担保人赔付后向反担保人索赔，反担保人赔付。

（9）反担保人赔付后向申请人索赔，申请人赔付。

三、银行保函的主要内容

根据 URDG458 第 3 条规定，银行保函内容应清楚、准确，避免列入过多细节。其主要内容包括以下方面。

（一）有关当事人

保函中应详列主要当事人，即申请人/委托人、受益人、担保人的名称和地址。保函如涉及通知行、保兑行或转开行，还应列明通知行、保兑行或转开行的名称和地址。

（二）开立保函的依据

保函开立的依据是基础合同。保函通常在开头或序言中，与基础合同的标题结合在一起。关于基础合同的文字一般都很简明扼要，除了申请人、受益人的名称，还包括基础合同签订或标书提交的日期、合同或标书的编号，有时也包括对标的的简短陈述，例如货物供应等。保函里指出基础合同并不会把一个独立性保函变成一个从属性保函。

（三）担保金额及金额递减余款

银行作为担保人的责任仅限于当申请人不履行基础合同时负责支付一定金额的款项，因此，担保合同中都必须明确规定一个确定的金额和币种（担保的金额可以用与基础合同不同的币种表示）。对于担保人来说，明确保函项下的特定债务是十分重要的，否则将遭受难以承担的风险。

担保金额递减条款的作用在于随着基础合同的逐步履行，担保的最大数额也随之减少。在预付金退还保函中，该条款普遍使用。有时，保函中没有规定担保金额递减的方法，而在反担保中做了规定。在履约保函中，担保金额递减条款并不常见，因为履约保函的数额通常只是整个合同价值的一个百分比。

（四）先决条件条款

保函生效的先决条件是为了保护申请人的利益。先决条件条款是担保在先决条件满足后才能生效，而不是自保函开立之日起生效。因此，只有先满足了与基础合同有关的某些重要的先决条件时，受益人才能对担保提出要求。

当根据基础合同的条款，受益人应先支付一笔预付金或开立跟单信用证时，申请人就应将这项义务的履行作为履约保函生效的先决条件。

在预付金保函和留置金保函中，一般都要规定在收到预付金或留置金以后保函才能生效。有时预付金保函或留置金保函中明确规定预付金或留置金要转到申请人在担保银行的账户上，以保持申请人账户的收支平衡，为银行提供附属担保品。

（五）要求付款的条件

担保人在收到书面索赔书或书面索赔书与保函中规定的其他文件（如工艺师或工程师出具的证明书，法院判决书或仲裁裁决书）后，认为这些文件表面上与保函条款一致时，即支付保函中规定的款项。如果这些文件表面上不符合保函条款要求，或文件之间表面上不一致，则担保人可以拒绝接受这些文件。

保函项下的任何付款条款均应以书面做出，保函规定的其他文件也应是书面的。

（六）有效期条款

有效期条款由以下几个部分组成。

1．保函生效日期

除非保函中有不同的规定，否则保函自开立之日起生效。在预付金保函、履约保函和付款保函中，这意味着保函一旦生效，即使根据基础合同债务人履行合同义务的期限尚未到来，受益人也可以立即对担保提出要求。为了避免这种风险，可以将保函的生效与担保的先决条件联系起来，或在保函中对保函的生效做出专门规定。

在履约保函、维修和/或留置金保函中，在保函中加入生效条款，可以避免受益人同时就两个保函提出索款要求。

2．保函失效日期

在保函中应规定保函失效日期。在保函中规定失效期有三种方法。

第一种最常用的方法就是规定一个具体的日历日期。

第二种方法是将保函的有效期直接与基础合同联系起来。如将失效期基础合同的履行或投标的期限协调起来，规定合同的履行期限或投标的期限加上若干个月为保函的失效期（根据基础合同的性质可以加上 3～12 个月不等）。有时保函中也规定从开立之日起×个月内有效。这种方法没有规定一个明确具体的日历日期，容易对保函的开始和终止产生争议。

第三种方法是将前两种方法结合起来，如规定保函在基础合同履行完毕再过×个月终止，但最迟不迟于某一具体的日历日期，以较早者为准。对于那些仅仅规定在申请人履行了合约义务后保函失效的条款应避免使用。

3．延期

投标保函与履约保函往往赋予受益人将保函延期的权利，即经受益人要求，保函约有效期可以延长。在评标的日期或最后完成的期限难以预先确定时，或者受益人和申请人、担保人在保函的有效期难以达成一致意见的情况下，往往会使用延期条款。与受益人企图要求的无期限保函相比，延期条款有利于银行和申请人。

4．退还保函

保函中应规定，保函到期后，受益人应将保函退回担保人。这样，一方面是为了便于担保人办理注销手续，另一方面也是为了避免可能出现的不必要的纠纷。但在实践中，不论退还保函是法律上还是合同上的义务，都不存在行得通的、能使受益人放弃保函的做法。因此，退还保函的条款有时难以奏效。如果在保函中有这样的条款，也应明确规定该条款与受益人的权利无关。

5．失效期条款的欠缺

当保函中未规定失效期时，除了例外情况，这并不意味着保函是无期限的。在某些特定情况下，保函没有失效期是实践中很常见的现象。这些特殊情况是：以提交法院判决和仲裁裁决为付款条件的保函在开立时通常都不提及失效期，这是司法保函中一般的实践；以税收机构和提供政府补助的机构为受益人的付款保函，以及为扩大信贷便利以其他银行为受益人的付款保函也可以是无期限的。在后一种情况下，保函中通常规定，担保银行在向受益人发出通知后，经过一段合理的时间，可以撤销保函。这时，如果主债务人不能安排新的保函，受益人将不再继续给予先前授予主债务人的信贷便利。

四、银行保函的主要种类

（一）银行保函的基本分类

根据不同的标准，银行保函有不同的分类。

1．有条件保函与见索即付保函

在保函项下，受益人在什么条件下才能取得保证人的偿付，按索偿条件划分，通常可分为两种。

有条件保函（Conditional L／G）是指担保人的偿付责任从属于或依附于委托人在基础交易合同下的责任和义务。如果委托人已经履行了合同下的责任义务，担保人也随之解除了对受益人的偿付责任。可见有条件保函的担保人承担的是第二性的、附属的付款责任。

见索即付保函（Demand L／G）指“无论其如何命名或描述，只根据提交的相符索赔进行付款的任何签署的承诺”。可见，所谓“见索即付保函”就是担保人替债务人（申请人）向债权人（受益人）开出的凭规定单据赔款的承诺书，是集担保、融资、支付及相关服务为一体的多功能金融产品。据此，见索即付保函的担保人承担的是第一性的、直接的付款责任。故这种保函，又称无条件保函（Unconditional L／G）。

2．直接保函与间接保函

直接保函（Direct Guarantee）是由委托人的银行直接开立的，而不是由受益人本国银行开立的。

间接保函（Indirect Guarantee）是由受益人本国银行开立的，在这种情况下，委托人要求他的银行（指示行）向受益人所在地银行（担保银行）发出开立保函的指示。在间接保函中，指示行与受益人没有任何合同关系，受益人不能直接要求指示行付款。指示行和担保行的关系与在直接保函下委托人与担保银行之间的关系相似，对担保银行的补偿义务通常规定在反担保中。相应地，担保银行在根据保函的条款和条件对受益人付款以后，可以从指示行得到补偿，而指示行则向委托人追索。所谓“间接”，是指在基础合同与保函中存在两个联系，即申请人（委托人）对指示行的指示形成的委托代理关系和反补偿关系，以及指示行对担保银行的指示形成的委托代理关系和反担保关系。

3．独立性保函与从属性保函

独立性保函（Independent Guarantee）是指保函作为一项自足性契约而独立于基础合约的、担保银行承担第一性支付/赔偿责任的见索即付银行保函。对于独立性保函，一经出具，即与基础交易相分离，银行处理的只是保函所规定的文件，而不管基础合约及其履行情况。

从属性保函（Accessory Guarantee）是指作为一项附属性契约而依附于基础合约的、担保银行承担从属性支付/赔偿责任的非见索即付银行保函。担保银行的支付/赔偿承诺是有条件的，其支付/赔偿责任的成立与否，取决于基础合约及其履行情况。

4．结算保函与信用保函

银行保函按其基本功能的不同可分为结算保函[①]（Letter of Guarantee to Settlement）和信用保函（Letter of Guarantee to Credit）两类。结算保函是指担保银行承担第一性付款责任的用作交易结算工具的独立性保函。信用保函是指担保银行承担从属性或第一性支付/赔偿责任的用作支付担保/履约担保工具的备用性的从属性保函或独立性保函。

5．限额保函与非限额保函

这是依据保函有无限额进行的分类。限额保函（Limited Amount Guarantee）是指担保人只对一定数额（既可以是积累限额，也可以是非积累限额）的债务承担保证责任，超过此限额的任何债务都不属于担保的责任范围。

非限额保函（Unlimited Amount Guarantee）是指担保人对借款人的债务（本金和利息）和直接产生于贷款债务的其他债务都承担保证责任。这里的其他债务指借款人对贷款人的额外补偿或赔偿，它产生于贷款协议中规定要借款人进行补偿的事件，如各种税收或违约赔偿金等。

6．可撤销保函与不可撤销保函

所谓可撤销保函（Revocable Guarantee）指的是无须征得其他当事方的同意，担保人即可对已开立的保函进行修改或撤销的保函。不可撤销保函（Irrevocable Guarantee）则是指必须事先经有关当事各方同意才能进行修改或撤销的保函。

通常情况下的保函都是不可撤销的保函。但是为避免纠纷，受益人一般都要求保函注明“不可撤销”的字样。在间接担保中，转开行也要求指示行在其反担保保函中注明“不可撤销”的字样。

7．期限保函与无期限保函

这是根据保函是否限定有效期限进行的分类。期限保函（Limited Duration Guarantee）是指在保函中规定担保责任的有效期，受益人必须在规定的期限内提出付款要求，否则，担保人可以拒绝付款。规定保函期限对担保人来说十分重要，因为，如果保函不规定保函终止的日期或期限，法律也没有规定保函终止的期限，受益人就会无期限地享有对担保人的索偿权，使担保人总是处于不可预测的风险之中。

无期限保函（Unlimited Duration Guarantee）是指保函中没有规定保函履约有效期，除非依据法律规定的某些事件发生，否则，担保人的责任必须在受益人的全部债权被满足以后才能

① 结算保函例示请见 HEP-Doc2.0 国际贸易单证教学系统/资源平台/单证样本库。

消灭，而受益人可以随时向担保人提出索偿要求。

（二）银行保函按用途分类

银行保函按其具体用途的不同可以分为出口保函、进口保函、借贷保函及其他保函四大类。

1．出口保函

出口保函的“出口”包括货物的出口和劳务的出口。出口保函是银行为出口方向进口方开立的书面担保文件，以满足出口货物和劳务的需要，具体包括以下几种。

（1）投标保函。

投标保函（Tender Guarantee）是银行根据投标人的申请，向招标人开出的，保证投标人在开标前不中途撤标、不片面修改投标条件、中标后不拒绝签约，并承诺当投标人出现上述违约行为时，由其赔偿招标人全部损失的保函。投标保函主要用于国际投标与招标中，如大宗物资采购、工程承包、矿藏开发招标中，招标人通常要求投标人提交这种保函，作为参加投标的条件之一，目的在于表明参加投标人确有诚意和足够的资金及能力，并保证在中标后不反悔，避免给招标人造成损失。

投标保函金额一般为报价金额的1%～5%，这是由招标人在标书中订明的，其效期一般从开立保函日到开标日期后的一段时间为止，有时再加一定天数的索偿期。如投标人中标，则有效期自动延长到投标人与招标人签订并交付合同和履约保函为止。一般投标保函的效期多在3～6个月。

（2）履约保函。

履约保函（Performance Guarantee）是银行应供货方或承包方的请求而向买方或业主做出的一种履约保证承诺。银行在保函中保证申请人诚信、善意、及时和完整地履行商品或劳务合同，按时、按质、按量地交运货物或完成所承包的工程。如果申请人违约，则受益人有权向担保行索赔。

履约保函的金额一般为商品或劳务合同金额的 10%左右，若是工程承包保函，一般为工程合同金额的 10%～25%。有效期则视不同的情况而不同。其生效日大多为保函的开立日，也可以是出口商收到进口商开来的信用证之日。履约保函的生效有两种情况。

① 交货完毕或工程完工。即以提单日（通常加一定的天数，如 30 天，有时也可能是以信用证的到期日加30天）或建筑师的完工验收证明的提交日为到期日。

② 在交货或施工结束后再加一段规定的时期保函才到期。在这种情况下，履约保函已包括了质量保函和维修保函。

（3）预付款保函。

预付款保函（Advanced Payment Guarantee）也称还款保函（Repayment Guarantee）或定金保函（Down payment Guarantee），是银行应供货人或承包商的委托向买方或业主开具的保函。保证申请人（即供货人或承包商）未发货或未按要求使用预付款时，由银行退还受益人所支付的预付款。在资本商品交易（机器、轮船、飞机、大型发电机等）和承包工程中，进口方和工程业主须向对方支付一定的定金（通常为合同金额的 10%～30%），作为生产订货的资金或招工、动员费等。进口方或工程业主为避免出口方或承包人不履行合同而损失这笔预付金，在支付定金前，要求出口方或承包人提供银行保函，保证未履约时归还这笔资金，这种保函就叫还款保函或预付款保函。

（4）留置金保函。

留置金保函（Retention Money Guarantee），又叫保留款保函。在成套设备进出口交易中，合同中常常规定，合同金额的 5%～10%要在设备安装完毕、运转良好、经买方验收后再付，这部分未付款称留置金或预留金。如发现机械设备品质或规格不符合合同规定，双方可经商谈减价，减价的部分便可从这个留置金中抵扣。银行保证货到后若有品质不符、短量或伤残等情形时，由卖方或担保行将预支的留置金退还给买方。这种保函叫留置金保函或预留金保函。

从担保行的责任来看，留置金保函就是维修保函，或者说是维修保函中的一个类别，所以单独开立留置金保函业务在实务中已很少见到。

（5）质量保函和维修保函。

在进出口贸易中，进口商为了确保货物品质符合要求，往往要求出口商提交质量保函（Quality Guarantee），即保证按照合同规定的质量标准交货。若发现货物品质不符合规定，由出口方负责退换或补偿损失，否则由担保行进行赔付。

维修保函（Maintenance Guarantee）主要用于承包工程。为保证工程质量，招标人或业主要求承建人提供一旦工程质量不符合合同规定，而承建人又不能维修时，由担保行提供赔偿的银行保函。

这两种保函的金额一般为合同金额的 5%～10%。效期一般至合同规定的质量保证期满或工程维修期满，通常是在设备安装后一个月或工程维修到期后一个月。维修保函的效期最多是三年。

2．进口保函

进口保函是银行应进口商的要求向出口商开具的一种书面保证文件，是为满足进口商进口商品（包括货物和技术）的需要而开立的。

（1）付款保函。

付款保函（Payment Guarantee）是担保行针对买方的付款责任而出具的一种保函，分为即期付款保函和延期付款保函两种。

① 即期付款保函。

即期付款保函，通常是担保行向出口商担保，一旦收到保函中所规定的出口商应出具的各种单据，表明已出运货物或工程已进入或完成某阶段进度，由担保行立即向出口方支付货款或进度款。这种保函是典型的“见索即付”，起到和信用证一样的作用。和信用证不同的是，付款保函不仅可以这样单独地使用，而且可以与其他以商业信用为基础的结算方式如汇款、托收等相结合使用，这时，由于它是作为商业信用的一种补充，因此受益人应先向申请人索款，未果时才能转向担保行要求支付。

② 延期付款保函。

在进口大型成套设备时，一方面由于交货不集中，往往要在较长的一段时间内才能交完，另一方面进口方往往无力一次支付全部款项，特别是一些第三世界的国家要等引进的设备安装投产后，用投产后产生的收益在一段时期内分批付款。在这种情形下，虽然可以采用远期或延期信用证进行结算，但由于其局限性（如强调单证一致、凭单付款等），不如保函灵活，因此实际业务中更多地使用银行保函。银行在这种保函中保证担保行从收到达到合同金额 90%～100%的国外装船单据起的一个时间后开始，把合同金额分为若干相等的份额，每隔一定的时间（如每个季度或每半年）支付一定金额并加利息，直到付完为止。这种银行保函就是延期付款保函。

不论是即期还是延期付款保函，保函的金额为合同的价款扣除了定金的待付金额，效期取决于合同中规定的付款期限。

（2）租赁保函。

租赁保函（Lease Guarantee）即银行向出租人担保承租人按规定期间付给租金，否则由担保行赔偿的保函。在用租赁方式进口机械、仪器、设备、运输工具时，承租人向出租人提供保函，保证承租人履行合约，按时付租金，否则，由银行负责赔偿并加利息给出租人。其实它是一种履约付款保函。

租赁保函项下，担保行大都承担第二性的付款责任，即承租人违约不付时，再由担保行凭受益人的索赔书来支付。此种保函还常被出租人用于质押以从银行或其他金融机构获得融资，因此出租人往往要求这种保函具有一定的可转让性。

（3）补偿贸易保函。

此类保函是在补偿贸易中，银行为进口设备的一方向供给设备的一方提供的书面保证文件，以保证进口方在收到与合同相符的设备后，以该设备生产的产品按合同的规定交付给提供设备的出口方或指定的第三者，以偿付进口设备的价款。如进口方未能按合同规定将产品交给供给设备的一方或指定的第三者，又不能以现汇偿付设备款及利息的，便由担保行凭受益人索赔书赔付。

补偿贸易保函（Guarantee for Compensation）的金额即设备的价款。保函效期一般为合同规定的进口方以产品偿付设备款之日再加半个月。

（4）加工装配保函。

此类保函是在来料加工和来件装配业务中，银行为进料、进件的一方向供料、供件的一方出具的书面保证文件，以保证进料、进件方收到与合同相符的原料、元件（有时还包括加工、装配所需的小型设备或工具）后，以该原料或元件加工或装配，并按合同规定将成品交付供料或供件方或指定的第三者。如进料、进件方未能按合同规定交付成品，又不能以现汇来偿付，担保行凭受益人的索赔书予以偿付。

加工装配保函（Guarantee for Assembly and Processing）金额为来料、来件金额加利息。保函效期一般为合同规定进料、进件方以成品偿付来料、来件价款之日再加半个月。

3．其他保函

（1）借款保函。

借款保函（Bank Guarantee for Loan）是银行应借款人的申请向国外贷款人开出的保函，银行保证借款人能按期还本付息，否则将由银行凭贷款人的索赔书代为还本付息。

借款保函的金额即借款金额加利息，保函从开立日或贷款协议同意日生效，到期日为贷款本息还清之日。

（2）海关免税保函。

海关免税保函（Customs Guarantee）是银行给国外海关开立的保证临时进口的商品撤回而不纳税的文件。这种保函主要用于两种情况。一是对外承包工程时，需将一些施工器具运入对方国家，运入时本应向海关缴纳一笔税金，工程完毕后将这些施工器具运回时，海关再退回。承包人为加速资金周转，常不交付这笔税金，而由银行向工程所在国的海关出具保函，保证工程完毕后一定将施工器具运回。如不运回，则由银行支付这笔税金。二是在国外举办展销会展销商品时，将展品或有关器具运进时也会发生同样的情况。举办展销的单位也可用提供银行保函的办法来解决缴纳税金的问题。但若要在展销地销售展品，则必须缴税。

保函金额即海关规定税金金额。保函效期为合同规定的施工器具或展品等撤离该国之日再加一日。

（3）透支保函。

承包工程的公司在外国施工时，一般在当地银行开立账户，为了得到当地更多的资金融通，还可申请开立透支账户。在开立透支账户时，一般须提供银行的担保，保证该公司按透支契约的规定向银行补足透支金额。如不能按时补足，便由担保行代其补足。即透支保函是银行为对外承包工程的公司开立透支账户所做的担保。

透支保函（Over Guarantee）金额一般为透支契约规定的透支限额及利息和费用之和。保函效期为透支契约规定的结束日再加半个月。

（4）保释金保函。

保释金保函（Bail Bond）多用于海事纠纷，如两船碰撞造成货主或他人损失，或载运货物的船只或其他运输工具由于船方的责任造成货物的短缺、残损，使货主损失等。在确定责任前，当地法庭要下令扣留船只，只有缴纳了保释金才能放行。这时船方若能向当地法庭提供一份银行保函，保证船方按法庭判决赔偿损失，这个保函便能代替保释金，船只就可放行，使之能继续使用。这种银行保函为保释金保函。

保释金保函金额一般视损失的多少，由法庭确定。保函效期至法庭判决以后的若干天。

五、银行保函业务的风险防范

（1）尽早与保函申请人接触。

（2）首选直开方式开立保函。

（3）选择保函转开银行。

（4）及时办理保函的展期。

（5）如何对待担保期限敞口的保函。

（6）及时支付保函通知费、转开费。

（7）担保项目的后期管理。

案例分析

某年，中国某公司在境外国际工程竞标中，接连中了三个标。第一个和第二个是亚洲开发银行贷款项目，第三个是世界银行贷款项目。第一个项目是该公司在该国第一次成功获得商业竞标，业主对该公司还不是很了解，该项目的履约保函和预付款保函只能按业主的要求，采取“转开”的方法。原开证行（即指示行或反担保人）的手续费为每季度 0.1%，三年即为 1.2%；境外转开行的手续费为每年 1.5%，三年即为 4.5%，两项合计 5.7%。履约保函和预付款保函的担保金额分别为 132 万美元和 100 万美元，两项保函的手续费高达 10 多万美元。在实施第一个项目的过程中，该公司和项目的开户行德意志银行建立了良好的合作关系。当第二个项目中标后，该公司迅速与德意志银行取得联系。鉴于该公司在实施项目过程中经营状况良好，流动资金充足，德意志银行同意为该公司直接向业主开具保函。这样，既节约了时间，避免了文件在国际上往来传递时间，又降低了 30 万美元履约保函和 60 万美元预付款保函的风险。借此良机，在第三个项目中标后，该公司积极向业主争取履约保函和预付款保函采取直开的方式，经过积极努力，以及我国驻外大使馆经参处的大力帮助，业主终于同意接受由中国农业银行直接开具的履约保函和预付款保函，从而节约了一笔较为可观的保函费用。该项目的履约保函金额为 54.8 万美元，预付款保函金额为 100 万美元。外国银行的保函费用通常是 1.5%～6.0%，风险较大的项目可能达到 10%，而且一般不是按年收费，而是按整个保函金额一次性提取。该公司仅按每年 1.5%的手续费计算，所节约的外国银行转开保函手续费约为 7 万美元。由于该公司是中国农业银行的长期客户，双方建立了良好的合作关系，该行在某种程度上可以对该公司起到担保作用，从而降低了总额为 154.8 万美元的保函的风险。

第二节　备用信用证

备用信用证（Standby Letter Credit）是一种特殊形式的信用证，又称为担保或保证信用证。备用信用证通常用作投标、还款、履约保证金的担保业务。

国际商会第 515 号出版物《国际商会跟单信用证操作指南》中对备用信用证做了如下定义。

备用信用证是一种跟单信用证，或者是类似的安排，不论其如何命名或描述：

（1）偿还开证申请人的借款，或预付给开证申请人或为开证申请人支付的款项；

（2）对开证申请人承担的债务进行支付；

（3）对开证申请人履行合同中的违约行为进行支付。

一、备用信用证的性质

（一）不可撤销性

备用信用证的“不可撤销性”，是指在未明确指明的情况下，备用信用证及其修改书自脱离开证人控制时起，未征得有关当事人同意的情况下，开征人不能修改和撤销，除非证中明确注明“Not issued”或“Not enforceable”。

（二）独立性

备用信用证同样具有“独立性”，这是指尽管备用信用证是为了担保申请人和受益人之间的基础合同而开立，且备用信用证条款中经常引述基础合同，但是备用信用证一经开立，即独立于基础合同。

（三）单据化

开证人对受益人的付款责任是以受益人提交的与备用信用证条款表面相符的“单据”为依据，而不介入确定申请人是否违约的事实。

二、备用信用证的分类

备用信用证通常用作履约、投标、还款的担保业务。按照用途的不同，备用信用证主要分成以下几种。

（1）履约备用信用证（Performance Standby L/C），用于担保履行责任而非担保付款，包括对申请人在基础交易中违约所造成的损失进行赔偿。在履约备用信用证有效期内如发生申请人违反合同的情况，开证人将根据受益人提交的符合备用信用证的单据（如索款要求书、违约声明等）代申请人赔偿保函规定的金额。

（2）投标备用信用证（Tender Bond Standby L/C），用于担保申请人中标后执行合同的责任和义务。若投标人未能履行合同，开证人须按备用信用证的规定向受益人履行赔款义务。投标备用信用证的金额一般为投保报价的 1%～5%（具体比例视招标文件规定而定）。

（3）预付款备用信用证（Advance payment Standby L/C），用于担保申请人对受益人的预付款所应承担的责任和义务。预付款备用信用证常用于国际工程承包项目中业主向承包人支付的合同总价 10%～25%的工程预付款，以及进出口贸易中进口商向出口商的预付款的担保业务。

（4）直接付款备用信用证 （Direct Payment Standby L/C），用于担保到期付款，尤指到期没有任何违约时支付本金和利息。直接付款备用信用证主要用于担保企业发行债券或订立债务契约时的到期支付本息义务。直接付款备用信用证已经突破了备用信用证“备而不用”的传统担保性质。

三、备用信用证的主要内容

备用信用证虽然种类很多，但其内容基本相同，归纳起来主要有以下几点。

（1）备用信用证申请人的名称和详细地址；

（2）备用信用证受益人的名称和详细地址；

（3）开证人的名称和详细地址；

（4）备用信用证的通知行或转开行（如有的话）的名称和详细地址；

（5）备用信用证的编号和开立的日期；

（6）备用信用证所依据的合同或标书等协议的号码、日期及事由等；

（7）备用信用证项下开证人承担偿付责任的金额（包括大写和小写）；

（8）备用信用证的性质，即备用信用证的种类，如投标备用信用证或履约备用信用证等；

（9）备用信用证的有效期，包括备用信用证的生效日期（Effective Date）和失效日期（Expiry late）；

（10）开证人的责任及申请人、受益人的权利和义务；

（11）备用信用证的索赔文件，即受益人根据备用信用证条款向开证人提出索赔时应附的文件；

（12）备用信用证的仲裁条款和适用法律，即在备用信用证项下发生纠纷时，应由哪个仲裁机构仲裁及其适用法律等。

复习思考题

一、简答题

1. 什么是银行保函？其特点是什么？有哪些作用？

2. 独立性保函的含义是什么？有哪些种类？

3. 银行保函的基本内容有哪些？简述银行保函的主要分类。

4. 银行保函的当事人有哪些？其各自的基本权责分别有哪些？

5. 见索即付保函与有条件保函的区别是什么？

6. 什么是备用信用证？备用信用证根据其用途不同，可以分为哪几类？

7. 规范备用信用证的国际惯例有什么？

8. 备用信用证、跟单信用证和银行保函三者相比，各有哪些主要异同？

二、案例讨论题

1. 某年，中国 A 公司向国外银行借款 5 亿日元用于支付进口设备款项。国外银行的贷款条件是必须由金融机构出具借款保函。为此，A 公司向 B 银行申请借款保函，并提供了当地省建委出具的反担保保函。B 银行经审查无误后，便对外开立了不可撤销的借款保函。

在贷款期内，A 公司因经营不善，出现亏损，只付了第一期本金和利息，余下的几期无力偿还。国外银行便根据保函向担保银行索赔。担保银行（B 银行）找到反担保单位（省建委）要求赔款。但省建委属政府机关，本身不具备经济实力，经过再三交涉未果。为了维护银行信誉，B 银行不得不向贷款银行赔付到期应付的本息，且剩余的还款仍无着落。为了避免遭受更大的损失，B 银行要求 A 公司与其签订设备抵押合同，要求 A 公司把全部设备抵押给 B 银行。但是，受汇率变化等因素的影响，抵押物的价值也弥补不了 B 银行对外承担的债务。当时，日元汇率已较借款签约时上升了近 50%，银行蒙受了严重的经济损失。

试分析 B 银行在此案例中应汲取的经验教训。

2. 备用信用证规定受益人支款时须提交一份有关申请人未能在 2015 年 9 月至 12 月间交货的违约声明。但该备用信用证的有效期为 2015 年 10 月 31 日。受益人于 2016 年 1 月 1 日向银行提交违约声明时被开证行拒付。

请分析受益人在该案中应接受的教训。

第四篇

创新篇

第十一章 跨境人民币结算

第一节 跨境人民币结算

一、跨境人民币结算的相关概念

跨境指我国与境外各经济体之间，也即居民与非居民之间。

跨境贸易人民币结算指试点地区的企业以人民币报关并以人民币结算的进出口贸易结算。即指进出口企业在开展货物交易中以人民币计价，境内银行为其提供国际贸易项下以人民币作为跨境计价货币的国际结算业务，包括信用证、托收、汇款以及保函类结算产品。

二、跨境人民币结算的意义

（1）帮助企业规避汇率风险，节约财务成本。用人民币进行国际结算，可节省企业的结售汇成本，降低资金错配风险。

（2）简化结算手续，便利对外贸易。跨境人民币结算不纳入外汇核销管理，办理报关和出口货物退（免）税时不需要提供外汇核销单；同时，跨境人民币结算中产生的人民币负债只做外债登记，不纳入外债管理。

（3）简化贸易融资手续，降低交易成本。减少了汇兑环节和资金流动的相关手续，提高了资金使用效率。

（4）协助企业开拓海外市场，灵活高效管理集团资金，人民币收入存放境外无须事前审批。

小知识

跨境人民币结算与外币结算比较

从表 11-1 中可以看出跨境人民币结算与外币结算的异同点。

表 11-1 跨境人民币结算与外币结算比较

	人民币结算	外币结算
核销	×	√
出口退税	√	√
外债指标	×	√

续表

	人民币结算	外币结算
国际收支申报	√	√
预收/预付货款	预收、预付人民币资金超合同金额25%的，报送人民币跨境收付信息管理系统（RCPMIS，下称“RCPMIS系统”）	贸易信贷系统登记，余额受比例控制，超出需经外汇局审批

三、跨境人民币结算试点进程

阶段1，启动试点（2009年7月6日）。

试点地区为境内的上海、广州、深圳、珠海和东莞五个城市；境外为我国港澳特别行政区和东盟地区；试点企业365家；业务为货物贸易项下结算。

阶段2，完善试点政策（2009年7月—2010年6月）。

国家外汇管理局、海关总署、税务总局出台配套政策，明确报关、国际收支申报、出口退税政策等。

阶段3，扩大试点范围（2010年6月）。

试点地区扩大至20个省市和境外全部地区；试点企业包括全部进口企业和经核准的出口试点企业；业务为经常项目下全部结算业务。

阶段4，出台新政策（2010年6月）。

允许境外三类机构运用人民币投资境内银行间债券市场；允许境外机构开立人民币银行结算账户；人民币对林吉特、卢布报价。

阶段5，启动人民币跨境投资试点（2010年10月）。

新疆成为全国首个跨境直接投资人民币结算试点省份；允许个案试点的资本项目下人民币结算。

阶段6，出台新的出口试点企业名单（2010年12月）。

出口试点企业新增67 359家。

阶段7，出台境外直接投资试点管理办法（2011年1月13日）。

所有试点地区企业在获得国内相关主管部门核准后均可使用人民币进行境外直接投资。

四、跨境人民币结算办理流程

跨境人民币结算办理流程通常为：

（1）企业与境外交易方签订人民币计价结算的合同；

（2）在先交货后结算的情况下，企业先在海关以人民币办理进出口报关；之后企业提供合同、发票、进出口收/付款说明，在境内银行办理人民币结算；

（3）在先结算后交货的情况下，企业先提供合同、发票、进出口收/付款说明，在境内银行办理人民币结算，之后企业在海关以人民币办理进出口报关；

（4）境内银行按中国人民银行规定，将相关信息通过RCPMIS系统报送央行，企业实际报关时间与预计报关时间不一致的应通知境内银行，由境内银行向央行报送相关更新信息；

（5）企业凭出口发票、增值税发票、出口报关单退税联，办理出口免抵退税申报。

（一）汇付、收汇项下跨境人民币结算流程

人民币直接汇出流程如图 11-1 所示，人民币直接汇入流程如图 11-2 所示。

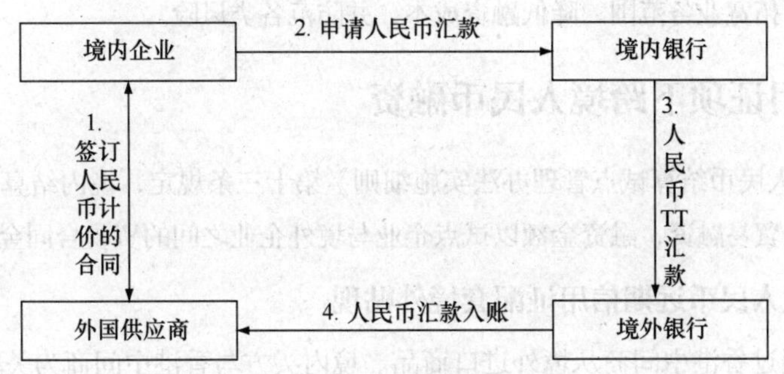

图 11-1　人民币直接汇出流程

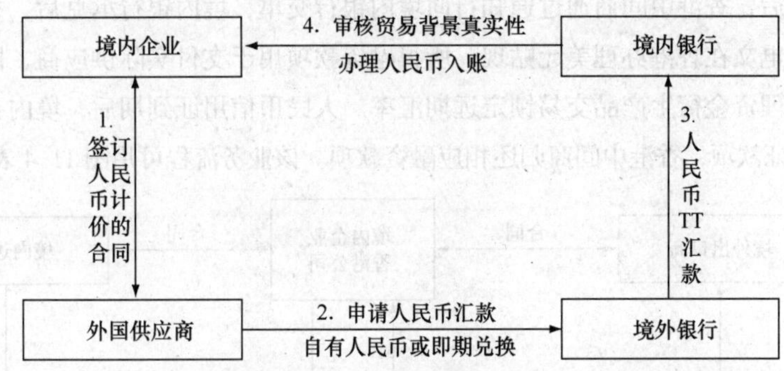

图 11-2　人民币直接汇入流程

（二）信用证项下跨境人民币结算流程

人民币信用证业务流程如图 11-3 所示。

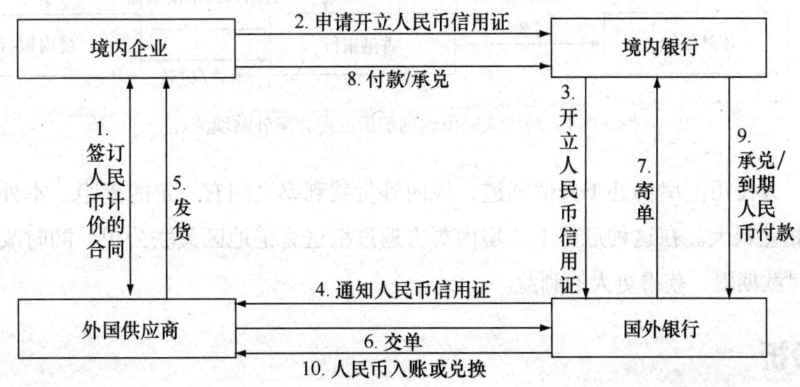

图 11-3　人民币信用证业务流程

第二节 跨境人民币融资

跨境人民币融资可以帮助企业在使用人民币结算开展跨国贸易的过程中，利用境内外、本外币的利差和汇差锁定汇率风险，获取汇兑收益，帮助企业把握市场，降低财务成本；根据监管部门出台的跨境人民币配套政策，为境内企业及其境外关联企业、交易对手提供贸易融资服务，从而拓宽业务范围，降低融资成本，并防范各类风险。

一、信用证项下跨境人民币融资

《跨境贸易人民币结算试点管理办法实施细则》第十三条规定，境内结算银行可以向境外企业提供人民币贸易融资，融资金额以试点企业与境外企业之间的贸易合同金额为限。

（一）跨境人民币远期信用证配套境外贴现

境内买方通过香港中间商从境外进口商品。境内买方与香港中间商为关联企业，双方签订用人民币远期信用证进行结算，香港中间商与境外实际供应商采用即期美元结算。境外实际供应商发货后，香港中间商通过通知行向境内银行交单，境内银行承兑后，香港中间商凭境内银行承兑电文在香港办理美元贴现，所得融资款项用于支付实际供应商，同时，香港中间商在香港办理资金衍生产品交易锁定远期汇率。人民币信用证到期后，境内买方向香港中间商支付信用证款项，香港中间商归还相应融资款项。该业务流程可用图 11-4 表示。

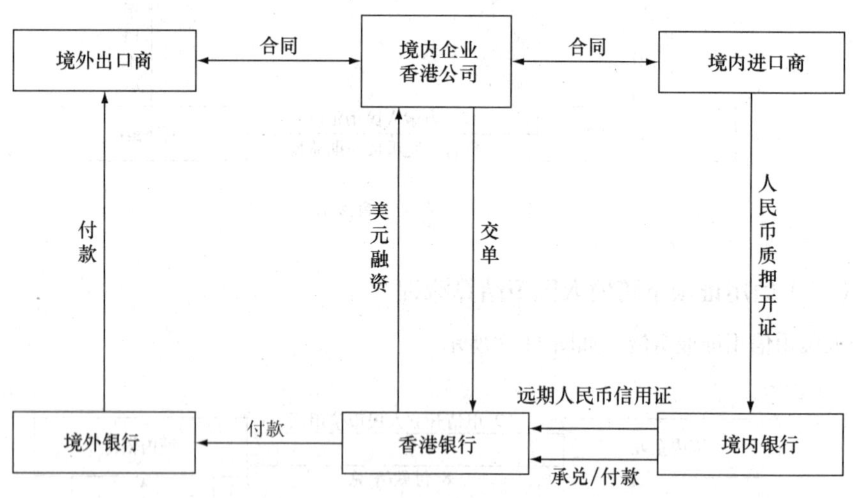

图 11-4 跨境人民币远期信用证配套境外贴现流程

目前，人民币汇率仍处于升值通道，境内外贷款利率之间有一定的差距，本外币之间的存款利率相差很大。在这种形势下，境内买方通过引进香港地区关联公司，同时改变交易币种和延长付款期限，获得更大的利益。

案例分析

A 公司是一家主营特种钢进口贸易的企业，年进口量在全国名列前茅，资金相对比较充裕，在香港设有关联公司。B 公司是境内银行授信客户，但由于目前境内流动性紧缩，贷款资金紧张，融资成本较高，银行暂时无法满足其提款需求。B 公司是 A 公司的长期用户，且双方合作时间长，彼此信用良好。与 A 公司关联企业长期合作的香港银行美元融资资金日趋紧张，融资价格不断提高，但人民币资金相对充裕，融资价格较低。图 11-5 所示为应收账款质押申请开立跨境人民币远期信用证的融资方案。

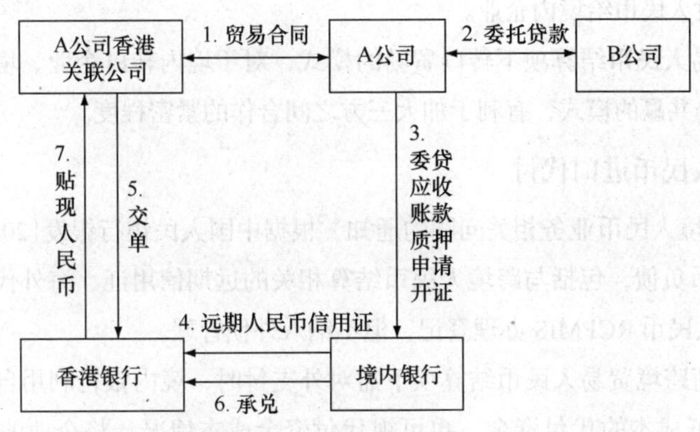

图 11-5 应收账款质押申请开立跨境人民币远期信用证流程

方案描述：A 公司在境内银行办理委托贷款[①]业务，以与 B 公司的委贷项下的应收账款质押申请开立跨境人民币远期信用证，境外卖方（A 公司的香港关联公司）凭境内银行承兑信用证在境外代理行申请人民币贴现融资；信用证到期，境内买方 A 公司收到委贷借款人偿还的委贷资金，支付信用证项下款项，境外卖方归还相应的融资。

（二）跨境贸易人民币结算项下转口贸易

境外卖方通过境内转口贸易企业将货物转卖给境外买方。境内转口企业向境内银行申请开立远期人民币信用证给境外卖方；境外卖方向境内银行交单，境内银行承兑；境外卖方凭境内银行承兑在境外银行叙做融资。境外买方即期支付货款给境内转口贸易企业。实务中，为操作方便，有时候境内转口企业需要通过其境外关联企业进行操作，境外融资如以外汇形式办理，还会配套办理资金交易以锁定汇率风险。该业务流程可用图 11-6 所示。

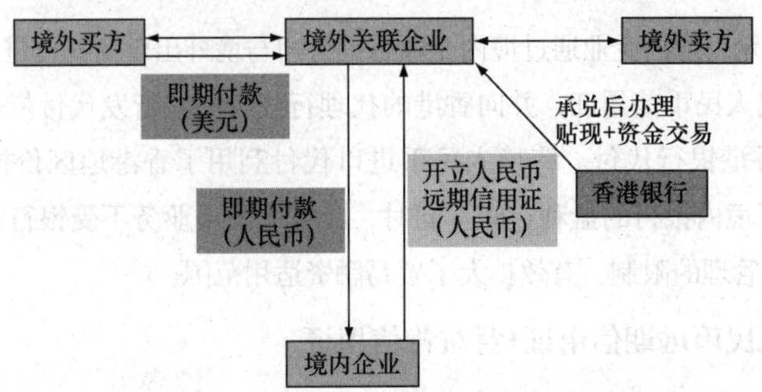

图 11-6 跨境贸易人民币结算项下转口贸易流程

① 委托贷款是指由委托人提供合法来源的资金，委托业务银行根据委托人确定的贷款对象、用途、金额、期限、利率等代为发放、监督使用并协助收回的贷款业务。委托人包括政府部门、企事业单位及个人等。

如图 11-6 所示，境外卖方发货给境外关联企业，境外关联企业将货物转卖给境内企业，境内企业将货物转售给境外买方。境内企业与境外关联企业以人民币结算，境外关联企业与境外卖方、买方以美元结算。境内企业向境内银行申请开立远期人民币信用证给境外关联企业；境外关联企业向境内银行交单，境内银行承兑；境外关联企业凭境内银行承兑在境外银行叙做融资，支付货款给境外卖方。境外买方即期支付货款给境外关联企业；境外关联企业结汇后，即期支付人民币给境内企业。

采用跨境贸易人民币结算项下转口贸易的模式，对于境内转口企业、境外买卖方以及双方银行来讲是一个共赢的模式，有利于加大三方之间合作的紧密程度。

（三）跨境人民币进口代付

《关于明确跨境人民币业务相关问题的通知》根据中国人民银行银发[2011]145 号，居民对非居民的人民币负债，包括与跨境人民币结算相关的远期信用证、海外代付、协议付款、预收延付等，在人民币 RCPMIS 办理登记，但不纳入外债管理。

在境内进口商跨境贸易人民币结算项下需对外支付时，境内银行利用自身代理行额度协助企业取得境外低成本的代付资金。也可视代付资金成本情况，将企业的自有资金进行质押，通过存款及代付业务的价差，企业实现了一定的套利，银行获取了稳定的存款。该业务流程可用图 11-7 表示。

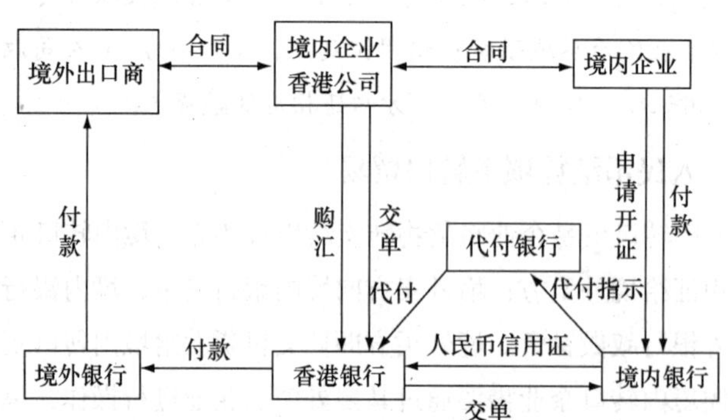

图 11-7　跨境人民币进口代付流程

如图 11-7 所示，境内企业通过境内企业香港公司与境外出口商签订进口合同，境内企业通过境内银行开出人民币信用证，并向香港的代理行或关联银行发代付指示，指示其向境外实际付款行——香港银行代付。跨境人民币进口代付利用了香港地区价格较低的人民币资金，有效地扩大了境内银行的盈利空间。同时，跨境人民币业务不受银行短期外债指标以及企业延期付汇额度管理的限制，有效扩大了贸易融资适用范围。

（四）跨境人民币远期信用证+背对背信用证

如境内进口商履行大宗商品采购合同，且在香港有贸易公司，在代理行（境内银行的境外合作机构）有授信额度，则具备了跨境人民币远期信用证+背对背信用证结算与融资的条件。

如图 11-8 所示，境内进口商在境内银行申请开立人民币远期信用证，境外中间商在境外代理行申请开立背对背美元信用证；境外代理行收到单据后承兑，境内银行收到单据后承兑；中间商在境外银行申请融资。

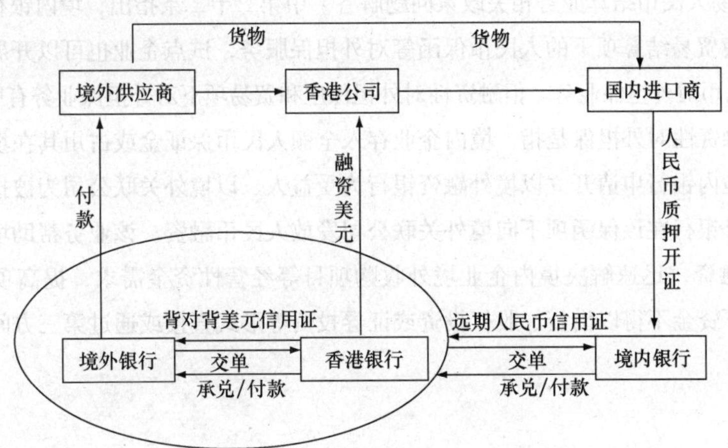

图 11-8　跨境人民币远期信用证+背对背信用证流程

1．开立母证与子证

境内银行在境内进口商额度内开立人民币跨境远期信用证（母证），通知行为香港××银行，受益人为该境内进口商香港子公司。香港子公司在收到该笔信用证后，以该笔信用证为抵押，开立美元即期信用证（子证）。母证与子证金额的换算方式为美元子证金额×即期汇率+预期毛利润=人民币母证金额。

2．贴现与办理 NDF

香港××银行在收到子证项下单据后，若单据符合要求，立即换单并将单据寄往境内银行。境内银行收到单据并确认单据符合要求后，向香港××银行发承兑电文，承诺在到期日付款。香港××银行在收到境内银行承兑电文后，将人民币无本金远期交割的价格（NDF）的价格报给境内进口商。在境内进口商确认 NDF 价格后，香港××银行马上锁定 NDF，办理贴现，并将贴现款向议付行（境外银行）付汇。

3．人民币保证金

在境内银行承兑 180 天后付款时，境内进口商以半年期定期存款形式全额缴足人民币保证金。到期日，境内银行向香港××银行按照承兑金额付款。在收到境内银行付款后，香港子公司用约定好的 NDF 汇率购汇归还美元融资款项，业务结束。

4．收益分析

该笔业务对于境内进口商、境内银行、香港××银行来说是共赢的。在该业务项下，境内进口商需支付的费用是，开证手续费费率 0.2%，美元融资利率 4%，香港银行开证费为 0.3%，存款年化利息收益率为 1%，人民币升值的 NDF 收益率为 2%，因此，境内进口商实际费率为（0.2%+4%+0.3%）-（1%+2%）=1.5%。通过该笔业务，境内进口商省去了 3%的费用支出。

此外，境内银行获得 0.2%的开证手续费和半年的定期存款。香港××银行获得 0.3%的开证手续费和融资利率 3%的美元贷款。

二、人民币融资性对外担保

《跨境贸易人民币结算业务相关政策问题解答》中第二十二条指出，境内银行可以为试点企业提供跨境贸易结算项下的人民币保函等对外担保服务，试点企业也可以开展跨境贸易结算项下的人民币对外担保业务。但融资性对外担保应和贸易项下对外担保业务有所区别。

人民币融资性对外担保是指，境内企业存入全额人民币保证金或占用其在境内银行的授信额度，向境内银行申请开立以境外融资银行为受益人、以境外关联公司为被担保人的融资性保函，境外银行在该保函项下向境外关联公司发放人民币融资。该业务帮助境内企业获得境外低成本融资，迅速解决境内企业境外收购项目等经营性资金需求，提高项目收购的效率。担保项下资金不得以借贷、股权投资或证券投资等形式直接或通过第三方间接调回境内使用。

小知识

无本金交割远期外汇

无本金交割远期外汇（Non-Deliverable Forward，NDF）是一种衍生金融工具，用于对外汇管制国家和地区的货币进行离岸交易。

NDF 市场起源于 20 世纪 90 年代，它为中国、印度、越南等新兴市场国家的货币提供了套期保值功能。人民币、越南盾、韩元、印度卢比、菲律宾比索等亚洲新兴市场国家货币都存在 NDF 市场，与这些国家存在贸易往来或设有分支机构的公司可以通过 NDF 交易进行套期保值，以此规避汇率风险。NDF 市场可用于分析这些国家货币汇率的预期未来走势。

无本金交割远期外汇交易由银行充当中介机构，供求双方基于对汇率看法（或目的）的不同，签订无本金交割远期交易合约。该合约确定远期汇率，合约到期时只需将该汇率与实际汇率差额进行交割清算。结算的货币是自由兑换货币（一般为美元），无须对 NDF 的本金（受限制货币）进行交割。NDF 的期限一般在数月至数年之间，主要交易品种是一年期和一年以下的品种，超过一年的合约一般交易不够活跃。

人民币 NDF 交易市场主要在中国香港地区和新加坡。

人民币 NDF 损益=到期时的人民银行挂牌中间价与 NDF 报价比较；价差换算为美元后，以美元进行差额交割。

NDF 定价日/汇率：到期日前两天（即 T-2），以该天人行公布的人民币挂牌中间价作为即期汇率来计算 NDF 交割差额。

NDF 交割日：NDF 到期日即交割日，盈利或亏损均进行差额交割。

表 11-2 计算分析了与即期购汇相比，NDF 组合付汇业务的收益。

表 11-2　NDF 组合付汇业务收益计算

美元融资金额	USD1 000 000.00
融资利率成本（LIBOR+150BP）	2.36%
融资计息天数	360

续表

美元融资金额	USD1 000 000.00
到期本息和	USD1 023 260.04
美元即期购汇汇率	6.8145
人民币即期购汇成本（a）	RMB6 814 500.00
NDF 价格	6.701
归还贷款购汇所需人民币金额（b）	RMB6 856 865.53
中国银行人民币 1 年定期利率（c）	2.025%（扣除 10%预提税）
到期时人民币存款本息和 d=a×（1+c）	RMB6 952 493.63
比即期购汇节约成本 d−b	RMB95 628.1
NDF 组合付汇业务年化收益率（与即期购汇相比）	1.40%

复习思考题

一、简答题

1. 什么是跨境贸易人民币结算?
2. 简述跨境人民币远期信用证配套境外贴现的流程。
3. 简述跨境贸易人民币结算项下转口贸易的流程。
4. 简述跨境人民币进口代付的流程。
5. 简述跨境人民币远期信用证+背对背信用证的流程。
6. 简述人民币融资性对外担保流程。

二、案例讨论题

请结合业务流程图，指出人民币跨境结算与外币结算的异同点。

第五篇

实训篇

第十二章　国际结算模拟实训

第一节　进出口贸易的准备

一家贸易公司为与国外客户建立业务关系，首先必须进行市场调研，选择合适的客户建立业务关系后，彼此就具体业务进行交易磋商。在大多数情况下，需要相互合作，彼此让步，并且就价格进行核算。这就是交易磋商的过程，如图 12-1 所示。

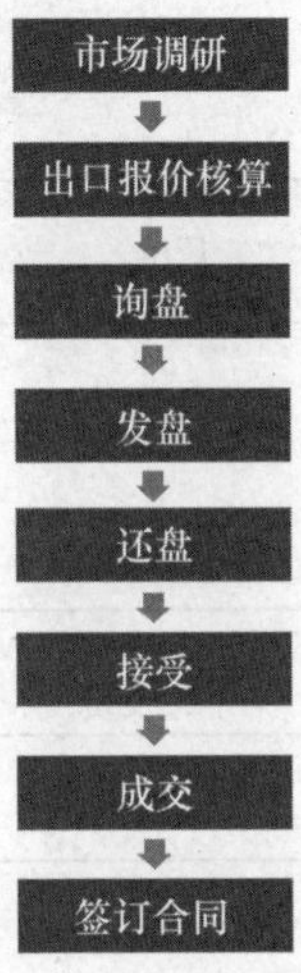

图 12-1　交易磋商与合同签订流程

一、市场调研

产品制造商或出口贸易商，如果要将产品打进国际市场，就必须先了解市场，即预先对拟销地区、国家或重要商业城市的经济、文化、社会政经制度、宗教信仰以及人口分配、国家所得、贸易金融制度等营销环境做综合性的调研分析，然后进一步调研各市场竞争情形、消费者偏好以及市场潜力，从而评估自己的产品是否有打入该市场的机会。市场调研的结果越精确详细，就越能正确判断货物出口的可能性及未来的发展，提高成交率。

二、报价核算

在确定进出口商品价格时，必须充分考虑影响价格的各种因素，并注意同一商品在不同情况下应有合理的差价，防止全球统一价格的错误做法。出口报价的核算公式为

出口价格=出口成本+出口费用+出口利润

三、函电交流

外贸函电是我们建立对外贸易关系和外贸往来的重要手段。外贸函电包括建立客户业务关系、询价、报盘、还盘、订货、接受、签约、包装、装运、支付、结算、保险、商检、索赔、代理及仲裁等多项特殊贸易形式和经济技术合作。

第二节　备货及认证

一、备货

备货是进出口企业根据合同或信用证规定，向有关企业或部门采购和准备货物的过程。图 12-2 为出口商备货的流程图。

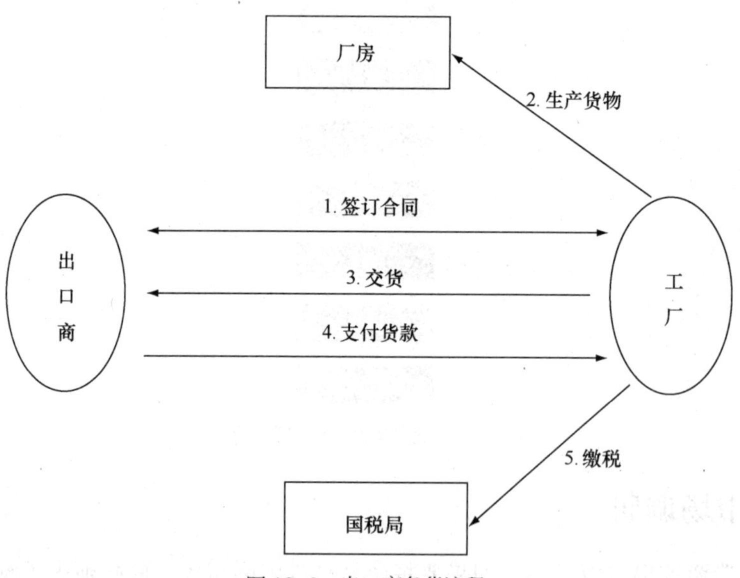

图 12-2　出口商备货流程

二、认证

（一）出口许可证

在我国，为了鼓励出口，对大部分商品的出口不加管制，因此，不需要办理出口许可证。但是，对属于以下三种情况的商品出口，则需要申领出口许可证：第一，根据双边、多边协定的规定，我国限制出口的商品；第二，考虑到国际市场的容量，为了防止盲目出口而予以管制的商品；第三，关系到国计民生的重要物资而需要控制出口的商品。

出口许可证申请表如图 12-3 所示。

出口许可证申请表

1. 出口商： XiamenYiyunEnterprise Co.Ltd.			3. 出口许可证号： exportcontract02	
2. 发货人： XiamenYiyunEnterpriseCo.Ltd.			*4. 出口许可证有效截止日期： 2015-01-22	
5. 贸易方式： 一般贸易			*8. 进口国（地区）： Japan	
6. 合同号 contract02			9. 付款方式： D/P	
7. 报关口岸： Xiamen			10. 运输方式： Port-to-Port Shipment	
11. 商品名称：* Chinese Broken Rice			商品编码：* 1006309090	
12. 规格、等级	*13. 单位	*14. 数量	*15. 单价	16. 总值
	KG	300	JPY 60	JPY18000
18. 总计				
19. 备注 * 申请单位盖章 申领日期：2014-10-22			20. 签证机构审批（初审） 经办人： 终审：	

填表说明：1. 本表应用正楷逐项填写清楚，不得涂改、遗漏，否则无效。

2. 本表内容需打印多份许可证的，请在备注栏内注明。

3. 本表填写一式两份。

图 12-3　出口许可证申请

（二）进口许可证

进口许可证管理是有关进口许可证的申请、审查、颁发、使用、效力、撤销和废止方面的法规。通过对进口商品实行许可证管理，可以调节国家进口商品结构，稳定国内市场，但是，当进口许可程序透明度不强或签发过程产生不必要的延误时，它又成为贸易保护的工具。进口许可证申请表如图 12-4 所示。

进口许可证申请表

1. 进口商: BIYORI_CO.LTD.	3. 进口许可证号: importcontraco02
2. 收货人: BIYORI_CO.LTD.	*4. 进口许可证有效截止日期: 2015-01-22
5. 贸易方式: 一般贸易	*8. 进口国（地区）: China
6. 合同号 contract02	9. 付款方式: D/P
7. 报关口岸: Tokyo	10. 运输方式: Port-to-Port Shipment
11. 商品名称: * Chinese Broken Rice	商品编码: * 1006309090

12. 规格、等级	*13. 单位	*14. 数量	*15. 单价	16. 总值
	KG	300	JPY 60	JPY18000
18. 总计				

19. 备注 * 申请单位盖章 进口商有限公司 申领日期: 2014-10-22	20. 签证机构审批（初审） 经办人: 终审:

填表说明: 1. 本表应用正楷逐项填写清楚，不得涂改、遗漏，否则无效。

2. 本表内容需打印多份许可证的，请在备注栏内注明。

3. 本表填写一式两份。

图 12-4 进口许可证申请表

（三）原产地证书

原产地证书（Certificate of Origin）是出口商应进口商要求而提供的、由公证机构或政府或出口商出具的证明货物原产地或制造地的一种证明文件。原产地证书是贸易关系人交接货物、结算货款、索赔理赔、进口国通关验收、征收关税的有效凭证。它还是出口国享受配额待遇、进口国对不同出口国实行不同贸易政策的凭证。一般原产地证明书申请书如图 12-5 所示。

一般原产地证明书申请书

本人是被正式授权代表出口单位办理和签署本申请书的。本申请书及一般产地证明书/加工装配证明书所列内容正确无误，如发现弄虚作假，冒充证书所列货物，擅改证书，本人愿按《出口货物原产地规则》的有关规定接受处罚。现将有关情况申报如下：

企业名称	XiamenYiyunEnterpriseCo.Ltd.		合同号	coniract02	
*商品名称	Chinese Broken Rice		*H.S编码	1006309090	
*商品总值	JPY 18000		*最终目的国/地区	Japan	
拟出运日期			转品国（地区）		
贸易方式和企业性质（请在适用处画“√”）					
☑一般贸易		三来一补		其他贸易方式	
国有企业	三资企业	国有企业	三资企业	国有企业	三资企业
◉	○	○	○	○	○
包装数量或毛重或其他数量 300KG					
请予审核签证。 申请单位盖章 日期：2014年 10月 22日					

图 12-5 一般原产地证书申请书

第三节 出口托运、商品检验与报关

一、租船订舱

在货物交付和运输过程之中，如货物的数量较大，可以洽租整船甚至多船来装运，这就是“租船”。如果货物量不大，则可以租赁部分舱位来装运，这就是“订舱”。当卖方备妥货物，收到国外开来的信用证，并且经过审核无误后，能否做到船货衔接，按合同及信用证规定的时间及时将货物出运，主要决定于租船订舱这个环节。图 12-6 显示了某合同项下的租船订舱情况。

二、托运委托

托运指出口企业委托运输机构（如对外贸易运输公司或其他有权受理对外货运业务的单位）向承运单位或其代理办理货物运输的方式。如果出口货物数量较大，需要整船装运，还要对外办理租船手续；如果出口数量不大，不需要整船装运，则办理订舱事宜。图 12-7 所示为托运委托书。

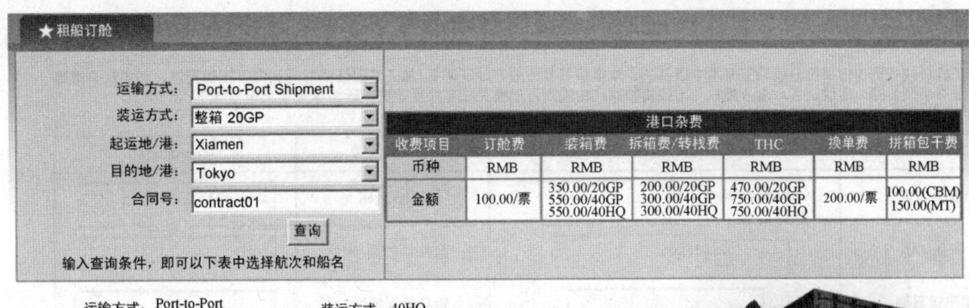

港口杂费						
收费项目	订舱费	装箱费	拆箱费/转栈费	THC	换单费	拼箱包干费
币种	RMB	RMB	RMB	RMB	RMB	RMB
金额	100.00/票	350.00/20GP 550.00/40GP 550.00/40HQ	200.00/20GP 300.00/40GP 300.00/40HQ	470.00/20GP 750.00/40GP 750.00/40HQ	200.00/票	100.00(CBM) 150.00(MT)

运输方式：Port-to-Port Shipment　　装运方式：40HQ

装运地/港：Xiamen　　目的地/港：Tokyo

合同号：contract01

船东：HOSCO　　集装箱数量：3

选项	船名	航次	启运日期	到达日期	海运费
◉	FU YANG SHAN_2	PXM173	2014-10-28	2014-10-30	USD300
○	FU YANG SHAN_4	PXM175	2014-11-04	2014-11-06	USD300
○	FU YANG SHAN_1	PXM169	2014-11-11	2014-11-13	USD300
○	FU YANG SHAN_2	PXM171	2014-11-18	2014-11-20	USD300

提交

图 12-6　租船订舱

托　运　委　托　书

Shipper 发货人 XiamenYiyunEnterpriseCo.Ltd.		托运委托书		
*Consignee 收货人 BIYORI_CO.LTD.				
*Notify Party 通知人 BIYORI_CO.LTD.		*Services Required ◉ Port-to-Port Shipment港对港 ○ Combined Transport多式联运 *Documents Required ○ House B/L货代单 ◉ Master B/L船东单		
*Vessel/Voy No 船名/航次 FU YANG SHAN_3 / PXM173	*Loading Port 装运港 Xiamen	*Freight&Charge ◉ Prepaid 预付 ○ Collect 到付		
Port of Discharge 卸货港	Port of Delivery 目的港	*Final Destination 最终目的港 Tokyo	可否转船 ○ 转船 ◉ 不转船	可否分批 ○ 分批 ◉ 不分批
Marks & Numbers 唛头	*Number and kind of package 件数及包装种类	*Description of goods 货物描述	*Gross Weight 毛重（公斤）	*Measurement 尺码（立方米）
N/M	500　Cardboards	Oolong Tea	40750.00	192.000
*Total Cntrs Type/Size（总箱数/箱型） 3　○ 20GP ○ 40GP ◉ 40HQ ○ 拼箱				

Remarks:
1. SunShow will be regarded as yr agent when you finish this booking order. For FOB shipment, all POL Local charges will be on yr account.
2. SunShow are under an obligation to help to matters between shpr and carrier, but without responsibility for delayed etd/eta, tight space & offload cntr & transit caused by carried.
3. During the export time, any extract charges caused by customus spor-check, change vssl, overtime trucking ect which should be on shpr' s account
4. Transhipment & partial would be regarded as allowed if do not fill in it
5. For dangerous goods, pls also provide goods description in details and certificate for transporting securith.
6. Incorrect contenes and data & wrong destination caused by you, we are no responsible for it.
7. we will release B/L and shipment when shpr settled the payment with us, we have right to hold the shipment if shpr/cnee refuse to pay us ocean freight and local charges.

接受运价 Accept Charge:

签名/盖章 Booking Acknowledged by For and on behalf of:

托运日期Date:　2014-10-22

本实训系统默认为，如果选择厦门和宁波，则运输由高远船公司负责，出口商应该选择 Master **B/L** 船东单；如果选择其他目的地/港，则运输由货代理负责，应选择 House **B/L** 货代单。

如果合同中贸易术语是 CIF 或者 CFR，则需要选择 Prepaid 预付；如果合同中贸易术语是 FOB，则需要选择 Collect 到付。

件数和包装种类以及货物描述应该严格与合同一致；毛重和尺码的计算可以参考商品库详细信息。

图 12-7　托运委托书

三、出口检验检疫

出口检验，指出口国机构依法所做的强制性商品检验，以确保出口商品能符合政府法规规定。其目的在于提高商品质量建立国际市场信誉，促进对外贸易，保障国内消费者的利益。目前我国的进出口商品检验检疫机构为出入境检验检疫局。图 12-8 所示为出境货物报检单。

出入境检验检疫
出境货物报检单

报检单位（加盖公章）： 编号：

收货人	BIYOU CO.LTD.				
发货人	XiamenYiyunEnterpriseCo.Ltd.				
货物名称(中/外文)	*H.S.编码	原产国(地区)	数/重量	货物总值	包装种类及数量
Oolong Tea	0902301000	China	40000KG	JPY14400000	500 Cardboards
运输工具名称号码	FU YANG SHAN_3	贸易方式	一般贸易	货物存放地点	
合同号	contract01	信用证号		用途	
发货日期		* 输往国家（地区）	Japan	许可证／审批号	
启运地	Xiamen	到达口岸	Tokyo	生产单位注册号	
集装箱规格及数量	3 X 40HQ				

合同、信用证订立的检验检疫条款或特殊要求	标记及号码	随附单据	
	N/M	☐ 合同 ☐ 信用证 ☐ 发票 ☐ 换证凭单 ☐ 装箱单	☐ 包装性能结果单 ☐ 许可/审批文件

*需要证单名称		*检验检疫费	
☑ 品质证书 _正_副 ☑ 重量证书 _正_副 ☐ 数量证书 _正_副 ☐ 兽医卫生证书 _正_副 ☐ 健康证书 _正_副 ☐ 卫生证书 _正_副 ☐ 动物卫生证书 _正_副	☐ 植物检疫证书 _正_副 ☐ 熏蒸/消毒证书 _正_副	总金额(人民币) 计费人 收费人	

报检人郑重声明： 1. 本人被授权报检。 2. 上列填写内容正确属实，货物无伪造或冒用他人的厂名、标志、认证标志，并承担货物质量责任。 签名：	领取证单	
	日期	
	签名	

提交 自动填写 取消

图 12-8 出口货物报检单

四、出口报关通关

报关是指出口货物装船前，向海关申报通关所要办理的手续。根据《中华人民共和国海关法》的规定，货物出口必须向海关申报，提交海关出口货物报关单（见图 12-9），经过海关查验放行后，货物方可装运出口。

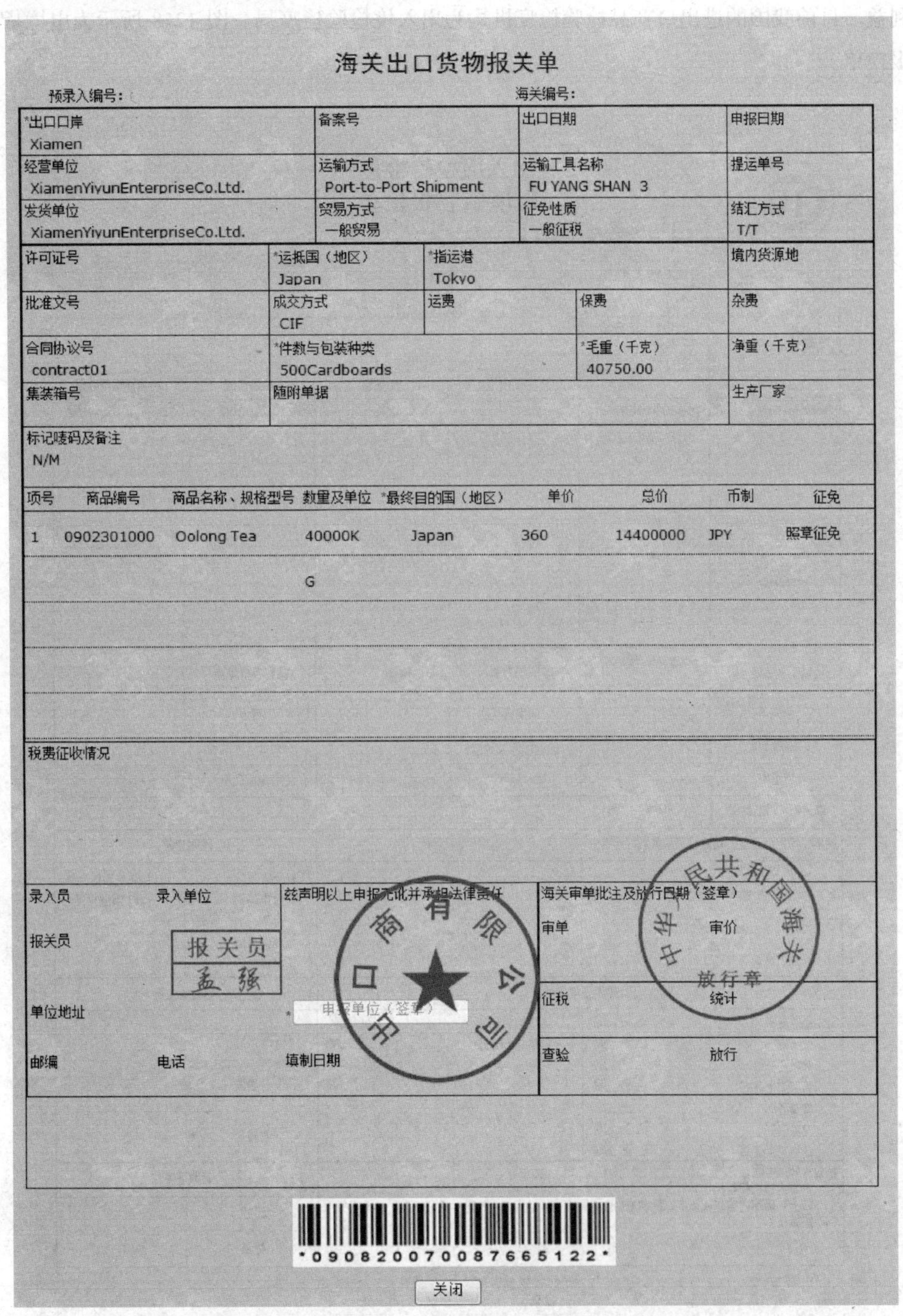

海关出口货物报关单

预录入编号：　　　　海关编号：

*出口口岸 Xiamen	备案号	出口日期	申报日期
经营单位 XiamenYiyunEnterpriseCo.Ltd.	运输方式 Port-to-Port Shipment	运输工具名称 FU YANG SHAN 3	提运单号
发货单位 XiamenYiyunEnterpriseCo.Ltd.	贸易方式 一般贸易	征免性质 一般征税	结汇方式 T/T

许可证号	*运抵国（地区） Japan	*指运港 Tokyo		境内货源地
批准文号	成交方式 CIF	运费	保费	杂费
合同协议号 contract01	*件数与包装种类 500Cardboards		*毛重（千克） 40750.00	净重（千克）
集装箱号	随附单据			生产厂家

标记唛码及备注 N/M

项号	商品编号	商品名称、规格型号	数量及单位	*最终目的国（地区）	单价	总价	币制	征免
1	0902301000	Oolong Tea	40000KG	Japan	360	14400000	JPY	照章征免

税费征收情况

录入员　录入单位	兹声明以上申报无讹并承担法律责任	海关审单批注及放行日期（签章）
报关员　报关员 孟强		审单　审价
单位地址	申报单位（签章）	征税　统计
邮编　电话	填制日期	查验　放行

0908200700876651 22

关闭

图 12-9　出境货物报关单

第四节　办理装船及换取提单

一、办理装船

装船是指托运人应将其托运的货物送至码头承运船舶的船边并进行交接，然后将货物装到船上。图 12-10 所示为场站收据副本大副联。

Shipper（发货人）
XiamenYiyunEnterpriseCo.Ltd.

D/R No.（编号）
contract01

场站收据副本
大副联

COPY OF DOCK RECEIPT
(FOR CHIEF OFFICER)

Consignee（收货人）
BIYORI_CO.LTD.

Notify Party（通知人）
BIYORI_CO.LTD.

Received by the Carrier the Total number of containers or other Packages or units stated below to be transported subject to the terms and conditions of the Carrier's regular form of Bill of Lading (for Combined Transport or port to Port Shipment) which shall be deemed to be incorporated herein

Date（日期）：
2014-10-22

场站章

Pre-carriage by（前程运输）		Place of Receipt（收货地点）	
Ocean Vessel（船名） FU YANG SHAN_3	Voy.No.（航次） PXM173	Port of Loading（装货港） Xiamen	
Port of Discharge（卸货港）		Place of Delivery（交货地点）	Final Destinstion for Merchant's Referenoe（目的地） Tokyo

Particulars Furnished by Merchants（托运人提供详细情况）

Container NO.（集装箱号）	Seal No.（封志号）Marks & Nos.（标记与号码）	No. & Kind of containers（箱数或件数）	No. & Kind of Packages（包装种类）	Description of Goods（货名）	Gross Weight毛重（千克）	Measurement体积（立方米）
	N/M	3×40HQ	500Cardboards	Oolong Tea	40750.00	192.000

TOTAL NUMBER OF CONTAINERS OR PACKAGER(IN WORDS)
集装箱数或件数合计（大写）

Container NO.(集装箱号)	Seal No.(封志号)	Pkgs.(件数)	Container NO.(集装箱号)	Seal No.(封志号)	Pkgs.(件数)

Reoeived(实收)　　By Terminal clerk(场站员签字)

FREIGHT & CHARGES	Prepaid at(预付地点)	Payable at(到付地点)	Place of Issue(签发地点)
	Total Prepaid（预付总额）	No. of Original B(s)/L(正本提单份数)	BOOKING APPROVED BY(订舱确认)　蒋亦伟

Service Type on Receiving ○CY ○CFS ○DOOR	Service Type on Delivery ○CY ○CFS ○DOOR	Reefer Temperature Required.(冷藏温度)	°F	°C

TYPE OF GOODS（种类）	○Ordinary（普通） ○Reefer（冷藏） ○Dangerous（危险） ○Auto.（裸装车辆）	危险品	Class: Property: IMDG Code Page: UN NO.
	○Liquid（液体） ○Live Animal（活动物） ○Bulk（散货） ○		

图 12-10　场站收据副本大副联

二、换取提单

海运提单（Bill of Lading，B/L）简称提单，它是由船长或船公司或其代理人签发的证明已收到特定货物，允诺将货物运至特定目的地，并交付给收货人的凭证。海运提单是收货人在目的港据以向船公司或其代理提取货物的凭证，是运输契约或其证明。

第五节　保险

保险的基本原则是投保人（被保险人）和保险人签订保险合同、履行各自义务，以及办理索赔和理赔工作所必须遵守的原则。保险的基本原则主要有可保利益原则、最大诚信原则、补偿原则、代位追偿原则、重复保险分摊原则及近因原则等。

出口企业在确定船期、船名后，应向保险公司办理投保手续，以取得保险单。图 12-11 所示为货物运输保险投保单。

PICC 中国人民保险公司
The Poeple's Insurance Company of China

货 物 运 输 保 险 投 保 单
APPLICATION FORM FOR CARGO TRANSPORTATION INSURANCE

*被保险人 Insered　BIYORI_CO.LTD.

发票号（INVOICE NO.）　　合同号（CONTRACT NO.）contract01

发票金额（INVOICE AMOUNT）　　*投保加成（PLUS）110 %

兹有下列物品向中国人民保险公司投保。（INSURANCE IS REQUIRED ON THE FOLLOWING COMMODITIES:）

标 记 MARKS & NOS	包装及数量 QUANTITY	保险货物项目 DESCRIPTION OF GOODS	*保险金额 AMOUNT INSURED
N/M	500 Cardboards	Oolong Tea	JPY 15840000

启运日期：DATE OF COMMENCEMENT 2014-10-28　　装载运输工具：FER CONVEYANCE FU YANG SHAN_3

自 FROM Xiamen　经 VIA　至 TO Tokyo

提单号：B/L NO.　　赔款偿付地点：CLAIM PAYABLE AT Tokyo

投保险别：（PLEASE INDICATE THE CONDITIONS &/OR SPECIAL, COVERAGES:）

ALL RISKS

图 12-11　投保单

（签章日期：______ 年 ______ 月 ______ 日）

请如实告之下列情况：（如‘是’在[]中打‘√’，‘不是’打‘×’）IF ANY，PLEASE MARK ‘√’ OR ‘×’

1.货物种类： GOODS:	袋装 [ ] BAG/JUMEO	散装 [ ] BULK	冷藏 [ ] BEEFER	液体 [ ] LIQUID	活动物 [ ] LIVE ANIMAL	机器汽车 [ ] MACHINE/AUTO	危险品等级 [ ] DANGEROUS CLASS
2.集装箱种类： CONTAINER:	普通 [ ] ORDINARY	开顶 [ ] OPEN	框架 [ ] FRAME	平板 [ ] FLAY	冷藏 [ ] REFRIGERATOR		
3.转运工具： BY TRANSIT:	海轮 [ ] SHIP	飞机 [ ] PLANE	驳船 [ ] BARGE	火车 [ ] TRAIN	汽车 [ ] TRUCK		
4.船舶资料： PARTICULAR OF SHIP:	船籍 [ ] REGISTRY			船龄 [ ] AGE			

备注：被保险人确认保险合同条款和内容已经完全了解。
THE ASSURED CONFIRMS HEREWITH THE TERMS AND CONDITIONS OF THESE INSURANCE CONTRACT FULLY UNDERSTOOD.

投保日期：（DATE） 2014-10-28

（签章）

XiamenYiyunEnterpriseCo.Ltd.

本公司自用（FOR OFFICE USE ONLY）

费率：RATE: ______ 报费：PREMIUM: ______ 备注：______

经办人：______ 核保人：______ 负责人：______

By: ______

PICC NO: ______

TEL: ______ TEL: ______ FAX: ______

提交 自动填写 取消

图 12-11 投保单（续）

第六节 缮制单据及装船通知

一、商业发票

商业发票（Commercial Invoice）是出口方向进口方开列的发货价目清单（见图 12-12），是买卖双方记账的依据，也是进出口报关交税的总说明。商业发票是一笔业务的全面反映，内容包括商品的名称、规格、价格、数量、金额、包装等，同时也是进口商办理进口报关不可缺少的文件。因此，商业发票是全套出口单据的核心，在单据制作过程中，其余单据均需参照商业发票缮制。

*ISSUER	商业发票 COMMERCIAL INVOICE	
Yuanyang Export Co., Ltd.		
*TO		
Standard Import		
Transport details	NO. xh2	DATE
FROM Dalian TO San Francisco	S/C NO. xh2	L/C NO. xh2
	Terms of payment L/C	

Marks and number	*Description of goods	*Unit	*Quantity	*Unit price	*Amount
N/M	Canned Beef	Cans	12000	USD3.5	USD42000
		Total			

*签章

提交　自动填写　取消

图 12-12　商业发票

二、汇票

汇票（Bill of Exchange/Postal Order/Draft）是由出票人签发的，要求付款人在见票时或在一定期限内，向收款人或持票人无条件支付一定款项的票据（见图 12-13）。汇票是国际结算中使用最广泛的一种信用工具。

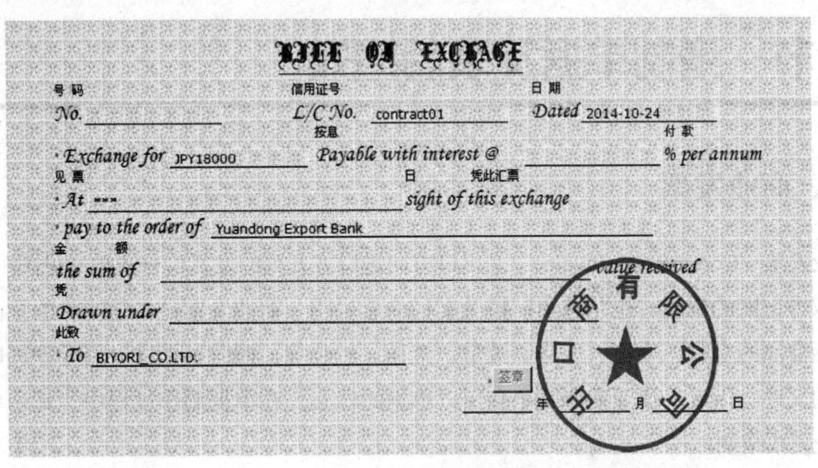

BILL OF EXCHANGE

号码 No. ______　信用证号 L/C No. contract01　日期 Dated 2014-10-24

·Exchange for JPY18000　按息 Payable with interest @ ______ % per annum 付款

见票 ·At *** 日 sight of this exchange 凭此汇票

·pay to the order of Yuandong Export Bank

金额 the sum of ______ value received

凭 Drawn under ______

此致 ·To BIYORI_CO.LTD.

签章　　年　　月　　日

图 12-13　汇票

三、装箱单

装箱单是发票的补充单据（见图 12-14），它列明了信用证（或合同）中买卖双方约定的有关包装事宜的细节，便于国外买方在货物到达目的港时供海关检查和核对货物，通常可以将其有关内容加列在商业发票上，但是在信用证有明确要求时，就必须严格按信用证约定制作。

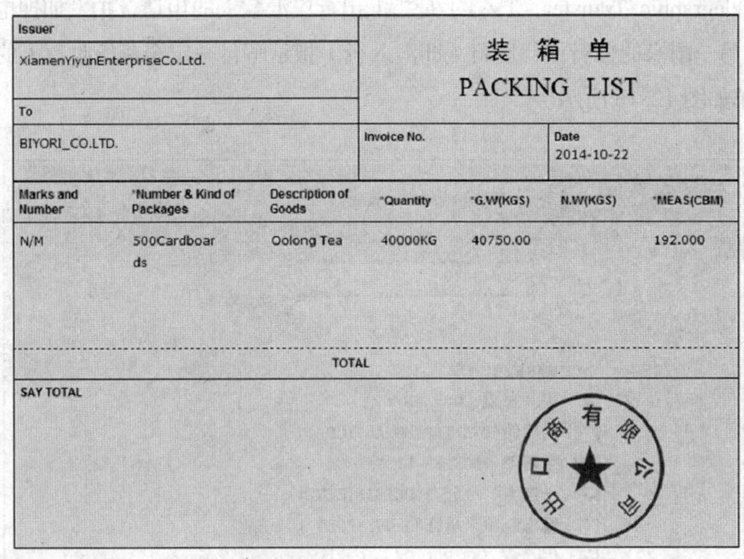

Issuer
XiamenYiyunEnterpriseCo.Ltd.

装 箱 单
PACKING LIST

To
BIYORI_CO.LTD.

Invoice No.

Date 2014-10-22

Marks and Number	*Number & Kind of Packages	Description of Goods	*Quantity	*G.W(KGS)	N.W(KGS)	*MEAS(CBM)
N/M	500Cardboards	Oolong Tea	40000KG	40750.00		192.000
TOTAL						

SAY TOTAL

图 12-14 装箱单

四、装船通知

装船通知也叫装运通知，主要指的是出口商在货物装船后发给进口方的包括货物详细装运情况的通知。其内容通常包括合同或信用证号码、货名、装运数量、船名、装船日期、装货港、预定抵达日期等（见图 12-15）。

SHIPPING ADVICE

CONTRACT NUMBER: contract04

We hereby inform you that the goods under the above credit have been shipped on board.
The details of shipment are stated below.

Date of Departuer:	2014-10-28
Shipping Marks:	N/M
Number of L/C:	
Number of B/L:	contract04
Number of Order:	
Number of Cartons:	
*Total Gross Weight (kg):	285.00
Goods Value:	JPY26500
Commodity:	Orange Juice
*Ocean Vessel:	FU YANG SHAN_3
*From:	Xiamen
*To:	Tokyo
ETA:	

Yours sincerely

Stamp（公章）

图 12-15 装船通知

第七节　电汇

电汇（Telegraphic Transfer，T／T）是指汇出行应汇款人的申请，拍发加押电报、电传或 SWIFT 给在另一国家的分行或代理行（即汇入行）指示解付一定金额给收款人的一种汇款方式。电汇交单如图 12-16 所示。

★ T/T交单

合同号 contract01
日期: 2014-10-23

DOCUMENTS
- [x] 商业发票 COMM INV*
- [ ] 装船通知 SHIPPING ADVICE
- [x] 装箱单 PACKING LIST*
- [x] 一般原产地证书 ORIGIN CERT*
- [ ] 普惠制原产地证明 GSP FORM A*
- [x] 保险单 INS POLICY　CIF项下必须提交
- [x] 提单 B/L*
- [ ] 数量检验证书 QUAN CERT
- [ ] 重量检验证明 WT CERT
- [ ] 品质检验证书 QUAL INSPEC SERT
- [ ] 健康证书 HEALTH CERT
- [ ] 动物卫生证书 ANIMAL HEALTH CERT
- [ ] 兽医卫生证书 VETERINARY (HEALTH) CERT
- [ ] 卫生证书 SANT ARY CERT
- [ ] 熏蒸/消毒证书 FUMIGATION/DISINFECTION CERT
- [ ] 植物检疫证书 PHYTOSANITARY CERT

提交

图 12-16　电汇交单

第八节　托收

国际商会制定的第 522 号出版物《托收统一规则》（URC522），对托收（Collection）做了如下定义。托收是指接到托收指示的银行，根据所收到的金融单据或商业单据来取得进口商付款或承兑汇票，或凭付款或承兑交出商业单据，或凭其他条件交出单据的一种结算方式。图 12-17 所示为托收委托书。

托收委托书
COLLECTION ORDER

致：ZhongshanDevelopmentBank　　　　日期：

托收行（Remitting Bank）： ZhongshanDevelopmentBank	代收行（Collection Bank）： BenjaminButtonBank
委托人（Principal）： Guangdong Donghua Medical Equipment Co.,LTD	付款人（Drawee）： Williams Hospital, London
◉ 付款交单D/P ○ 承兑交单D/A ○ 无偿交单 FREE OF PAYMENT	期限/到期日：
发票号码/票据编号： contract02	国外费用承担人：◉ 付款人 ○ 委托人
*金额： EUR410000	国内费用承担人：○ 付款人 ◉ 委托人

*单据种类	汇票	商业发票	装船通知	装箱单	一般原产地证书	普惠原产地证书	保险单	提单	数量检验证书	重量检验证书	品质检验证书	健康证书	动物卫生证书	兽医卫生证书	卫生证书	熏蒸/消毒证书	植物检疫证书
	☑	☑	☑	☑	☑	☐	☐	☑	☐	☑	☑	☐	☐	☐	☐	☐	☐

特别指示：

1. 邮寄方式：◉ 快邮 ○ 普邮 ○ 指定快邮 ________
2. 托收如遇拒付，是否须代收行作成拒绝证书(PROTEST)：◉ 是 ○ 否
3. 货物抵港时是否代办存仓保险：◉ 是 ○ 否
4. 如付款人拒付费用及/或利息，是否可以放弃：◉ 是 ○ 否
5. ________

付款指示：　　　　核销单编号：________

请将合同款划入我司下列账上：

开户行：ZhongshanDevelopmentBank　账号：class01d02

联系人姓名：________

电话：________ 传真：________　　公司签章

注：本委托书一式3份，一份于交单时银行签收后退公司，一份于结汇时作回单退公司，一份交由银行留底。

提交　自动填单　取消

图 12-17　托收委托书

第九节　信用证

信用证（Letter of Credit，L/C）是指由银行（开证行）依照申请人的要求和指示或自己主动（在符合信用证条款的条件下），凭所规定的单据向第三者（受益人）或其指定方进行付款的书面文件。即信用证是一种银行开立的有条件的承诺付款的书面文件。

信用证开证申请书如图 12-18 所示。

IRREVOCABLE DOCUMENTARY CREDIT APPLICATIION

To: Multiple International Bank　　　　Date: 2014-10-22

Beneficiary XiamenYiyunEnterpriseCo.Ltd.	L/C No. contract03 Contract No. contract03 Date of expiry of the credit 2014-12-24 Place of expiry of the credit China
Partial shipments ○ allowed ◉ not allowed	Transshipment ○ allowed ◉ not allowed
Loading on board/dispatch/taking in charge at/from Xiamen not later than 2014-11-24 For transportation to Tokyo	☐ Issue by airmail ☐ With brief advice by teletransmission ☐ Issue by express delivery ☑ Issue by teletransmission (which shall be the operative instrument)
Description of goods: Liquid Glucose Quantity: 300MT No&Kind of Packages: 1000Barrels	Credit available with Yuandong Export Bank by sight payment at *** sight Against the documents detailed herein And beneficiary' s draft for 100 % of the invoice value draw on Multiple International Bank
Amount(both in figures and words): JPY5700000	PriceItem: CFR

Document required:(marked with √)

☑ 1. Signed Commercial Invoice in original（s） and copy(ies) indicating this L/C No. and Contract No.

☑ 2. Signed Packing List in copy(ies) indicating quantity/gross and net weights.

☑ 3. Full set of clean on board Ocean Bill(s) of Lading marked "☑ Freight Prepaid ☐ Freight Collect" made out to the order of BIYORI_CO.LTD. and blank endorsed , notifying "BIYORI_CO.LTD."

☐ 4. Clean Air Waybills showing "☐ Freight Prepaid ☐ Freight Collect" and consigned to ____________ , notifying ____________

☐ 5. Rail Waybills showing "Freight Prepaid" and consigned to____________

☐ 6. Insurance Policy/Certificate blank endorsed for % of the invoice value, showing claims payable at destination in currency of the draft, covering All Risks

☑ 7. Certificate of Origin in copy(ies) issued by

☐ 8. Generalized System of Preferences Certificate of Origin (Form A) in ____________ copies issued by____________

☐ 9. Certificate of Weight in _______copies issued by ____________

☐ 10. Certificate of Quantity in _______copies issued by ____________

☐ 11. Veterinary (Health) Certificate in _______copies issued by ____________

☐ 12. Health Certificate in _______copies issued by ____________

☐ 13. Sanitary Certificate in _______copies issued by ____________

☐ 14. Animal Health Certificate in _______copies issued by ____________

☐ 15. Phytosanitary Certificate in _______copies issued by ____________

☐ 16. Fumigation/Disinfection Certificate in _______copies issued by _____

☐ 17. Beneficiary' s statement stating that____________

☐ 18. Shipping Advice in _______copies issued by ____________

☐ 19. Certificate of Quality in issued by

☐ 20. Other documents, if any:

Additional Instructions:

☑ 1. All banking charges outside the opening bank are for beneficiary's account.

☑ 2. Documents must be presented within_______days after the date of issuance of the transport documents but within the validity of this credit.

☑ 3. Third party as shipper is not acceptable. Short Form/Blank Back B/L is not acceptable.

☐ 4. Both quantity and amount_______% more or less are allowed.

☐ 5. Prepaid freight drawn in excess of L/C amount is acceptable against presentation of original charges voucher issued by shipping Co./Air Line/or it's agent.

☑ 6. All documents to be forwarded in one cover, unless otherwise stated above.

☐ 7. This credit is tranferable.

☐ 8. Other terms, if any:

进口商有限公司

Applicant:BIYORI_CO.LTD.* Stamp

图 12-18　信用证开证申请书

第十节 进口通关与提货

一、提货单

提货单又称小提单（见图 12-19），是指收货人凭正本提单或副本提单随同有效的担保向承运人或其代理人换取的，可向港口装卸部门提取货物的凭证。

提 货 单
（DELIVERY ORDER）

收货人 BIYORI_CO.LTD.			下列货物已办妥手续，运费结清请准许交付收货人。	
船名：FU YANG SHAN_3	船次：PXM173	起运港：Xiamen	唛头：N/M	
提单号：contract01	交付条款：CIF	目的港：Tokyo		
一程船：	合同号：contract01			
集装箱号	货物名称	件数与包装	重量（kgs）	体积（m³）
	Oolong Tea	500 Cardboards	40750.00	192.000
请核对放货 凡属法定检验，检疫的进口商品，必须向有关监督机关申报。			货主自付港口费用	
报关员名章	签章（海关放行章）	签章（检验检疫专用章）		

COSCO SHIPYARD GROUP CO., LTD 中远船务工程集团有限公司 提货专用章

图 12-19 提货单

二、进口报检

我国现行的商检法规定，必须经由商检机构检验的进口商品的收货人或其代理人，应向报关地点的商检机构报验，海关凭商检机构签发的货物通关证明验放。此外，还应在商检机构规定的地点和期限内接受检验，商检机构应在国家商检部门统一规定的期限内检验完毕，并出具检验证单。若收货人发现进口商品质量不合格或残损短缺，需要由商检机构出证索赔，应及时向商检机构申请检验出证。若属重要的进口商品或大型成套设备，收货人应依约在出口国装运前进行预检验、监造或监装，商检机构根据需要也可派检验人员参加。

图 12-20 所示为入境货物报检单。

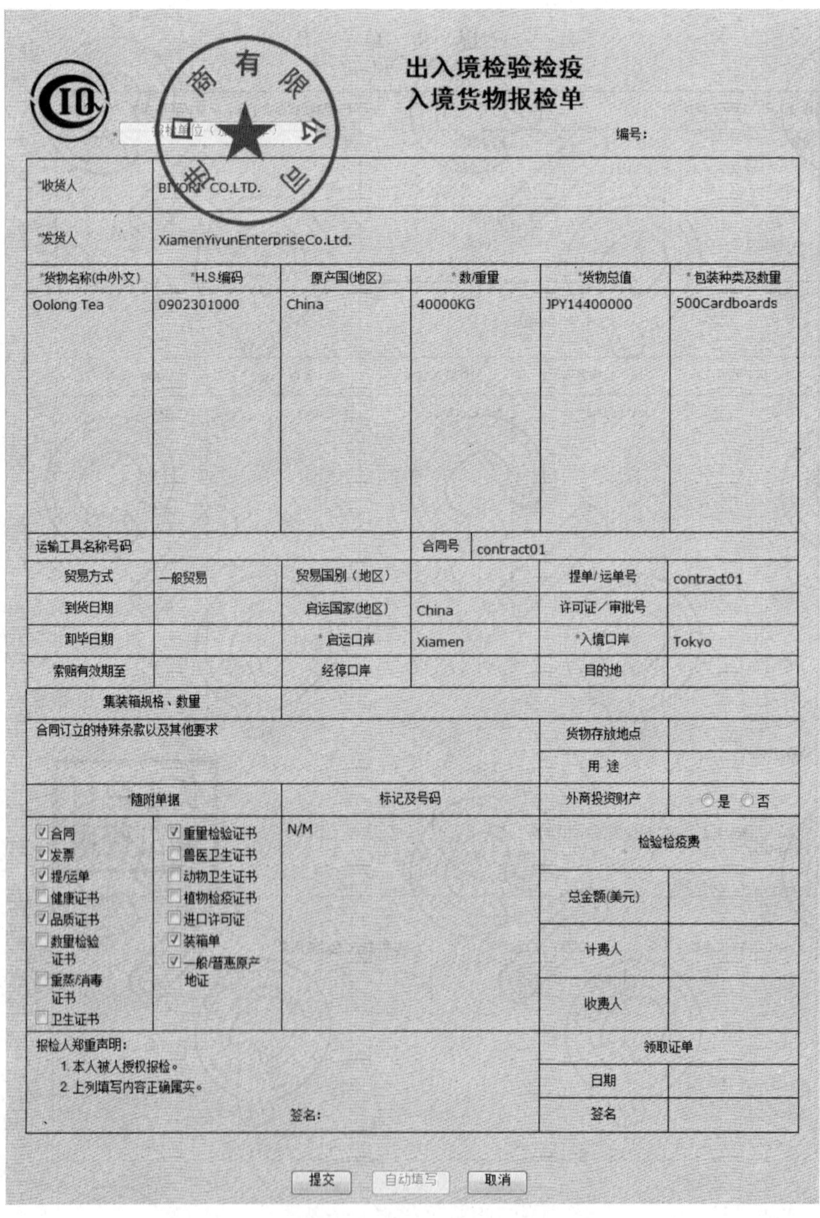

出入境检验检疫
入境货物报检单

*报检单位　　　　　　编号：

*收货人	BIYORI CO.LTD.				
*发货人	XiamenYiyunEnterpriseCo.Ltd.				
*货物名称(中/外文)	*H.S.编码	原产国(地区)	*数/重量	*货物总值	*包装种类及数量
Oolong Tea	0902301000	China	40000KG	JPY14400000	500Cardboards

运输工具名称号码		合同号	contract01		
贸易方式	一般贸易	贸易国别（地区）		提单/运单号	contract01
到货日期		启运国家(地区)	China	许可证/审批号	
卸毕日期		*启运口岸	Xiamen	*入境口岸	Tokyo
索赔有效期至		经停口岸		目的地	
集装箱规格、数量					
合同订立的特殊条款以及其他要求				货物存放地点	
				用 途	
*随附单据		标记及号码		外商投资财产	○是 ○否
☑合同 ☑发票 ☑提/运单 ☐健康证书 ☑品质证书 ☐数量检验证书 ☐熏蒸/消毒证书 ☐卫生证书	☑重量检验证书 ☐兽医卫生证书 ☐动物卫生证书 ☐植物检疫证书 ☐进口许可证 ☑装箱单 ☑一般/普惠原产地证	N/M		检验检疫费	
				总金额(美元)	
				计费人	
				收费人	
报检人郑重声明： 1. 本人被人授权报检。 2. 上列填写内容正确属实。 签名：				领取证单	
				日期	
				签名	

提交　自动填写　取消

图 12-20　入境货物报检单

三、进口报关

进口报关是指进口货物收发货人、入境运输工具负责人、入境物品所有人或者他们的代理人向海关办理货物、物品或运输工具入境手续及相关海关事务的过程，包括向海关申报、交验单据证件，并接受海关的监管和检查等。进口报关是履行海关入境手续的必要环节之一。

图 12-21 所示为进口报关单。

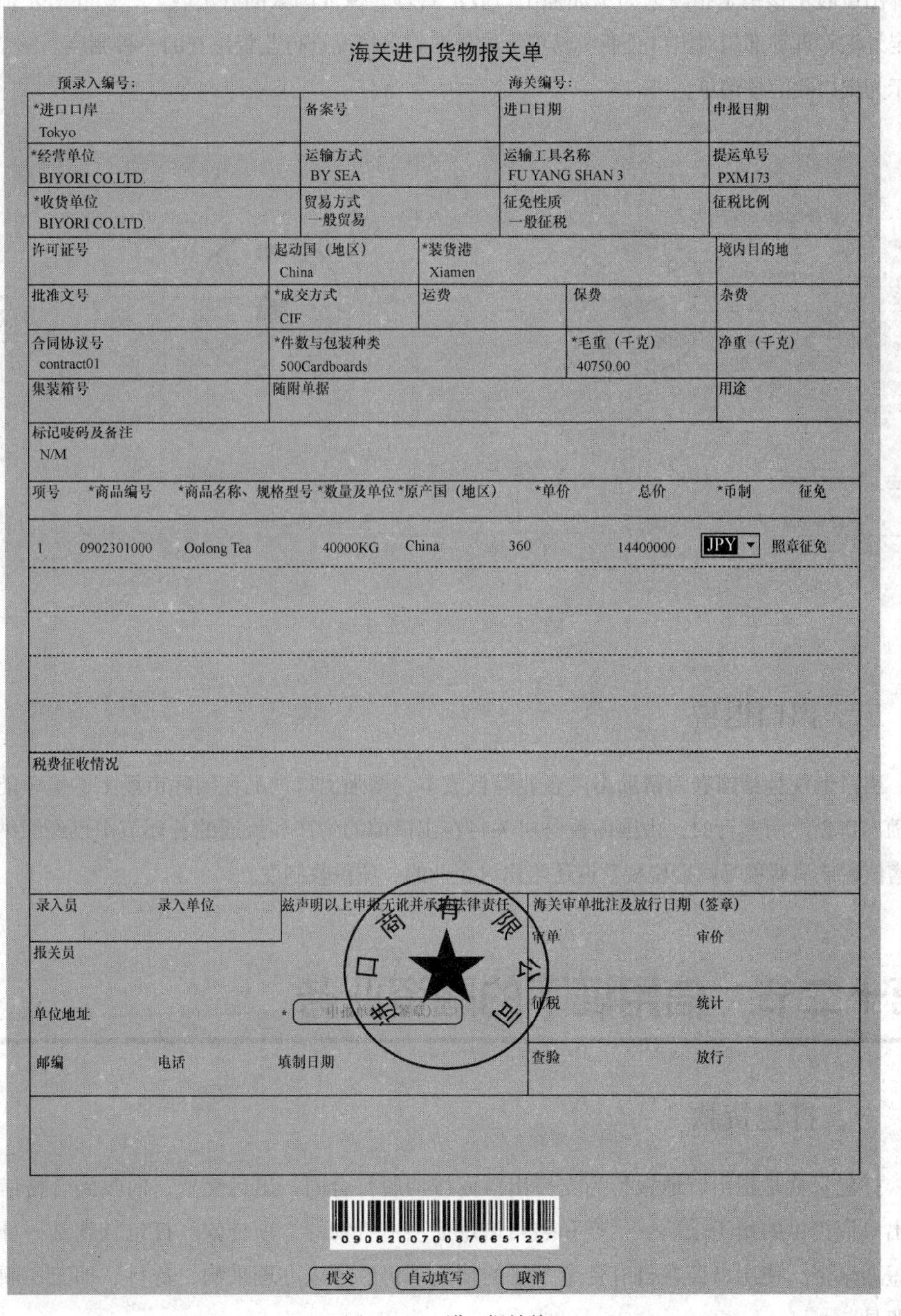

海关进口货物报关单

预录入编号：　　　　海关编号：

*进口口岸	备案号	进口日期	申报日期
Tokyo			
*经营单位	运输方式	运输工具名称	提运单号
BIYORI CO.LTD.	BY SEA	FU YANG SHAN 3	PXM173
*收货单位	贸易方式	征免性质	征税比例
BIYORI CO.LTD.	一般贸易	一般征税	

许可证号	起动国（地区）	*装货港		境内目的地
	China	Xiamen		
批准文号	*成交方式	运费	保费	杂费
	CIF			
合同协议号	*件数与包装种类		*毛重（千克）	净重（千克）
contract01	500Cardboards		40750.00	
集装箱号	随附单据			用途

标记唛码及备注

N/M

项号	*商品编号	*商品名称、规格型号	*数量及单位	*原产国（地区）	*单价	总价	*币制	征免
1	0902301000	Oolong Tea	40000KG	China	360	14400000	JPY	照章征免

税费征收情况

录入员　录入单位　兹声明以上申报无讹并承担法律责任

海关审单批注及放行日期（签章）

审单　审价

报关员

单位地址　申报单位（签章）

征税　统计

邮编　电话　填制日期

查验　放行

090820070087665122

提交　自动填写　取消

图 12-21　进口报关单

第十一节　出口核销及出口退税

一、出口核销

出口收汇核销是指国家为了加强出口收汇管理，保证国家的外汇收入，防止外汇流失，指定外汇管理等部门对出口企业贸易项下的外汇收入情况进行监督检查的一种制度。图 12-22 所示为出口收汇核销单。

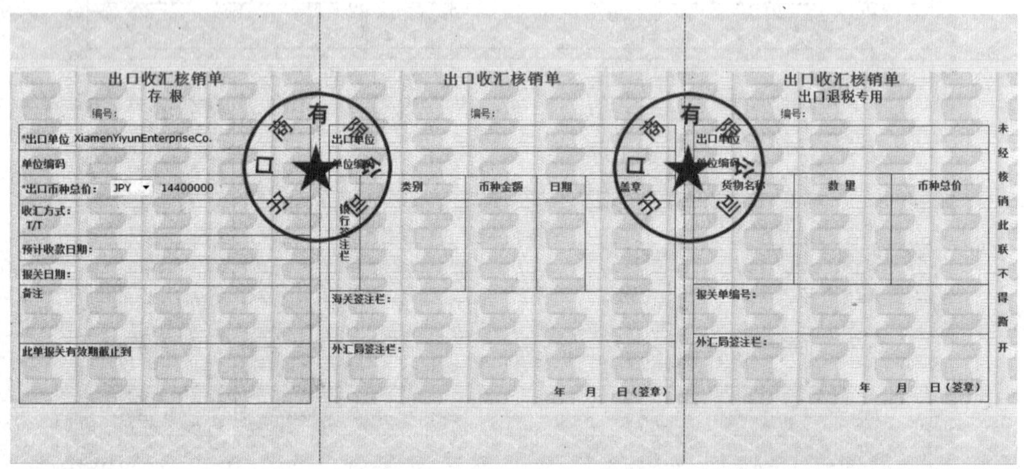

出口收汇核销单
存根
编号：
*出口单位 XiamenYiyunEnterpriseCo.
单位编码
*出口币种总价： JPY 14400000
收汇方式：
T/T
预计收款日期：
报关日期：
备注
此单报关有效期截止到

出口收汇核销单
编号：
出口单位
单位编码
银行签注栏

类别	币种金额	日期	盖章

海关签注栏：
外汇局签注栏：
年　月　日（签章）

出口收汇核销单
出口退税专用
编号：
出口单位
单位编码

货物名称	数量	币种总价

报关单编号：
外汇局签注栏：
年　月　日（签章）
未经核销此联不得撕开

图 12-22　出口收汇核销单

二、出口退税

出口退税是指国家为帮助出口企业降低成本，增强出口产品在国际市场上的竞争能力，鼓励出口创汇而实行的，由国内税务机关将在出口前的生产和流通的各环节中已经缴纳的国内增值税或消费税等间接税税款退还给出口企业的一项税收制度。

第十二节　信用证下的融资业务

一、打包贷款

打包贷款是指出口地银行为支持出口商按期履行合同、出运交货，向收到合格信用证的出口商提供的用于采购、生产和装运信用证项下货物的专项贷款。打包贷款是一种装船前短期融资，使出口商在自有资金不足的情况下仍然可以办理采购、备料、加工，顺利开展贸易。

打包贷款申请书如图 12-23 所示。

打包贷款申请书

*致：Yuandong Export Bank

本公司收到如下不可撤销跟单信用证，为解决出口业务中的资金需求，现根据与贵行的综合授信，将此信用证提交贵行，申请打包贷款（请在□中划“√”，下同）：

信用证	开证行:	Marilyn Import Bank
	信用证类型:	☑ 即期信用证 远期信用证
	信用证编号:	dk0411
	信用证有效期:	2014-11-25
	信用证金额:	USD800
	最迟装期:	2014-10-25
	出口商品名称、数量:	80KG Oolong Tea
*借款币种及金额:		USD 560
*借款期限:		○一个月 ⊙三个月 ○六个月
借款利率:		6.04%
结息方式:		

本公司确认已仔细阅读并完全理解和接受本申请书背面的各条款和条件。本公司申请叙做本申请书项下的打包贷款业务是自愿的，本公司大本申请书项下的全部意思表示真实。

出口商有限公司

(申请人公章)

出口商盖章

2014年11月25日

办理打包贷款业务的条款和条件（背面）

以下由银行签章确认：

我行同意按上述条件为贵司办理打包贷款业务。

提交 自动填写 取消

图 12-23 打包贷款申请书

二、出口押汇

出口押汇是指企业（信用证受益人）在向银行提交信用证项下单据议付时，银行（议付行）根据企业的申请，凭企业提交的全套单证相符的单据作为质押进行审核，审核无误后，参照票面金额将款项垫付给企业，然后向开证行寄单索汇，并向企业收取押汇利息和银行费用并保留追索权的一种短期出口融资业务。

出口押汇申请书如图 12-24 所示。

出口押汇申请书

*致：Ynandong Bank

本公司已依法办妥一切必要的出口手续。现根据与贵行的综合授信，按如下条件申请叙做出口押汇业务，本公司承诺按本申请书所列的条款和条件履行有关义务（请在□中划"√"，下同）：

*押汇币种及金额:	USD 64000	
*押汇期限:	○一个月 ⊙三个月 ○六个月	
押汇利率:	5.04%	
结息方式:		
申请押汇品种:	☑ 信用证项下出口押汇:	信用证号: ckyh0412
		业务编号:
		发票编号: ckyh0412
	□ 跟单托收项下出口押汇:	□ 承兑交单（D/A） □ 付款交单（D/P）
		业务编号:
		发票编号:

本公司同意按照本申请书所列的条款和条件，将本申请书项下所有单据及其所代表的货物质押予贵行，行为贵行向本公司提供本申请书项下融资的担保。

本公司确认已仔细阅读并完全理解和接受本申请书各条款和条件。本公司申请叙做本申请书项下的出品押汇业务是自愿的，本公司在本申请书项下的全部意思表示真实。

出口商有限公司

（申请人公章）

*出品商盖章

2014年12月20日

办理出口押汇业务的条款和条件（背面）

以下由银行签章确认：
我行同意按上述条件为贵公司办理该笔押汇业务。

图 12-24 出口押汇申请书

三、福费廷

福费廷（Forfaiting），是一种改善出口商现金流和财务报表的无追索权融资方式。包买商从出口商那里无追索地购买已经承兑的、并通常由进口商所在地银行担保的远期汇票或本票的业务就叫作包买票据，音译为福费廷。福费廷业务申请书如图 12-25 所示。

福费廷业务申请书

*致： Ynandong Bank

我公司提出叙做福费廷业务的申请，现将有关情况详细列明如下：

信用证号:	fff0412
开证行:	Berlin Bank
汇票出票人:	Beijing Lanked internation
汇票收款人:	Berlin Bank
信用证金额:	USD4000
汇票金额:	USD4000
*期限:	○一个月 ⊙三个月 ○六个月
利率:	5.74%
*申请叙做金额:	USD 4000

你行向我公司支付的融资付款的净值应为信用证项下开证行已承兑金额减除利息及相关费用。
请你行尽快提供报价供我公司参考。
我公司保证上述信息属实，无误报、虚假之处。
我公司重申遵守上述福费廷业务合同的有关承诺、陈述与保证。

(申请人公章)
* 出品商盖章
2014年11月20日

图 12-25 福费廷业务申请书

四、进口押汇

进口押汇根据结算方式分为进口信用证押汇和进口 TT 押汇。进口信用证押汇是指，开证行在收到进口信用证项下单据并审核无误后，因申请人（进口商）无法及时对外付款款单，而应其要求先行代为对外付款，提供短期资金融通。进口 TT 押汇是指采用汇款方式结算的，进口合同规定货到付款的贸易项下进口货物报关后，根据进口商的书面申请，进口地银行向进口商提供短期资金融通，并代为对外付款的行为。

进口押汇申请书如图 12-26 所示。

进口押汇申请书

*致： Berjia Bank

为融通资金，本公司现根据与贵行的综合授信，按如下条件向贵行申请办理下列结算方式项下的进口押汇业务，并承诺按本申请书所列的条款和条件履行有关义务。
（请在□中划“√”，下同）。

☑ 信用证项下：	信用证编号： jhyh0413
	业务编号：
	来单金额： USD12000
□ T/T项下：	合同名称及编号：
	业务编号：
	金额：
	收款人：
□ 进口代收项下：	进口代收单据通知编号：
	合同名称及编号：
	代收金额：
	收款人：
*押汇币种及金额：	USD 66000
押汇利率：	6.64%
结息方式：	
*押汇期限：	○一个月 ○三个月 ○六个月

进口商有限公司

（申请人公章）

* 出品商盖章

2014年12月20日

办理进口押汇业务的条款和条件（背面）

以下由银行签章确认：
我行同意按上述条件为贵公司办理该笔押汇业务

图 12-26 进口押汇申请书

参考文献

[1] 黎孝先，王健. 国际贸易实务. 5 版. 北京：对外经济贸易大学出版社，2011.

[2] 克利夫・M・施米托夫. 施米托夫论出口贸易——国际贸易法律与实践. 11 版. 冷柏军译. 北京：中国人民大学出版社，2014.

[3] 陈岩. 解析贸易术语. 北京：清华大学出版社，2005.

[4] 陈岩. UCP600 与信用证精要. 北京：对外经济贸易大学出版社，2007.

[5] 陈岩. 国际贸易术语惯例与案例分析. 北京：对外经济贸易大学出版社，2007.

[6] 陈岩. 海关理论与实务. 北京：清华大学出版社，2010.

[7] 陈岩. 国际贸易实务. 2 版. 北京：对外经济贸易大学出版社，2011.

[8] 陈岩. 国际贸易实务. 北京：中国人民大学出版社，2012.

[9] 陈岩. 国际结算. 北京：高等教育出版社，2012.

[10] 陈岩. 国际贸易单证教程. 2 版. 北京：高等教育出版社，2014.

[11] 陈岩. 国际贸易理论与实务. 3 版. 北京：清华大学出版社，2014.

[12] 陈岩. Export Practice and Management (5th，Alan Branch). 北京：高等教育出版社，2014.

[13] 陈岩. 信用证典型案例评析. 北京：中国商务出版社，2005.

[14] 陈岩. 跟单信用证实务. 北京：对外经济贸易大学出版社，2005.

[15] 陈岩. 国际贸易实务与结算实训教程. 北京：高等教育出版社，2015.

[16] Xuan Changyong，Sun Jun，Yan Chen. “Foreign Debt, Economic Growth and Economic Crisis”，Journal of Chinese Economic and Foreign Trade Studies (2012)，Vol. 5 No. 2, 2012：pp. 157-167.

[17] Chen Yan, Xu Ruiyang（2012）. “An exploration on OFDI determinants of developing countries-based on the comparative analysis with developed countries”，International Conference on Management Innovation & Public Policy（ICMIPP，ISTP 检索），pp. 1411-1420.

[18] Chen Yan, Xu Ruiyang（2012）. “A Study on Impacts of Corporate Internationalization Speed upon Performance”，International Conference on Management Science and Engineering 2012（EI 检索）.

[19] Yan Chen. Reconceptualizing the spillover effects of foreign direct investment: A process-dependent approach，The Academy of International Business (AIB 年会)（日本，名古屋，2011 年 6 月），4/4.

[20] Yan chen（2011）. “Reconceptualizing the spillover effects of foreign direct investment: A process-dependent approach”，4/4，International Business Review（SSCI 检索） Vol.21 (3), pp. 452-464.

[21] Chen, Y.（2011）. “Absorptive Capacity of OFDI Reverse Technology Spillover An Empirical Analysis on Inter-provincial Panel Data in China”，2/4，ICAIC 2011（EI 检索）.

[22] Chen, Y.（2010）. "Empirical Research of Chinese Outward FDI Location Choice", 2/4, ICACTE 2010（EI 检索）.

[23] Yan Chen（2013）. "Relative political risk performance on OFDI: an application of fuzzy comprehension evaluation system", International journal of digital content technology and its applications(2013), 1/2, Vol. 7 No. 1, 2013: pp. 371-378. （EI 检索）.

[24] Chen Yan,（2013）. "The Effects of Ownership Types on Enterprise Innovation Efficiency: Do Industrial and Regional Heterogeneity Matter? ", International Conference on Management Science and Engineering 2012（EI 检索）.

[25] Chen Yan,（2013）. How does Ownership Promote Innovation in a Transition Economy? Evidence from China. 1/2, 2013 6th International Conference on Information Management, Innovation Management and Industial Engineering 146-149 （EI 检索）.

[26] Chen Yan,（2014）. "How do resources and diversification strategy explain the performance consequences of internationalization?", 1/4, Management Decisions Vol.52 No.5, pp.897-915;（SSCI 检索）.

[27] Chen Yan, Zhai ruirui,（2015）. "Home institutions, internationalization and firm performance: Evidence from listed Chinese firms?", Management Decisions No.1 pp.160-178;（SSCI 检索）.

[28] Yan Chen. "Effects of outward FDI on home-country export competitiveness: the role of location and industry heterogeneity", Journal of Chinese Economic and Foreign Trade Studies (2012), 1/3, Vol. 5 No. 1, 2012: pp. 56-73.

读者意见反馈

亲爱的读者：

感谢您一直以来对人民邮电出版社的支持，您的信赖是我们进步的不竭动力。在使用本书的过程中，如果您有好的意见和建议，或者遇到了什么问题，我们真诚地希望您能抽出一点宝贵的时间，反馈给我们。打造高品质的教材是我们的不懈追求，您的意见是我们最宝贵的财富。

地址：北京市丰台区成寿寺路 11 号邮电出版大厦 305 室

邮编：100164　　电子邮件：wuenyu@ptpress.com.cn

电话：010-81055213

教材名称：国际结算

ISBN：978-7-115-42857-8

个人资料

姓名：________年龄：______ 所在院校/专业：____________

文化程度：______ 通信地址：____________________

联系电话：______ 电子信箱：____________________

您使用本书是作为：□指定教材　□选用教材　□辅导教材　□自学教材

您对本书封面设计的满意度：

□很满意 □满意 □一般 □不满意 改进建议____________

您对本书印刷质量的满意度：

□很满意 □满意 □一般 □不满意 改进建议____________

您对本书的总体满意度：

从语言角度 □很满意 □满意 □一般 □不满意 改进建议 ____________

从知识角度 □很满意 □满意 □一般 □不满意 改进建议 ____________

本书最令您满意的是：

□逻辑清晰　□内容充实　□讲解详尽　□实例丰富

您希望本书在哪些方面进行改进？（可附页）

____

____

____

教学资源支持

敬爱的老师：

为了配合课程的教学需要，助力教学活动的开展，人民邮电出版社致力于立体化教学资源的开发建设，老师可以登录人邮教育社区（www.ryjiaoyu.com）查询并免费下载与本教材配套的教学资源，也可以与编辑联系（刘向荣，010-81055254，liuxiangrong@ptpress.com.cn）了解资源情况。

读者意见反馈表

教学资源支持